주거와 삶의 질을
높이기 위한 제언들

한국주거복지포럼 총서 4

주거와 삶의 질을 높이기 위한 제언들

박근석, 손경환, 정소이, 박신영, 박미선, 김덕례, 이영호 공저

사단법인 Korea Housing Welfare Forum
한국주거복지포럼

씨
아이
알

발간사

주거는 우리 삶의 질과 밀접하게 연결되어 있습니다. 집이 없어 거리에서 잠을 자는 노숙자나 열악한 불량주택에서 살아가는 사람들의 주거생활은 불편을 넘어 하루하루의 삶이 곤욕일 수밖에 없습니다. 감히 삶의 질이나 품격을 논한다는 자체가 있을 수 없을 것입니다. 삶은 그저 힘든 고행 정도로밖에 인식되지 않을 것이기 때문입니다. 불행하게도 이 같은 주거 불안과 불편을 겪는 우리의 이웃들이 너무나 많습니다. 분명 국민소득은 올라가고 생활의 이기는 날로 발전하지만 누구나 기본적으로 확보되어야 할 최저주거 수준조차 도달하지 못하고 주거생활에 극히 어려움을 겪는 사람들은 오히려 늘어나는 추세라는 것이 안타깝습니다.

전월세를 사는 청년 및 신혼부부를 비롯해 노후까지 임차인 신세를 면치 못하고 벌이에 나선 실버계층, 태생적이거나 사고로 인해 장애를 가진 사람들, 역시 나름 사회생활에 적응하기 위해 열심히 노력하지만 세입자로서 겪는 처절함은 이루 다 말할 수 없습니다. 이들에게 주거의 품격을 말한다는 게 민망스러울 정도입니다. 뛰는 전월세에 기는 임금인상으로 급격히 오른 부담을 감당하기 어려운 것이 현실입니다. 처마를 맞댄 옥탑방, 원룸에 네다섯 가족이 월세를 사는 세입자도 마찬가지입니다. 대도시 직장

주변을 놓아두고 임대료가 싼 원거리 시 외곽지에서 만원버스나 전철을 타고 힘든 출퇴근을 하는 사람들 역시 형편은 좀 나을지 몰라도 힘든 주거생활을 영위하는 우리의 이웃들입니다.

우리 사회에 저출산 고령화 여파가 강하게 밀어닥치면서 1인가구가 급증하는 현 상황에서 편리하고 값싼 주거시설과 서비스 제공이 시급한 실정이나 이에 크게 못 미쳐 어려움을 겪고 있는 것이 현실입니다.

이 책은 한국주거복지포럼이 2018년 이래 4권째 발간한 전문 서적으로 주거복지 정책의 현주소를 진단하고 이슈화된 현안들을 하나씩 짚어 해결책을 제시하는 데 첫 번째 목적이 있습니다.

특히 정부는 그동안 주거취약계층의 주거문제 해결을 위해 공공임대주택을 건설하여 공급을 해 왔고 금전적 지원은 물론 각종 주거서비스를 제공해왔습니다. 최근 들어서는 급격히 증가하는 1인가구와 합계 출산율이 0.7명이라는 최악의 저출산 문제, 초고령사회를 앞두고 1,000만에 달하는 노인주거 해결 등에 역점을 두고 각종 주거정책을 실행해오고 있습니다. 국민이 주거복지 지원 내용을 손쉽게 접할 수 있도록 전달체계도 아울러 개편했습니다. 공공임대주택의 유형별 맞춤 정보와 주거급여, 주택금융 등에 대한 편의를 제공하고, 상담을 통해 적합한 주거복지 정보를 알려주는 '주거복지센터'라는 기관이 만들어진 것이 대표적 실사례입니다.

하지만 이 같은 주거정책들이 전문가와 국민에게 어떻게 비추어지고 있는지, 또 현장과는 어떤 거리감이 있는지를 확인해보는 일이야말로 아무리 강조해도 지나치지 않을 것입니다. 실제로 주거 정책에서 정부가 말하는 것과 실제 주거 현실에는 큰 차이가 존재합니다. 당면한 주거 당사자가 필요로 하고 절실히 요망하는 주거욕구를 충족하는 데 턱없이 부족할 수도 있습니다. 주거문제가 지속적으로 사회경제적 이슈가 되는 이유도 여기에 있다고 할 것입니다.

따라서 한국주거복지포럼은 2023년에 5월에 주거복지정책에 대한 국민과 전문가들의 인지도 조사를 처음으로 실시한 데 이어 그 자료를 입체적으로 분석했으며 그 결과를 이 책에 담았습니다. 이는 국민에게 더 다가가는 더 나은 주거복지 정책 수립과 미래를 향한 주거정책 방향 설정에 큰 의미가 있다고 보입니다. 한국주거복지포럼에서는 앞으로도 이를 주기적으로 실시하고, 피드백 역할과 함께 방향타 역할을 할 것입니다.

이 책의 두 번째 목적은 2023년 제기된 저출산 고령화를 비롯해 장기공공임대주택의 미래 방향, 주거복지센터 운영, 청년주거지원, 전세사기 문제 등을 집중적으로 해부해 보고 해결방안을 제기하는 데 있습니다. 이는 지난해 다수의 세미나와 토론회 등을 통해 전문가의 의견을 수렴한 결과로 이를 자료화한 것입니다.

단숨에 해결되기 힘든 전문적 주제이지만 일반 국민도 관심이 많은 정책이자 현안이 된 것이어서 알기 쉽게 문제점을 비롯해 개선 내용, 방향 등의 순서로 집필하여 읽는 데 무리가 없을 것으로 사료됩니다.

한국주거복지포럼은 지난 2012년 설립 이래 11년 동안『주거복지, 갈 길을 묻다!』라는 고민에서 출발, 각종 정부정책을 지원하고 대안을 제시하는 데 꾸준히 수행해오고 있습니다. 지난 2018년『주거복지 해외탐방』과 2020년『주거복지 해외에 길을 묻다』를 발간하여 해외에서 참고되는 대안을 찾아봤습니다. 또 2022년에는 제3권『2030 담대한 주거복지』를 발간하여 각계각층과 선진 외국의 다양한 시각을 담아서 미래지향적으로 서민주거에 대해서 논의했습니다. 금번에는 다른 각도에서 미래지향적 시각으로 집 문제 해결 어디까지 왔는지를 주요 주제별로 대안을 찾아봤습니다. 그동안 한국주거복지포럼에서 개최했던 80회의 토론회의 주제 중에서 선정한 여덟 가지 주제입니다.

이 책이 집 없는 서민 등 취약계층 그리고 청년과 노인, 전체 국민들의 주거의 질 향상으로 이어져 삶 자체도 훨씬 안락하고 안정되길 소망합니다. 혹여 저자들이 무심코 지나친 내용이 있거나 실수가 있더라도 행간을 잘 헤아려 주시길 간곡히 부탁드립니다.

국민들의 주거안정망 구현을 위해 노력하는 주거복지 정책 담당자와 이를 실행하는 관계자, 연구기관과 학계에도 좋은 참고서가 되길 기대해봅니다. 아울러 바쁜 일정 중에도 세미나와 토론회에 적극 발제와 함께 원고를 집필해주신 포럼 회원님들에게도 감사를 전합니다.

2024년 2월
장용동 한국주거복지포럼 상임대표

CONTENTS

발간사 ∣ v

: : 국민과 전문가가 보는 주거복지의 미래

박근석(한국주거복지연구원 원장),
손경환(전 LH연구원 원장·한양대학교 특임교수)

1. 들어가며 ∣ 3
2. 인구사회적 키워드 ∣ 4
3. 과거 주거복지 정책대상 키워드 ∣ 9
4. 과거 주거복지 정책수단 키워드 및 정책의 호응도 ∣ 16
5. 미래 주거복지 정책대상 키워드 ∣ 28
6. 미래 주거복지 정책수단 키워드 ∣ 31
7. 주거복지정책 방향 및 포럼의 역할 ∣ 38

: : 저출산·고령사회에 대응하는 주거정책 방향

정소이(LH 토지주택연구원 연구위원)

1. 국내 저출산·고령화 현황 ∣ 49
2. 저출산사회의 주거문제 및 주거지원 현황 ∣ 52
3. 초고령사회 대응 주거지원 현황 ∣ 59
4. 향후 저출산·고령사회 대응 주택정책 방향 ∣ 67
5. 마무리하며 ∣ 75

: : 장기공공임대주택과 주거복지의 미래

박신영(한국사회정책연구원 선임연구위원)

1. 문제의 제기 | 79
2. 장기공공임대주택에서 "장기"의 기준을 20년으로 조정할 필요 | 82
3. 공공임대주택 정책효과 제고방안 | 90
4. 공공임대주택 정책 방향 | 102
5. 맺으며 | 109

: : 주거복지센터 갈 길을 묻다

박근석(한국주거복지연구원 원장)

1. 들어가며 | 117
2. 주거복지센터의 필요성 | 119
3. 주거복지센터의 역사 | 122
4. 주거복지센터의 현황 | 124
5. 주거복지센터의 역할 및 성과 | 128
6. 주거복지센터의 한계와 발전방향 | 130
7. 주거복지센터의 발전방향 | 133

: : 청년주거 취약의 다면성과 정책 과제

박미선(국토연구원 주거정책연구센터장)

1. 들어가며 | 145
2. 청년주거여건 현황 | 146
3. 청년주거지원정책 현황 | 158
4. 나가며 | 163

:: 청년주거안정을 위한 주택금융의 중요성과 과제

김덕례(주택산업연구원 주택연구실장)

1. 들어가며 |171
2. 청년의 사회적 인식과 집 |174
3. 청년주거특성과 금융의 중요성 |184
4. 청년을 위한 주택금융프로그램 |190
5. 청년주거지원을 위한 주택금융 정책방향 |197

:: 고령화 시대의 주택금융지원 방안

이영호(우리은행 부동산연구실 실장)

1. 인구·금융환경 변화 |207
2. 고령층 주거 금융지원 현황 |215
3. 고령층 주택금융지원 방안 |229
4. 결론 및 시사점 |238

:: 임대차시장 상생방안

한국주거복지포럼 편집팀

1. 들어가며 |243
2. 주택임대차 시장의 현황과 특징 |246
3. 임대차시장의 상생방안 |253
4. 임대차 상생대안 의견 |266
부록: 2023년 분야별 부동산 주요정책 |276

저자 소개 |281

국민과 전문가가 보는 주거복지의 미래

박근석
(한국주거복지연구원 원장)

손경환
(전 LH연구원 원장·한양대학교 특임교수)

국민과 전문가가 보는 주거복지의 미래

1. 들어가며

이 조사는 (사)한국주거복지포럼(이하 포럼)[1]이 주거복지에 대한 전문가와 일반 국민의 인식을 조사한 결과이다. 2023년 4월 10일 부터 4월 25일까지 주거복지 전문가 그룹 180명과 일반 국민 150명을 대상으로 조사하였다. 조사내용은 인구사회 측면의 과거와 미래 키워드, 주거복지 정책대상과 수단, 주거복지정책 호응도 등에 대한 키워드로 구성되어 있다.

---

1   한국주거복지포럼은 2012년 12월 13일 창립된 사단법인으로 주거복지 관련 토론의 장을 마련하여 주거복지의 방향과 정책수단, 역할분담 등에 대한 사회적 합의를 이끌어내고, 지속가능한 한국의 주거복지모델 구현을 목적으로 하는 기관이다. 2023년 12월까지 총 80회(연평균 7.3회)의 주거복지 관련 토론회를 개최하였다. 포럼은 이러한 토론회를 통하여 주거문제 또는 주거정책 등과 관련된 해당 시기의 중 현안을 발굴하여 이를 공론화 하는 역할을 해왔다. 토론결과는 언론사와 국토교통부 등 정부부처, 지자체 등과 논의 내용을 공유함으로써 정책변화를 도모할 수 있도록 역할을 해 온 것이 바로 주거복지포럼 이었다. 따라서 지난 10년간 진행된 주거복지포럼의 포럼 주제들을 종합하면 10년 동안 우리나라 주요 주거변천사를 한눈에 파악할 수 있다. 이런 측면에서 주거복지포럼은 지난 10년간 우리나라 주택정책의 산증인으로 역할을 했다고 보아도 지나치지 않을 것이다.

조사목적은 전문가와 일반 국민의 과거와 미래 인구사회적 키워드와 주거복지정책 키워드를 살펴봄으로써 주거정책의 평가 및 향후 정책 방향을 모색하는 데 있다. 국민이 바라는 주거복지 관련 정책 키워드를 조사하고, 정책의 내용과 성과에서 미흡한 점을 도출한 다음 이를 실현하기 위한 현실적 방안을 제시하고자 하였다.

조사 방법으로 전문가들은 구글을 활용한 온라인 조사 방법을 사용하였으며, 일반 국민은 온라인 조사와 조사원을 통한 대면조사 방법을 병행하였다. 전문가 그룹은 포럼 회원과 비회원을 포함한 주거복지 전문가들을 대상으로 조사하였으며, 일반 국민의 경우 취약계층 50%, 일반계층 50%를 대상으로 조사하였다.

2. 인구사회적 키워드

인구사회적 키워드의 조사는 과거 키워드 및 미래 키워드에 대하여 조사하였다. 먼저 과거 키워드에 대한 응답 비중을 살펴보면 다음과 같다. 전문가의 경우는 저출산, 고령화, 1인가구, 수도권 과밀화 등의 키워드가 높게 나타났다. 일반 국민은 저출산, 고령화, 1인가구 등은 전문가와 비슷하게 나타났으나, 그 외 청년주거 불안 측면이 높게 나타났으며, 양극화, 일자리 등이 다소 높게 나타나 전문가와 차이를 보였다.

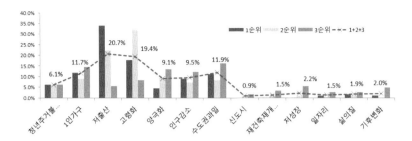

그림 1 전문가가 보는 인구사회적 키워드(과거)[2]

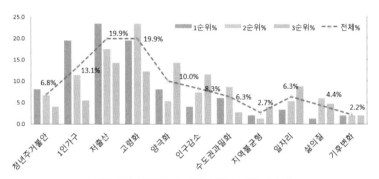

그림 2 일반 국민이 보는 인구사회적 키워드(과거)

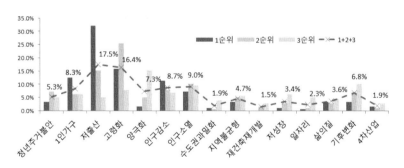

그림 3 전문가가 보는 인구사회적 키워드(미래)

....

2   그래프의 숫자는 1,2,3순위를 합한 비율임. 아래의 그래프도 같음.

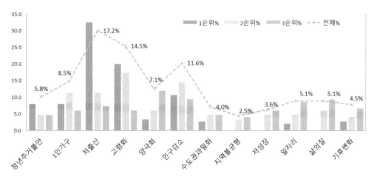

그림 4 일반 국민이 보는 인구사회적 키워드(미래)

다음으로 미래 키워드로는 전문가 그룹과 일반 국민 모두 '저출산'을 주요 키워드로 생각하고 있으며, 고령화, 인구감소 등을 다음으로 중요한 키워드로 응답하였다. 특히 일반 국민에서는 청년주거불안이 전문가 조사결과에 비해 다소 높게 나타났다.

'저출산'은 전문가 그룹과 일반 국민 그룹에서 모두 미래 키워드로 중요성이 가장 높게 나타났다. 과거 키워드에서도 저출산은 가장 중요한 키워드로 제시되었다는 점을 감안할 때 저출산 문제는 오랫동안 한국사회의 가장 중요한 현안이 되고 있다.

우리나라 합계출산율은 1970년 4.53명에서 2001년 1.31명으로 초저출산 국가에 진입하였으며, 2018년 0.98명으로 줄었으며, 2023년 하반기에는 0.7명으로 OECD 국가 중 가장 심각한 수준이다.[3]

정부는 「저출산·고령사회기본법」에 따라 2006년부터 5년 주기

---

3   일반적으로 인구유지를 위한 합계출산율을 2.1명으로 보고 있으며, 합계출산율이 1.3명 이하인 경우를 초저출산 상태로 봄. 합계출산율은 여성 1인이 평생 동안 낳을 수 있는 평균 자녀수를 말함. 가장 낮은 지역은 서울로 0.53명임.

의 기본계획, 연도별 시행계획을 수립·확정하여 저출산 대응 정책을 추진 중이다. 저출산에 대응하기 위한 예산은 2006년 1.0조 원에서 2021년 42.9조 원으로 지속적으로 증가하고 있으나 합계출산율은 높아지지 않았다. 오히려 2016년 이후 감소 속도가 빨라지고, 2018년 이후 합계출산율이 1명 미만으로 떨어진 상황이다. 향후 출산율 흐름에 따라 추세적인 성장률이 어떻게 변화할지 예측결과 2050년대에는 0% 이하의 성장세를 보일 확률이 68%인 것으로 나타났다.

저출산의 원인은 다양하다. 한국에서 이러한 초저출산 상태가 지속되는 배경은 인구학적 배경, 사회·경제적 배경, 결혼과 출산에 대한 가치관의 변화 등 3가지 요인으로 보고 있다. 특히 사회·경제적 배경은 저출산의 중요한 원인으로 지목되고 있으며, 일자리, 주거불안, 교육비 부담, 경력단절 등은 출산과 양육을 망설이게 하는 원인이 되고 있다. 여기에 굳이 결혼하지 않아도 잘 살 수 있다는 비혼주의도 젊은이들 사이에 퍼지고 있다. 이처럼 출산율이 좀처럼 올라가기 힘든 사회·경제적 환경이 자리를 잡고 있는 실정이다.

저출산 문제의 해소를 위해서는 광범위한 대책이 필요한 실정이다. 이 중에서 정책적으로 접근이 가능한 분야는 주거와 교육정책이다. 특히 주거문제는 비교적 단기간에 대책의 효과를 얻을 수 있다는 점에서 저출산 문제의 해소를 위해 우선적으로 추진할 필요가 있다. 이는 청년층의 주거지원과 직결되어 있다. 청년 주거불안은 인구사회적 키워드 조사에서도 높은 순위를 보였다. 청년층을 위한 주거지원은 단지 청년을 위한 대책이 아니라, 국가적 현안인 저출산 문제를 해소한다는 차원에서 접근할 필요가 있다.

한편, 통계청에서 발표한 우리나라 고령자 비율은 2023년 11월 기준 18.9%로 65세 이상 인구는 9,688,859명을 기록하여 고령자 인구 1천만 명 시대가 다가오고 있다. 2025년에는 고령자 인구가 20%를 넘어서 초고령사회로 진입할 예정이며, 2040년에는 그 비율이 34.4%로 급속하게 증가하여 세계에서 가장 고령화 비율이 높은 나라가 될 것으로 예상되고 있다.[4]

고령인구의 증가는 사회적 · 경제적으로 많은 변화를 가져온다. 주거복지 측면에서도 전체 인구의 20%가 넘는 노인가구의 주거 및 생활 안정은 중요한 과제로 떠오르고 있다. 노인가구는 약 70% 정도가 자기 집을 가지고 있지만, 노인가구의 일자리와 소득이 줄어든다는 점을 감안할 때 집이 없는 노인들은 주거불안과 생계 곤란의 이중고를 겪게 될 것이다. 이들이 당면하는 문제를 해결하기 위해서는 우선적으로 주거의 안정을 위한 대책이 마련되어야 한다. 노인가구의 주거안정은 청년층의 주거불안 해소와 함께 향후 주거정책은 물론 포럼의 사업에 있어서도 우선해서 추진할 사항으로 다루어져야 할 것이다.

주거복지포럼에서도 이러한 사안의 중요성에 따라 저출산 극복 관련 토론회(2017년 1회)와 고령화 관련 토론회(3회)를 개최한 바 있으며,[5] 특히 저출산 극복을 위한 신혼부부 주거안정 관련 토론

4　통계청 홈페이지(2023.11월).

회(3회)를 개최하여 정책을 제안한 바 있다.

3. 과거 주거복지 정책대상 키워드

설문조사 결과에서 과거 주거복지 정책대상 키워드를 살펴보면, 전문가 그룹에서는 취약계층이 압도적으로 높게 나타났으며, 다음으로 보편적 주거복지, 신혼부부, 청년, 노인, 비주택거주자 순으로 나타났다. 일반 국민 그룹에서도 과거 주거복지 정책대상 키워드로 취약계층이 높게 나타났으며, 다음으로 신혼부부, 노인, 청년, 비주택거주자, 1인가구 순으로 나타났다.

이를 정리하면 과거 주택정책에서 핵심적으로 추진할 필요가 있는 사항은 취약계층이 우선순위를 차지하며, 신혼부부와 청년계층, 노인가구, 비주택거주자 등을 들 수 있다. 그동안 이들 계층의 주거문제를 해결하기 위해 추진해왔던 주택정책에 관한 내용을 살펴보자.

주거복지의 개념은 다소 관념적인 이슈이지만, 주거복지를 어떻게 정하느냐에 따라 정책의 대상과 자원배분의 우선순위가 달라질 수 있다. 주거복지는 크게 나누면 주거빈곤층의 주거불안을 해소하는 문제 그리고 일반 국민들의 주거수준을 향상시키는 문제로 구분할 수 있다.

주거빈곤층의 주거불안을 해소하는 문제는 주거빈곤층에 대한

---

5   한국주거복지포럼 홈페이지(www.khwf.or.kr) 참조.

정의를 어떻게 정의하느냐에 따라 정책대상자가 달라질 수 있다. 열악한 주거환경 또는 주택이 아닌 비주택에 거주하는 사람들인 최빈곤계층을 주로 대상으로 할 것인지, 전월세 상승 등으로 어려움을 받는 사람들을 포함하여 넓은 범위의 사람들을 대상으로 할 것인지에 따라 정책대상 및 정책의 내용이 달라질 수 있을 것이다.

주거빈곤층에 대한 정의에 관련한 이슈는 자원배분의 우선순위 문제이기도 하다. 국가적으로 주택정책에 사용할 수 있는 자원에는 한도가 있다. 따라서 자원배분의 우선순위 문제는 매우 중요하다. 즉 주거빈곤문제가 가장 심각한 계층인 열악한 주거환경 또는 비주택에 거주하는 사람들의 주거문제를 해소한 후에 다른 계층에게 확대해서 주거복지를 제공할 것인지, 아니면 동시에 진행하되 자원배분의 순위에서 주거빈곤층에 우선권을 줄 것인지를 선택해야 한다.[6]

우리나라의 과거 주거복지정책대상은 거의 대부분 취약계층에 맞춰져 있었다. 즉 자원의 배분에 있어서 주거빈곤층을 주요 타깃으로 하면서 정책의 대상을 점차 확대하는 방향으로 추진되어 왔다. 정책대상인 취약계층에 대한 주요 지원내용은 대상의 유형마다 차이가 있으나, 공공임대주택에 입주하는 기회와 주거급여를 받는 기회를 중심으로 수행되었다. 공공임대주택의 입주기회와 주거급여 기회를 차례대로 자세히 정리하면 다음과 같다.

먼저 공공임대주택의 대상에 관한 정책을 살펴보자. 공공임대주

6   김근용 외(2012).

택은 영구임대주택과 국민임대주택을 중심으로 추진되었으며, 주거지원이 필요한 다양한 계층에 맞추어 정책수단도 점차 세분화되었다.

첫째, 공공임대주택 중 대단위 공급으로 가장 먼저 등장한 영구임대주택은 우선공급과 일반공급으로 나누어서 입주자를 선정하고 있다. 우선공급에는 전년도 도시근로자 가구원수별 가구당 월평균소득의 70%(1인가구 90%, 2인가구 80%) 이하이고 무주택세대구성원으로 국가유공자 등이 포함되어 있으며 신혼부부(예비신혼부부 포함) 수급자들이 포함되어 있다. 일반공급은 1순위 대상자로 생계급여 또는 의료급여 수급자, 보호대상 한부모가구 및 전년도 도시근로자 가구원수별 가구당 월평균소득의 70%(1인가구 90%, 2인가구 80%) 이하인 국가유공자·보훈보상대상자·5·18민주유공자·특수임무수행자, 참전유공자 또는 그 유족,[7] 장애인, 아동복지시설퇴소자, 65세 이상인 차상위계층 등 저소득계층이 1순위 대상자로 포함되어 있다. 기초생활수급자와 보호대상 한부모가구는 영구임대주택뿐 아니라 2005년부터 도입된 매입임대주택, 전세임대주택 등의 공공임대주택에 1순위로 입주할 자격이 부여되어 있다.[8]

영구임대주택과 매입임대주택 및 전세임대주택은 주로 저소득계층을 위한 공공임대주택이라 할 수 있다. 매입임대주택 및 전세임대주택은 LH공사와 지방공사가 기존의 주택을 매입하거나

7   2024년 3월 31일까지 한시적 우선공급 대상으로 적용.
8   마이홈포털(www.myhome.go.kr) 참조.

전세를 얻어 저소득층에게 장기간 재임대하는 주택이다. 임대료 수준을 살펴보면, 영구임대주택은 평균 보증금 300만 원에 월임대료 5~6만 원 이하이며, 매입임대주택은 보증금은 영구임대주택 수준으로 월임대료는 시중 시세의 30~40% 수준으로 저렴하다.[9]

둘째, 김대중 정부에서 서민을 위한 공공임대주택으로 도입된 국민임대주택은 1990년대 초 영구임대주택공급이 중단되면서 새로운 유형의 임대주택 필요성에 의해 등장한 공공임대주택이다. 입주대상 계층은 전년도 도시근로자 가구원수별 가구당 월평균 소득의 70%(1인가구 90%, 2인가구 80%) 이하의 가구를 대상으로 하고 있지만, $50m^2$ 이하의 1순위 대상은 당해주택 건설 시·군·자치구 거주자이며, $50m^2$ 이상의 1순위 대상자는 주택청약종합저축 가입 2년이 경과하고 매월 납입금을 납입한 자로 대상을 규정하고 있다. 따라서 국민임대주택의 입주대상은 저소득층이지만 영구임대주택 입주대상보다는 소득이 약간 높은 중하위계층이라 볼 수 있다. 이는 임대료 수준을 보면 알 수 있다. 서울의 경우 평균 보증금이 4,300만 원에 월임대료는 29만 원 수준으로 시중 시세보다 저렴하지만, 영구임대주택보다는 많이 높은 수준이다. 국민임대주택은 임대자격이 유지되면 최장 30년간 거주할 수 있다.

셋째, 청년층을 위한 주택은 박근혜 정부 시절에 청년과 신혼부부를 주요 대상으로 하는 '행복주택'이 등장하면서 시작되었다. 행복주택에는 주 입주계층인 청년과 신혼부부 80% 비중을 차지하

---

[9] 공공임대주택의 임대조건은 시기별, 지역별로 차이가 있을 수 있으며, 같은 단지에서도 계층별로 차이가 있다.

며, 나머지 20%는 생계급여수급자와 고령자 등에게 공급된다. 행복주택의 임대조건은 대학생과 청년의 경우 평균 보증금 650만 원(생계·의료 수급자 190만 원)에 월임대료 8만 원(생계·의료 수급자 4.5만 원) 수준이다. 임대기간은 계층별로 차이가 있는데 대학생과 청년은 6년, 신혼부부는 무자녀인 가구의 경우 6년이며 유자녀인 경우 10년, 고령자와 주거급여수급자는 20년간 거주할 수 있다.

넷째, 2020년 이후 새로 추진된 사업인 '비주택거주자 주거상향이동' 사업은 역시 비주택[10]에 거주하는 주거취약계층을 공공임대주택에 입주시키는 사업으로 최저취약계층에 초점을 둔 사업이다. 비주택거주자 주거상향이동사업은 그동안의 주택정책에서 소외되었던 주택이 아닌 장소에서 거주하는 사람들을 위한 정책이다. 지원대상자들에 대한 조사를 통해 시작되었으며, 다른 정책사업과는 다르게 'Top-Down' 방식이 아닌 'Down-Up' 방식이라는 점에 차이가 있다.

이 사업은 2019년 LH공사와 (재)주거복지재단이 수도권 지역 비주택거주자를 대상으로 주거복지정책 홍보를 목적으로 한 사업이었으며 홍보와 함께 추가로 이들의 주거실태에 대한 조사를 한 것이 발단이 되었다. 조사기간은 2019년 5월 말부터 8월 초까지 실시하였다. 조사대상자들 총 3만 5천 명에게 주거복지정책을 홍보하였으며, 설문조사는 1만 3천여 명의 비주택거주자를 조사하

---

10 고시원, 쪽방, 여관·여인숙, 노숙인시설 등 주택이 아닌 곳에 거주하는 사람을 말함.

여 조사결과를 국토부에 제출하였다. 이후 국회와 (사)한국주거복지포럼과 (재)주거복지재단 주관으로 토론회를 개최[11]하여 이들의 주거안정 시급성에 대한 공감대를 형성하였다. 정책의 필요성이 인정되어 국토부 주관으로 전국 지자체에서 조사(2019년 12월~2020년 2월)를 시행하였으며 조사결과 5만 명 이상의 공공임대주택 입주대상자 및 주거급여수급자를 발굴하였다. 이후 2020년부터 비주택거주자들과 주거취약계층들에게 공공임대주택으로 주거를 상향이동하는 사업을 시작하였다. 이 사업은 민간의 조사와 토론회 결과를 통해 제안된 사업으로 볼 수 있다.

이상의 공공임대주택 공급대상을 보면 영구임대, 매입임대, 전세임대주택은 취약계층이 중심이 되고, 국민임대, 행복주택 등은 취약계층을 포함한 저소득층이 대상자로 되어 있다. 특히 비주택거주자의 주거상향이동사업은 주거상태가 아주 열악하지만 소외된 계층을 주택정책의 대상으로 포함하는 성과를 가져왔다.

정책대상 중에서 주요 관심사로 떠오르고 있는 신혼부부(예비 포함)의 경우 신혼부부 특별공급을 비롯한 공공임대주택 모든 유형에서 우선공급 대상자로 포함되어 있으며, 주택의 공급 이외에 금융지원 등을 병행하고 있다. 공공부문의 주택공급으로는 이들의 주거수요를 충족하는 데 제약이 있으므로 상당수의 정책대상자에게 주거안정을 위한 다양한 지원을 하고 있다. 청년의 경우 행복주택과 함께 매입임대와 전세임대에서 청년들을 위한 주택을

11 　 2019년 11월 6일 한국주거복지포럼 제64회 토론회 "주거취약계층 실태와 정책 개선방안 세미나" 개최.

공급하고 있으나 공급량은 수요에 대비해 적은 수준이다. 청년층에게도 주택공급과 함께 금융·세제 등의 지원을 확대하고 있다.

한국주거복지포럼에서도 주거복지의 주요 정책대상인 취약계층을 주제로 한 토론회 빈도수가 많으며, 또한 청년과 신혼부부, 고령화를 주제로 한 토론회를 개최하여 이들의 주거안정화 방안을 논의하고 정책을 제안한 바 있다.

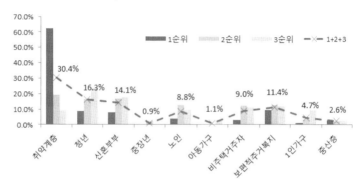

그림 5 전문가가 보는 주거복지 정책대상 키워드(과거)

그림 6 일반 국민이 보는 주거복지 정책대상 키워드(과거)

4. 과거 주거복지 정책수단 키워드 및 정책의 호응도

1) 과거 주거복지 정책수단 키워드

설문조사에서 나타난 과거 주거복지 정책수단의 키워드를 살펴보면, 전문가 그룹과 일반 국민 모두 공공임대주택(아파트형)의 공급(17.7%, 17.5%)이 가장 많이 나타났다.[12] 그동안 정부에서는 저소득층의 주거복지 실현을 위하여 다양한 유형의 공공임대주택을 집중적으로 공급한 영향으로 보인다.

전문가 그룹에서는 아파트형 공공임대주택공급에 이어 주거급여(13.6%), 매입임대주택(9.3%), 부동산규제(7.3%), 전세임대주택·공공지원민간임대주택·주거환경개선(각 6.0%)으로 나타났다. 주거급여의 응답 비중이 높은 것은 주거복지의 수단으로 주거급여가 중요하다는 의미를 가진다. 공공임대주택은 입지가 고정되어 있으므로 정책대상가구의 입장에서는 선택의 폭이 제한된다. 이에 비해 주거급여는 지원대상인 가구가 원하는 장소에서 원하는 주택을 선택할 수 있다는 점에서 효과가 높다. 부동산규제가 다소 높게 나타난 것은 지난 정부에서 시장안정을 위해 20여 차례의 대책을 발표할 정도로 중요한 정책수단으로 다루어졌기 때문이다.

일반 국민 그룹 역시 공공임대주택공급의 응답 비중이 가장 높았

---

12 과거 정책수단 중 아파트형 공공임대주택의 공급은 1순위 응답에 전문가 41.3%, 일반 국민 27.7%로 나타남.

고 이어서 전세임대주택(13.0%), 매입임대주택·공공지원민간임대주택이 각각 10.9%로 나타났다. 매입임대, 전세임대, 공공지원민간임대의 응답 비중이 전문가에 비해 높게 조사된 것은 공공임대는 대단지이며 특정한 지역에 위치한 데 비해, 매입임대나 전세임대는 지역 선정의 제약이 적고 일반 사람들과 섞여 산다는 장점을 가졌다는 점에 기인할 것이다. 다만 전문가와는 다르게 일반 가구의 경우에는 주택금융이 9.7%로 정책수단 키워드의 응답 비중이 비교적 높게 나타났다. 이는 주택시장안정 대책에서 대출관리 등의 조치가 일반 국민들에게 많은 영향을 미쳤다는 것을 보여준다. 그리고 주택을 매입하거나 전세에 거주하려는 가구가 주택금융에서 어려움을 겪을 수 있다는 점을 시사한다. 주거급여와 주택금융에 대해서는 뒤에서 다시 설명한다.

앞에서 설명한 것처럼 주거복지정책의 대상은 주거빈곤층과 일반 가구로 나눌 수 있다. 주거빈곤층의 주거불안을 해결하는 정책은 안심하고 살 수 있는 저렴한 주거공간의 제공, 주거비용의 지원 등이다. 한편 일반 국민의 주거수준 향상을 위한 정책으로는 쾌적하고 부담가능한 주택(decent and affordable housing)의 공급, 주택시장의 안정대책 등이 있다.

주거빈곤층을 위한 주거복지정책을 살펴보자. 그동안의 주거복지정책은 주로 주거빈곤층의 주거불안을 해소하려는 데 중점을 두고 추진되었다. 주거복지의 정책수단은 크게 공공임대주택, 주거비 지원, 임대료 통제 등이 있다. 이 세 가지 정책수단은 공급측면의 정책, 수요측면의 정책, 가격측면의 정책을 대표하는 정책수단이라 할 수 있다. 각각의 정책은 장점과 단점이 있으며, 이와 관련한 많은 이론적이며 실증적인 연구들이 있다.

우선 공급측면의 정책을 정리하면 다음과 같다. 그동안 우리나라의 주거복지정책은 주거 취약계층을 주요 대상으로 하고 있으며, 정책수단은 공공임대주택공급을 위주로 하여 정책을 집행했다.

공공임대주택의 공급은 주거복지의 가장 중심이 되며 직접적인 효과를 발휘하는 정책수단으로 주거복지에서 가장 우선되는 수단이다. 그중 아파트형 임대주택이 공공임대주택의 공급에서 많은 비중(71.5%)을 차지하고 있으며,[13] 저소득층을 위한 장기공공임대주택은 영구임대주택, 공공임대주택(50년, 10년), 국민임대주택, 행복주택, 장기전세주택 등이 포함된다. 아파트형이 아닌 공공임대주택은 매입임대주택과 전세임대주택이 있다.

장기 공공임대주택의 역사를 살펴보면, 최초의 저소득층을 위한 공공임대주택이라 할 수 있는 영구임대주택이 1989년부터 공급되어 1993년까지 190,077호가 공급되었으며, 2009년 보금자리주택정책에 의해 22,908호가 추가로 공급되어 총 공급량은 212,985호에 달하다. 이는 장기공공임대주택 중 비율은 12.4%를 차지하고 있다.[14] 영구임대주택과 비슷한 시기에 공급을 시작한 50년공공임대주택은 공급량이 113,859호로 그 비율은 6.4% 정도이며 청

---

13 장기공공임대주택은 임대기간이 10년 이상인 주택을 의미한다. 2021년 기준 장기공공임대주택은 1,739,626호로 총 주택의 약 8% 수준이다(국토부, 2022년 국토교통통계연보 참조. 5년임대 30,797호, 사원임대 4,853호 제외한 물량).

14 총 주택에서 차지하는 비율임. 공급량은 연도별 승인기준 공급량임(이후의 공급량도 승인기준임). 영구임대주택은 모든 단지에 종합사회복지관이 설치되어 있어 저소득층을 위한 우리나라 최초의 장기간 임대할 수 있는 임대주택이다.

약저축가입자가 대상이다. 영구임대주택과 50년공공임대주택은 임대기간이 50년 이상인 임대주택이다. 다음으로 국민임대주택은 장기공공임대주택 중 가장 많은 비중을 차지하며, 김대중 정부 시절인 1998년 처음 공급된 이후 현재까지 공급되고 있다. 2020년까지의 공급량은 586,332호로 장기공공임대주택의 총 공급량의 33.7% 정도를 차지한다. 국민임대주택은 임대기간이 30년간으로 영구임대주택 입주계층보다는 소득계층이 높은 가구를 대상으로 하고 있다.

박근혜 정부부터 시작된 행복주택은 주요 입주계층이 청년층과 신혼부부 등 청년들을 위한 공공임대주택이다. 공급량은 2014년부터 공급하여 2021년까지 111,942호를 공급하였으며 그 비중은 6.4% 정도이다. 그 외에 장기전세주택이 36,081(2.1%), 중산층의 내집 마련의 사다리 역할을 하는 10년 공공임대주택 180,316호(10.4%) 등이 공급되어 있다. 이상의 건설형 장기공공임대주택은 1,244,515호로 전체 공공임대주택 중 비율이 71.5%로 많은 비율을 차지한다.

다음 일반 국민의 정책수단 응답 비중이 높은 매입임대주택과 전세임대주택의 공급현황을 살펴보자. 매입임대주택과 전세임대주택은 노무현 정부 시절 등장한 공공임대주택으로써 도심에서 생활하는 저소득층이 현 생활권에서 안정적으로 거주할 수 있도록 다가구, 다세대, 원룸 등 기존주택을 매입하여 개·보수한 다음 시중 시세의 30~40% 수준으로 월임대료를 받는 저렴한 임대주택이다. 매입임대주택의 공급 초기에는 주로 저소득층에게 다가구주택만을 공급했기 때문에 다가구매입임대주택이라는 명칭도 사용되었다. 이들 주택은 지원대상에 따라 공급유형은 다양하다. 일반형, 청년형, 신혼부부 I형, 신혼부부 II형, 청년·신혼부부 매입임대리츠, 고령자형, 다자녀형, 보호종료아동형 등 다양하다.[15]

전세임대주택은 매입임대주택이 시작되는 시점인 2005년부터 시작되었으며, 도심에서 생활하는 저소득층이 현 생활권에서 안정적으로 거주할 수 있도록 입주대상자가 직접 거주하고 싶은 주택을 물색하여 사업주체, 집주인, 입주자 3자간 계약을 통해 임대하는 주택이다. 전세보증금을 융자해주고 임대료는 보증금 이자로 납부하는 방식이다. 전세임대주택도 지원대상에 따라 공급유형이 다양하다. 일반형, 청년형, 신혼부부형 등이 있다.

이들 주택의 공급실적을 살펴보면 매입임대주택은 2004년 503호를 시범적으로 시작하여 2020년까지 200,551호를 공급하였다. 전세임대주택은 2005년부터 공급을 시작하여 2020년까지 294,560호를 공급하였다. 이 두 가지 유형이 전체 공공임대주택에서 차지하는 비율은 28.5% 수준으로 높은 편이다.

다음 주거복지의 실현을 위한 정책수단으로 주목받고 있으며, 전문가 그룹에서 주거복지정책수단으로 많은 비중을 차지한 주거

---

15 신혼부부 I형은 외벌이 부부 대상, 신혼부부II형은 맞벌이부부 대상임. 매입임대리츠주택은 부동산투자회사가 자산관리 및 업무위탁 기관을 통해 기존주택을 매입하여 청년, 신혼부부 및 예비 신혼부부 등에게 공급하는 주택을 말한다. 보호종료아동 매입임대주택은 아동복지시설(가정위탁 포함) 퇴소 예정이거나 퇴소한 지 5년이 지나지 아니한 사람에게 공급하는 주택을 말한다(마이홈포털, 「공공주택 특별법 시행령」 제2조 참조).

급여에 대해 살펴보자. 먼저, 주거급여의 개편 배경을 보면, 2000년 기초보장 급여체계 시행 이후 여러 차례 제도 개선에도 불구하고 통합급여 방식에 대한 한계점이 지속적으로 대두되었다. 기존에는 최저생계비 이하 국민을 대상으로 각종 급여(생계·주거·교육 등 7종)를 한번에 지급하여 선정되면 모든 급여를 받지만, 탈락하면 아무것도 받지 못하여 광범위한 사각지대가 발생하고 있었다. 즉, 기존의 통합급여 내 주거급여는 거주형태, 임차료 수준과 무관하게 일괄 지급되어 빈곤가구의 실질적 주거비 부담 해소에 한계가 있었다.

따라서 그 당시 국정과제인 '보편적 주거복지 실현' 방안으로 기초생활보장제도상의 생계·의료·주거·교육·급여를 맞춤형 개별급여로 전환하게 되었다.[16] 수급자격을 충족한 저소득가구에 대해 소득, 주거형태, 주거비 부담수준 등을 고려하여 임차료(임차가구) 또는 주택수선(자가가구)을 지원한다. 수급자격은 소득인정액(소득평가액 + 재산의 소득환산액)이 기준 중위소득의 47% 이하 가구이다.[17]

개편된 주거급여는 실질적 주거지원을 위해 거주형태와 임대료 부담수준 등을 종합적으로 고려하여 가구원수별 지역별(급지별)[18]로 수급대상자에게 차등적으로 지급된다. 자가가구는 해당

---

16 급여별 선정기준 다층화: (생계) 중위소득의 30%, (의료) 40%, (주거) 43%, (교육) 50%. 2015년 제정된 「주거급여법」을 통해 주거급여 운영주체, 지급기준, 지급방법 등 급여의 실시를 위한 필요한 사항을 규정하고, 「국민기초생활 보장법」을 일반법으로 준용. '2022년 주택업무편람' 참조.

17 '23년 주거급여 산정기준(중위소득 47% 이하 가구): 1인가구 976,609원 이하, 2인가구 1,624,393원 이하, 3인가구 2,084,364원 이하, 4인가구 2,538,453원 이하임. '24년에는 중위소득 48% 이하로 조정.

18 1급지: 서울, 2급지: 경기·인천, 3급지: 광역시·세종시·수도권 외 특례시, 4급지: 그 외 지역으로 급지별로 차등 지급된다. '21년의 경우 1인가구 최저 16.3만 원(4급지)~6인가

주택의 구조안전, 설비 등 주택노후도에 따른 보수범위별 수선비용(경보수 457만 원, 중보수 849만 원, 대보수 1,241만 원)을 기준으로 지원한다.[19]

주거급여의 지원실적을 살펴보면 2022년 5월 기준으로 임차가구 120.3만 가구에 월평균 17.7만 원을 지급하고, 자가가구(총 11.0만 가구) 중 약 2만 가구를 대상으로 주택수선을 계획하였다.[20]

한편, 과거 정책수단 키워드에서 전문가 그룹은 주택금융에 2% 수준으로 응답한 반면, 일반 국민 그룹에서는 10% 수준으로 응답하여 차이를 보이고 있다. 이는 전문가보다는 일반 국민 입장에서 내집 마련이나 전세 같은 주거생활에 금융의 필요성이 반영된 응답결과로 볼 수 있다.

일례를 들면, 그동안 주택담보대출을 통해 내집 마련을 했던 서민들에게 대출이율이 5%대 이상으로 오르면서 가계에 부담이 되었다. 또한 LTV(담보인정비율), DTI(총부채상환비율)를 적용하여 경제적으로 어려운 서민들에게 내집 마련을 위한 주택담보대출이 힘들었는데, '24년 2월 중순부터는 주택담보대출에 '총부채원리금상환비율(DSR)'[21]이 도입될 예정으로 현재보다 대출 가능 금

구 최대 62.1만 원(1급지)를 상한으로 실제 임대료에 다라 지급함('22년은 급지별 0.0~3.3만 원 지원 확대).

19 2023년 기준. 장애인은 무장애 관련시설(단차 제거, 문폭 확대) 설치를 추가지원(380만 원)하고, 고령자(만 65세~)는 수선유지 급여 외 편의시설 설치비용 50만 원 한도 내에서 지원한다.

20 주거급여 예산: ('16) 1조 9억 원 → ('17) 9,238억 원 → ('18) 1조 929억 원 → ('19) 1조 6,406억 원 → ('20) 1조 6,858억 원 → ('21) 1조 9,427억 원 → ('22) 2조 1,737억 원 ('2022년 주택업무편람' 참조).

21 LTV(Loan to Value): 담보인정비율로써 해당 부동산의 시장가치가 얼마이고 시장가치 대비 몇 퍼센트나 대출을 해줄 수 있는지를 의미 / DTI(Debt to Income): 총부채 상환비

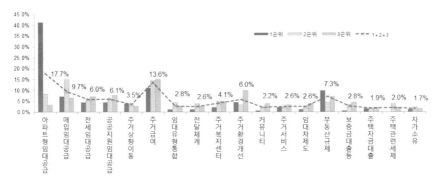

그림 7 전문가가 보는 주거복지 정책수단 키워드(과거)

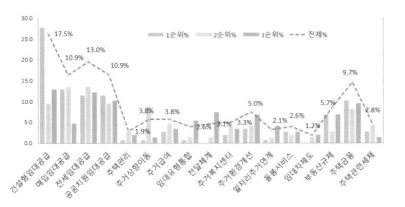

그림 8 일반 국민이 보는 주거복지 정책수단 키워드(과거)

액이 줄어들어 서민들의 내집 마련 계획에 상당한 차질이 우려되었다. 그러나 '24년 초에 온라인은행 등에서 주택담보대출 이율이 3% 중반대로 출시되며 기존 대출을 갈아타는 사례가 많아지고 있다. 한편, 임차주택에 거주하는 서민들 입장에서는 보증금대출이 큰 힘이 되어 보증부월세 주택에서 전세주택으로 이주하는 수

....

율로 총부채를 본인의 연간소득으로 나누었을 때 몇 퍼센트인지를 계산하는 것을 의미 / DSR(Debt Service Ratio): 연소득에서 대출 원리금이 차지하는 비율. 현행 차주별 DSR 규제는 매년 갚아야 할 대출 원리금이 연소득의 40%를 넘지 못하도록 하고 있다.

단으로 활용되고 있다.

2) 과거 주거복지 정책에 대한 호응도

그동안 시행한 여러 가지 주거복지정책의 성과에 대한 판단은 정책호응도 조사결과를 살펴보면 파악할 수 있다. 정책의 호응도는 대상가구가 정책을 얼마나 긍정적으로 생각하고 받아들이는가를 보여주며, 정책의 성과를 판단할 수 있는 지표 역할을 한다. 만약 호응도가 낮다면 정책의 성과도 부진할 수밖에 없으며, 해당 정책의 수정 보완 또는 개편을 검토해야 할 것이다.

전문가 그룹에서 주거복지 정책호응도 조사결과를 보면, 건설형 공공임대주택(공공지원민간임대주택공급 포함)이 가장 높으며, 특히 대출 등 주택금융(보증금대출, 주택자금대출 포함)에도 많은 호응도를 보이고 있다. 앞서 정책수단 키워드에서는 주택자금대출이 2% 수준으로 나타난 것에 비해 호응도의 응답 비중은 훨씬 높았다.

일반 국민 그룹에서 주거복지 정책호응도 조사결과를 보면, 건설(아파트)형 공공임대주택(공공 지원 민간임대주택공급 포함)이 가장 높으며, 다음으로 주택금융이 높게 나타나고 있다. 정책수단 키워드에서 주택금융이 10% 수준으로 높게 나타난 것과 마찬가지로 정책호응도에서도 응답 비중이 높게 나타났다. 이는 전문가 그룹과 키워드 측면에서 차이는 있으나, 국민의 주거생활에서 주택금융의 중요성이 많다는 것을 보여주고 있다. 서민주택시장

의 키워드에도 주택금융의 응답 비중은 13% 수준으로 높게 나타
나고 있다.

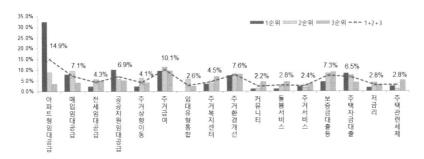

그림 9 전문가가 보는 정책호응도

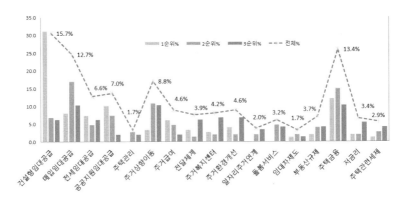

그림 10 일반 국민이 보는 정책호응도

정책호응도에서 매입임대주택공급의 응답 비중이 높은 수준이
며, 공공지원민간임대 · 주거상향이동 등은 다음 순위로 높게 나
타나고 있다. 이 중 주거상향이동은 주거취약계층의 공공임대주
택 이주사업으로 공공임대주택공급과 같은 내용으로 볼 수 있다.
이처럼 일반 국민들은 주거복지 정책호응도에서 공공임대주택
공급에 가장 높은 호응도를 보이고 있다. 그리고 매입임대, 전세

임대의 호응도가 대체로 높은 응답을 보였으며, 전세임대의 경우 일반 국민의 응답 비중이 전문가보다 더 높았다. 전세임대는 먼저 입주대상을 선정한 다음에 대상자들이 원하는 주택을 마련해서 제공하는 방식이다. 이는 수요자 맞춤형 주거복지대책이라고 할 수 있다. LH공사에서는 마땅한 집을 구하기 어려운 청년들을 위한 청년전세임대주택을 운영하고 있다. 청년전세임대주택의 호응도가 높게 나타나자 SH공사나 지자체에서도 이 제도를 운영 중이다.

이에 비해서 정책적 추진을 검토하고 있는 임대유형 통합, 전달체계 구축, 주거서비스 등은 주거복지의 실현에 중요한 바탕임에도 불구하고 응답 비중은 매우 낮게 나타났다. 통합공공임대주택(임대유형통합)은 국민, 영구, 행복주택 등의 유형으로 각각 운영되던 공공임대주택을 하나의 유형으로 통합시킨 개념으로 최근에 공급했기 때문에 아직 재고량이 적고 국민의 인식도 낮다. 이들 정책은 중장기적으로 주거복지의 실현에 중요한 정책이지만, 단기간에 국민들의 주거생활에 직접적 영향을 미치는 내용은 아니기 때문이다. 그렇지만 낮은 정책적 호응도에 관계없이 지속해서 추진이 필요한 정책이라는 점에서 정책 실현을 위한 보완대책과 실천전략이 마련되어야 한다.

3) 과거 주거복지 서민주택시장의 키워드

주거복지정책의 주요 목표 가운데 하나는 서민 주거안정이며, 서민주택시장 키워드의 응답 결과를 별도로 살펴보았다. 공공임대주택의 공급이 역시 높았으나, 전체 국민 주거복지 키워드 응답 결과와 세부적으로 비교할 때 건설형 임대주택의 비중은 약간 낮았다. 반면 매입임대, 전세임대의 응답 비중은 높았고 공공지원 민간임대의 비중은 낮은 편이다. 이는 임대주택의 유형에서 서민 주거생활과 밀접한 정도에 따른 차이로 보여진다.

전문가들이 보는 서민주택시장 키워드에서도 건설형 공공임대 주택이 가장 높게 나타났으며, 대출 등 주택금융(보증금대출, 주택자금대출 포함)이 13% 수준으로 건설형 공공임대주택 이상으로 서민주택시장 키워드에 높게 응답하고 있다. 이는 앞서 정책호응도에서는 주택금융이 13% 수준인 것과 비슷하게 나타나서 앞서 설명한 바와 같이 중요성이 있는 키워드로 볼 수 있다. 전문가의 키워드에서는 주거상향이동의 응답 비중이 높았다. 서민들의 주거복지를 위해서는 주거안정을 유지하기 위한 지원뿐 아니라 주거상태 및 주거환경을 더 나아지게 하는 정책도 필요하다는 것을 보여준다.

일반 국민은 서민주거복지 정책에서 공공임대주택공급에 가장 높은 호응도를 보였다. 다음으로 주택금융, 공공지원민간임대, 매입임대, 전세임대주택공급의 응답 비중이 높은 수준이며, 저금리 등이 그 다음으로 나타나고 있다. 이에 비해 주거상향이동의 비중은 낮았다. 이는 일반 국민의 인식에서 실현에 시간이 걸리는 정책의 선호가 낮기 때문으로 보인다.

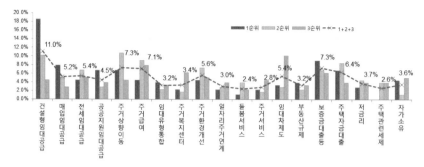

그림 11 전문가가 보는 서민주택시장 키워드

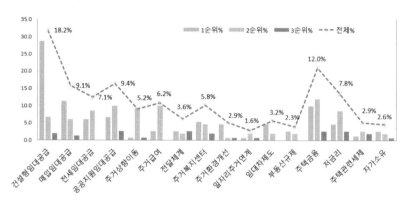

그림 12 일반 국민이 보는 서민주택시장 키워드

5. 미래 주거복지 정책대상 키워드

미래의 주거복지 정책대상 키워드를 살펴보면, 전문가 및 일반 국민 모두 '취약계층'이 높게 나타났으며, 다음으로 청년과 신혼부부, 노인의 응답 비중이 높았다. 이들 이외에 전문가 그룹에서는 보편적 주거복지, 1인가구 등이 다소 높게 나타났으며, 일반 국민에서는 1인가구의 응답 비중이 높은 편이었다.

미래 주거복지 정책대상 키워드로 전문가와 일반 국민 모두 '취약계층' 외에 '청년', '신혼부부', '노인'을 주요 키워드로 선택하였다. 이는 우리 사회의 '저출산 고령화' 문제와 연계되는 키워드로 전문가와 일반 국민 모두 주거복지 측면에서도 그 중요성이 높다고 보고 있다.

그 외에 주요 키워드로 '1인가구'를 전문가와 일반 국민 모두 높게 선택하고 있다. 한편, 전문가 그룹에서는 미래 주거복지 정책 키워드로 '보편적 주거복지'를 주요 키워드로 꼽고 있으며, 일반 국민 역시 전문가 그룹보다는 낮지만 '보편적 주거복지'를 미래 주요 키워드로 생각하고 있다. 아동가구, 중산층, 외국인에 대해서는 전문가 그룹과 일반 국민 모두 중요도를 낮게 평가하고 있다. 미래의 주거복지 정책대상의 조사결과는 앞에서 설명한 과거 주거복지 정책대상의 결과와 상당한 차이를 보여준다.

정책대상에서 취약계층의 비중은 상당히 낮아졌고, 청년과 신혼부부, 노인이 정책대상에서 차지하는 비중이 높아졌다. 저소득층의 주거불안이 여전히 남아 있는 상황에서 취약계층은 주거복지를 실현해야 하는 중요한 대상이다. 그렇지만 주택정책에서 주거불안의 우려가 제기되고 있는 청년과 신혼부부, 노인의 주거복지가 점점 중요해지고 있다. 따라서 취약계층의 주거복지에 집중되어 추진되었던 정책의 범위와 방향의 변화가 요구된다. 이는 향후 주택정책이 양적 접근에서 질적인 접근으로 변화가 필요하다는 점을 의미한다.

앞으로 주거복지의 중요한 정책대상이 될 계층들의 주거실태를 살펴보자. 먼저 주거취약계층은 주거복지의 향상을 위한 각종 정책에도 불구하고 여전히 주거상태가 충분하지 못하다. 이는 거주형태, 주거유형, 주거비부담 등의 여러 측면에서 나타난다. 2022년 주거실태조사 자료를 보면, 우리나라 국민의 자가보유율은 57.5%, 임차비율은 38.8%로 나타났다. 그중에서 저소득층이 임차로 거주하는 비율은 48.5%로 나타나 상·중소득층보다 더 높은 비율이다. 그만큼 이들은 주거가 불안한 상황에 처해 있다. 주택시장의 불안과 전셋값의 지속적인 상승으로 저소득층의 주거불안은 더욱 심해질 것이다.

국토연구원의 보고서에 의하면, 공공임대주택에 거주하는 취약계층을 제외하고라도 주거취약계층은 아동청소년 가구 중 최저주거기준 미달이거나 주거비 부담이 과다한 가구와 비주택에 거주하는 가구가 약 60만 가구에 이르고 있으며, 노인가구와 장애인 가구의 경우 약 62만 가구가 최저주거기준 미달, 주거비 부담 과다, 비주택에 거주하는 상황이다.[22] 즉, 현재 122만 가구 이상의 공공임대주택이 필요한 실정이지만, 최근 4년간 공공임대주택 연평균 공급호수는 146천호 수준으로 향후 8년 이상을 공급해야 한다. 게다가 최근 코로나19 사태 이후 경제 상황 악화로 취약계층은 더 늘어날 전망이다.

따라서 향후에도 일정 기간 취약계층은 주거복지 정책대상에서

----

22 강미나 외(2020).

우선순위가 될 수밖에 없을 것이다. 이러한 상황으로 인해 전문가뿐 아니라 일반 국민들 역시 취약계층을 미래 주거복지 대상의 우선순위로 꼽고 있는 것으로 보인다.

다음 청년과 신혼부부의 주거문제는 국가 현안인 저출산과 인구의 감소와 관련되어 떠오르는 문제라고 할 수 있다. 이들의 주거문제는 그동안 취약계층의 주거복지가 중요하게 다루어지면서 정책의 우선순위에서 벗어나 있었다. 그러나 공공임대주택의 공급을 비롯한 각종 정책에 힘입어 취약계층의 주거복지가 점차 완화되고, 저출산 등이 국가적 과제로 다루어지면서 신혼부부를 비롯한 청년의 주거불안 해소를 위한 정책의 중요성이 높아졌다.

한편 노인의 경우 급속한 고령사회의 진입으로 증가하고 있는 독거노인, 무주택 노인 등의 주거복지가 심각해지면서 주택정책의 당면과제로 대두되고 있다. 이들은 자력으로 주거문제를 해결할 능력이 없다는 점에서 정책적 지원이 필요한 실정이다. 따라서 향후 주택정책에서는 한국 사회의 주요 현안인 저출산 극복과 고령화 대응을 위한 주제를 발굴하고 주거복지 정책대상에 포함해야 한다.

6. 미래 주거복지 정책수단 키워드

미래 주거복지 정책수단 키워드로는 전문가 그룹과 일반 국민 모두에서 공공임대주택이 높게 나타났다. 전문가 그룹에서는 임대유형통합도 높게 나타났으나 이 또한 공공임대주택에 포함되는 개념이다. 다음으로는 주거상향이동, 주거복지센터, 전달체계, 주거서비스 등이 높게 나타났다. 과거 주거복지 정책수단 키워드의 응답 결과와 비교하면 공공임대주택의 비중은 낮아졌으며, 주거상향이동, 유형통합, 주거복지센터의 비중은 높아졌다.

설문조사의 결과를 다시 정리하면 미래 주거복지의 정책대상은 청년, 신혼부부, 노인의 비중이 높아졌으며, 정책수단에서는 주거상향이동, 유형통합 등을 주요 키워드로 응답하였다. 이는 생애주기에 걸친 주거복지가 필요하다는 것이다.

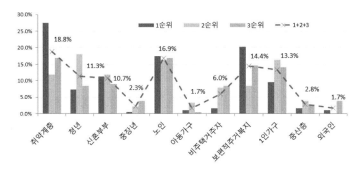

그림 13 전문가가 보는 주거복지 정책대상 키워드(미래)

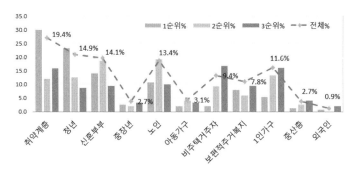

그림 14 일반 국민이 보는 주거복지 정책대상 키워드(미래)

유형통합은 사람들의 생애주기에 걸친 주거복지와 주거의 상향이동을 달성하기 위한 핵심전략이다. 그동안 다양한 주거정책이 시행되어 왔으나, 생애주기라는 측면에서 보면 단편적이고 주거복지수단의 연계성이 미흡한 실정이다. 생애주기를 바탕으로 공공임대주택을 비롯한 주거복지정책에 대한 유형의 통합과 연계성 확보가 필요하다. 이를 현실적으로 실현하는 수단이 통합공공임대주택이다. 정책당국에서는 통합공공임대주택을 바탕으로 주거복지정책을 효율적으로 추진할 수 있는 체계를 마련하고 있다. 또한 이를 뒷받침하는 수단으로 주거복지센터를 설립하고, 여러 지역에서 다양한 계층을 대상으로 운영하고 있다. 주거복지센터는 취약계층은 물론 청년, 노인 등 다양한 계층을 대상으로 주거복지 정보제공 등의 사업을 시행하고 있다.

통합공공임대주택은 최근 시행된 정책으로 무주택 가구를 대상으로 하며 우선공급은 기준 중위소득 100% 이하, 일반공급은 기준 중위소득 150% 이하이면[23] 신청할 수 있는 공공임대주택으로 30년간 거주가 가능하다. 즉, 저소득층부터 일반 서민들까지 신청할 수 있는 주택이며 사회적 혼합 주택으로 볼 수 있다. 그러나 시범운영 결과 공급방식에서 우선공급 비율이 높은 점과 소득계층별 당첨비율 등에서 문제점이 발생하고 있다. 다른 공공임대주택에서도 대상과 공급방식에서 문제점은 지속적으로 나타나고 있어 이에 대한 해결방안이 필요하다.

....

23 '24년 기준 중위소득 100% 이하 3인가구 4,714,657원 이하, 150% 이하 3인가구 7,071,986원 이하임.

아직 저소득층, 청년, 노인 등 주거지원이 필요한 계층의 주거안정이 이루어지지 않아 통합공공임대주택을 포함하여 공공임대주택을 지속적으로 공급해야 한다. 현재 총 주택의 8% 수준인 장기공공임대주택의 공급 확대에 대한 전문가 의견을 살펴보면 대다수가 확대에 찬성하고 있다.[24]

청년을 위한 임대주택으로 행복주택 외에 서울시의 경우 19~39세 청년에게 '청년안심주택'을 공급하고 있다. 고령자를 위한 임대주택으로 '고령자복지주택'[25]을 공급하고 있으나 부족한 실정이며 이는 지자체 재정과도 연계되는 것으로 여러 가지 측면에서 개선이 필요하다. 서울시의 경우 2024년부터는 고령자를 위한 '어르신 안심주택'[26]을 도입하여 주변 시세의 30~85% 수준으로 공급하고, 2027년 첫 입주가 가능하도록 할 계획이다. 어르신 안심주택은 주택은 이동에 불편이 없도록 역세권 350m 내, 종합병원 인근 350m 이내에 위치한다.

이러한 공공임대주택을 비롯한 주거복지 정책수단은 주거복지 전달체계에 의해서 수혜자에게 전달되고 있다. 기존의 주거복지 프로그램은 공공임대주택공급 및 개보수, 주거급여, 주택 관련 금융지원 등을 말하고 있다. 이러한 주거복지 프로그램의 전달체계를 살펴보면, 우선 임대주택의 공급은 국민임대와 5년, 10년, 50

----

24 조사결과 확대 찬성은 94.4%로 나타났으며 8~10% 확대: 38.0%, 11~13% 확대: 19.0%, 14% 이상 확대: 37.4%로 나타남. 확대 반대는 5.6%로 나타남.

25 고령자복지주택에는 유니버셜 디자인이 적용되어 세대 내에 안전 바, 움직임 감지 센서, 긴급전화(벨) 등이 설치되어 있으며, 건물 1층 또는 인근에 노인종합복지관이 설치되어 있어 관련 서비스를 제공하고 있음. '21~25년까지 1만호 공급이 계획되어 있음.

26 2024년 3월 조례 제정 및 운영기준 마련 예정.

년 임대주택의 경우를 제외하고,[27] 영구임대주택과 매입임대 및 전세임대주택은 지자체에서 대상자들의 신청을 받고 심사 및 추천을 한다. 주거급여사업은 지자체에 신청 및 심사추천을 하고 관련된 조사는 LH공사에서 담당하고 있다. 다음으로 주거 관련 금융지원 사업은 저소득가구 전세자금 지원은 지자체에서 신청 및 추천하고 나머지 프로그램은 금융기관을 통해 시행하고 있다.

즉, 기존의 주거복지 프로그램에서 지자체는 전달체계에서 중요한 역할을 담당하고 있었다. 그러나 지자체를 중심으로 주거복지 전달체계를 시행하다 보니 인력, 관련 지식에 대한 전문성과 정보의 부족 등 여러 가지 한계가 나타났고, 공급자 중심으로 계획된 기존 주거복지 프로그램은 수요자들에게 홍보가 부족해 사업의 원활한 추진에 어려움이 따랐다.

2015년 12월 제정된 「주거기본법」에서는 주거복지 전달체계를 '주거복지센터'라는 조직을 통해 앞서 설명한 주거복지 프로그램에 대해 개인적으로 상담하고 정보를 제공해주는 역할을 담당하게 하고 있다.[28] 즉, 찾아오는 수요자에 대하여 주거복지 프로그램을 안내해주는 역할을 하고 있다. 이를 통해 주거복지의 수요자를 발굴하고 대상자에게 필요한 복지서비스를 제공하는 프로세스로 변하고 있다. 또한 온라인으로도 국가 전체적으로 임대주

---

27 LH, 지방공사 및 민간시행사 등 사업주체에서 신청을 받고 입주자를 선정.
28 민간 주거복지센터에서는 주거복지 관련 상담업무를 수행하고 있었으며, 2015년 12월 1일부터 LH 주거복지센터 및 LH 지역본부에 전국적으로 '마이홈상담센터' 61개소 (2023년 12월 기준)를 설치하여 상담업무를 확대 운영 중이며, '마이홈포털'을 통해 전국 임대주택 정보, 주거복지 프로그램 유형 등을 확인할 수 있다.

택 및 주거복지 관련 정보를 확인할 수 있도록 LH에서 '마이홈포털'을 만들어 운영하고 있다.

앞서 설명한 바와 같이 기존의 주거복지 프로그램은 공급자가 제도를 만들고 지자체나 금융기관을 통해 찾아오는 해당 제도(서비스)의 수요자에게 공급하는 것이었다. 그러나 이제는 불특정 수요자들이 누구라도 상담을 통해 자신들에게 필요한 제도(서비스)를 소개받고 해당 서비스를 제공받는 프로세스로 변하고 있다. 이러한 전달체계 프로세스 변화의 중심에 「주거기본법」에서는 '주거복지센터'라는 조직을 설치하여, 이를 거점으로 주거복지 전달체계를 구현하고자 노력하고 있다. 즉, 공공기관과 지자체 중심으로 다수에게 서비스를 제공하는 방식에서, 주거복지센터와 지역을 중심으로 상담을 통해 개인에게 맞춤형으로 제공하는 서비스 공급방식으로 전환되고 있다.[29] 이러한 패러다임 전환기에 정책의 계획 및 개선과 효율적인 전달을 통한 정책의 효과성을 높이기 위해서는 한국주거복지포럼과 같은 조직에서 토론회를 통한 정책 제안과 개선방안을 도출하는 노력이 필요하다.

이러한 정책의 추진과 함께 사회생활을 시작한 청년, 신혼부부 등이 살아가면서 라이프사이클에 따라 안정적인 주거생활과 주거의 상향이동을 실현할 수 있는 정책적 및 제도적 시스템이 요구되고 있다. 이런 시스템은 청년 시절, 자녀를 양육하는 청장년층, 중년층, 그리고 노년층에 이르기까지 생애주기의 주거복지를 의미

----

29   박근석 등(2017).

한다. 그동안 주거복지에 관한 정책은 취약계층의 주거불안 등 시급한 당면과제의 해결에 중점을 주고 진행되었다. 그렇지만 사회·경제적 패러다임의 변화에 따라 정책대상에는 청년층과 노인가구가 중요해지고 있다. 이런 변화에 대응하기 위해서는 단편적 또는 단계적인 정책에서 벗어나 종합적인 주거복지정책이 필요하다.

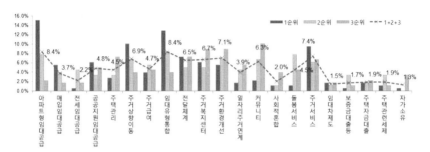

그림 15 전문가가 보는 주거복지 정책수단 키워드(미래)

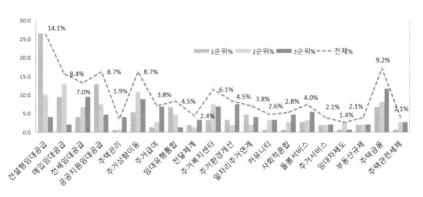

그림 16 일반 국민이 보는 주거복지 정책수단 키워드(미래)

7. 주거복지정책 방향 및 포럼의 역할

1) 주거복지정책의 향후 방향

일반적으로 주거복지에 대한 논의의 시작과 본격적인 주거복지정책은 국토교통부에 주거복지기획과가 분리된 2000년부터 시작되었다. 이 시기는 임대주택 재고량을 확대하는 정책을 추진하였으며, 중앙정부가 주도하는 공급자 중심의 주거복지정책 시행기라 할 수 있다.[30]

주거복지가 논의되기 시작한 2000년부터 「주거기본법」이 제정되고 주거급여사업을 본격적으로 시작한 2015년까지를 '주거복지의 태동기'라고 할 수 있다.[31] 또한 주거급여사업이 어느 정도 정착되어 가고, 「주거기본법」이 본격 시행되는 2016년부터 주거복지센터의 운영이 지자체별로 어느 정도 자리를 잡아가는 2024년까지를 '주거복지 기반 확대기'라 볼 수 있다. 이 시기는 공공임대주택공급을 통한 취약계층을 위한 주거공간의 확충에 수요자 맞춤형 주거급여까지 더하여 정책대상계층이 점차 주거안정을 이루고, 지역에서 주거복지센터가 태동하는 시기이다. 지방정부가 주도하는 수요자 중심의 주거복지정책 시행기라 할 수 있다.[32] 지역에서 주거복지센터가 어느 정도 성장하고 지역에서 커뮤니

---

30 2001년 주거복지 관련 NGO로 '(사)주거복지연대'가 창립되며 주거복지 관련 활동을 수행하였음.
31 2015년에 「주거기본법」, 「주거급여법」, 「공공임대주택 특별법」 등이 제정됨.
32 2023년 12월 현재 수도권의 경우 주거복지센터 등이 어느 정도 설치되고 있으나, 지방의 경우 아직 부족함.

티 활동이 안정화되어 가는 시기는 2025년부터일 것으로 가정하면 이 시기는 '주거복지 안정기'라고 할 수 있다. 이 시기는 지역에서 주거복지 수요를 발굴하여 활동하는 시기로 지역이 중심이 되는 주거복지의 정착기라 보고 있다. 한편, 여러 연구에서 주거복지 태동기 후반부터 나타난 커뮤니티 활동의 중요성을 제시하면서 주거복지 기반확대기에 커뮤니티 활동도 확대될 것으로 예측하였지만, 현재 상황은 아직 그렇게 되지는 못한 수준이다.

주거복지 전달체계는 지역별 수요자의 여건을 고려하여 가장 효과적으로 연결해야 하는 복합적인 고려가 필요한 영역이다. 즉, 지역별로 다른 수요에 맞게 프로그램이나 서비스를 효과적으로 제공하는 방안이 필요하다. 현 상황에서는 '주거복지센터'가 그 역할을 담당해야 하나, 주거복지센터의 수와 인력을 고려할 때 아직 지역별 수요발굴과 서비스 제공은 어렵다고 볼 수 있다.

또한 생애주기별로 소득수준과 주거의 상태가 달라지기 때문에 주거복지정책은 다원적인 방향으로 추진해야 한다. 청년층에게는 일자리, 소득창출과 연계될 수 있도록 해야 하며, 중장년층에게는 주거소비의 조정이 원활하게 이뤄질 수 있도록 하고, 노년층에게는 의료·복지 서비스가 연계된 묶음 형태의 주거지원체계가 필요하다. 한편으로는 한정된 재원으로 공공이 모든 것을 감당할 수는 없으므로 민간의 참여를 유도하는 방안이 필요하며 주거복지 수혜자의 능동적 주거복지[33]도 필요하다는 주장도 나왔다.[34]

---

33 능동적 주거복지는 기본적으로 형평성에 기초하는 것으로 주택에 대한 비용을 개인의 노력으로 일정 부분 부담하게 하고, 정부가 이를 일정 부분 지원하는 방식임.

그동안 다양한 주거정책이 추진되었고, 주거복지 향상이라는 측면에서 상당한 성과를 얻었다. 설문조사에서 나온 결과를 바탕으로 주거복지 정책의 방향을 정리하고, 향후 수행할 주요한 정책을 살펴보면 다음과 같다.

먼저 주거복지 정책대상의 경우, 취약계층이 중요하다는 응답의 비중은 낮아졌고, 청년과 신혼부부, 노인이 차지하는 응답 비중이 높아졌다. 저소득층의 주거불안이 여전히 남아 있는 상황에서 취약계층은 주거복지의 중요한 대상이다. 그렇지만 주거불안의 우려가 제기되고 있는 청년과 신혼부부, 노인의 주거복지가 점점 중요해지고 있다. 따라서 취약계층의 주거복지에 집중되었던 정책의 범위와 방향을 확대하는 변화가 요구된다. 다음 주거복지 정책수단의 경우, 공공임대주택의 공급은 여전히 중요하게 여겨진다. 전문가 그룹에서는 임대유형통합도 높게 나타났다. 다음으로는 주거상향이동, 주거복지센터, 전달체계, 주거서비스 등이 높았다. 과거 주거복지 정책수단의 응답 결과와 비교하면 공공임대주택의 비중은 낮아졌으며, 주거상향이동, 유형통합, 주거복지센터의 비중은 높아졌다.

정책대상과 정책수단의 설문조사 결과를 바탕으로 주거복지정책의 성과와 문제점을 정리하면 다음과 같다.

첫째, 취약계층의 주거복지는 상당한 개선에도 불구하고 아직도 열악한 환경에 거주하는 계층이 많은 상황이다. 향후 주거정책에

---

34 한국주택학회 및 주거복지연대 등 관련 기관 주거복지 대토론회 '주거복지 갈 길을 묻다', 2012.

서는 주거복지상태가 불안한 취약계층 등을 위한 정책을 지속적으로 추진할 필요가 있지만, 취약계층에 집중했던 정책의 범위를 확대하는 정책도 고려되어야 한다. 국민 주거복지의 실현은 계층 간의 균형 잡힌 발전이 필요하기 때문이다. 균형 잡힌 주거복지의 실현을 위해서는 상대적으로 취약하다고 알려진 청년층과 노인가구의 주거복지를 실현하는 방안이 필요하다.

둘째, 필요한 주거복지정책으로 공공임대주택공급과 함께 주택자금 및 보증금대출 등 주택금융이 중요하다고 응답하고 있다. 주거복지를 위한 정책들은 대개 정부가 직접 개입해서 운용하며, 정책적 비용이 많이 소요되는 데 비해서 수혜대상은 제약을 받는다. 이에 비해 대출의 관리나 금리 조정 같은 주택금융은 간접적인 지원대책이며, 적은 비용으로 성과를 최대화할 수 있는 수단이다. 이에 대한 효율적인 정책개발이 필요하다.

셋째, 주거복지센터, 주거상향이동, 전달체계 등 미래의 주거복지정책에서 중요하다고 응답한 비중이 높은 정책을 강화할 필요가 있다. 이들 정책은 관련 법이 제정된 2015년 12월 이후 꾸준히 추진해왔으나, 아직 정책의 내용이나 운영이 충분하지 않으며, 성과가 부족한 실정이다. 주거복지에 대한 패러다임이 양적 수요에서 질적인 수요로 변화하고 있는 상황을 고려할 때 더욱 중요하게 다루어져야 할 것이다.

넷째, 저출산, 고령화라는 시대적 추세에 따라 새롭게 주거복지지원이 요구되는 대상으로 떠오르는 청년층과 노인가구를 위한 정책을 강화하는 방안을 모색해야 한다. 특히 사회적 이슈로 떠오르고 있는 청년층을 비롯한 신혼부부의 주거문제 해결이 시급하다. 청년층의 주거지원은 그동안 행복주택을 중심으로 추진되었으나 충분하지는 못한 실정이다. 신혼부부 우선공급, 청년과 신혼부부, 신생아 특례대출 등 다양한 지원이 시행되고 있지만, 상당수의 청년은 주거복지에서 여전히 소외되어 있다. 청년 주거문제는 주택을 건설, 공급하는 차원에서 벗어나 안심하고 살 수 있는 주거공간을 제공하는 측면에서 접근하는 것이 효과적이다.

이와 함께 고령화의 급속한 진전과 상대적으로 정책에서 소외된 노인가구의 주거복지는 사회적 이슈의 하나로 떠오를 것이다. 앞서 말한 바와 같이 노인가구의 70%가 자기 집을 소유하고 있지만, 집이 없는 노인은 소득의 감소로 주거불안과 생활불안의 이중고를 겪고 있다. 집을 가진 노인들 중에도 노후화가 심한 주택에 거주하며 필요한 소득을 확보하지 못해 생활수준이 나빠지는 곤란에 처해 있는 경우가 많다. 노인 주거문제는 그 동안의 단편적인 지원에서 벗어나 중산층과 서민을 위한 실버주택을 조성하는 방안을 검토 중이지만, 실제 효과가 나타나기에는 시간이 걸릴 것이다. 노인가구의 주거안정과 생활을 해결하기 위한 대책이 필요하다.

한편, 주거복지정책의 사각지대에 놓여 있는 소외된 청년 단독가구, 독거노인 등의 주거안정을 위한 지원도 필요하다. 또한 집은 있지만, 소득 부족으로 생활이 어려운 노인이 자기 집을 활용해서 생활할 수 있도록 주택연금의 조건 완화 같은 제도적 장치도 마련되어야 할 것이다.

다섯째, 사회생활을 시작한 청년 시절부터 중년을 거쳐 노인가구에 이르기까지 안정된 주거생활을 할 수 있는 라이프사이클에 따른 생애 주거복지 시스템을 구축하는 방안을 적극적으로 추진할 필요가 있다. 그동안 당면한 현안을 해결하고 주거복지의 실현을 위한 많은 정책이 시행되었다. 그렇지만 정책의 연속성이 부족하고 정책대상에 따라 분절된 내용으로 정책의 성과가 아직은 불충분한 실정이다. 이러한 문제의 해결을 위해서는 주거복지의 정책대상과 정책수단을 포괄하는 종합적인 생애주거복지 시스템의 구축이 중요하다. 이를 바탕으로 주거복지정책은 확고한 틀을 마련할 수 있을 것이다. 이러한 생애주기별 주거에 대한 복합적인 고려와 제도적 개선을 통해 저출산 고령화에 대한 실마리를 풀 수 있을 것이다.

2) 한국주거복지포럼의 역할

주거복지포럼은 국민 주거복지의 실질적인 향상과 정책의 효과적인 실천을 위한 사업을 강화할 필요가 있다. 특히 포럼은 정책당국과 주거 관련 기관과 단체, 주거복지 지원이 필요한 국민들 사이의 주거복지 허브(HUB) 역할을 수행해야 한다. 즉 정책, 관련 단체, 국민이라는 세 개의 축을 연결하고 지원하는 업무가 중요하다. 이를 위해서는 다음과 같은 방향으로 포럼의 역할과 업무를 추진할 필요가 있다.

첫째, 설문조사 결과를 보더라도 정책대상과 수단에서 전문가와 일반 국민 간에도 약간의 의견 차이가 있음을 볼 수 있다. 따라서 포럼에서 관련 단체, 전문가, 국민 등의 다양한 의견을 수렴하고, 이를 바탕으로 실효성 있는 정책을 개발해서 정책당국에 전달하는 역할을 수행해야 한다.

둘째, 각종 토론회, 세미나의 내실 있는 운영을 통하여 국민들의 피부에 닿는 주제 선정과 실천가능한 정책의 개발 등의 성과를 도출한다. 이번 일반 국민을 대상으로 미래 주거복지 정책대상 및 수단에 대한 조사는 처음이라 생각된다. 이러한 국민들에 대한 지속적인 조사를 통한 국민들의 피부에 닿는 주제 발굴이 필요하며 이를 통한 내실 있는 토론회의 운영이 필요하다. 예를 들면, 미래 정책수단에서 일반 국민들은 건설형 임대주택과 주택금융에 높게 응답하고 있으므로 이러한 내용에 대한 주제 발굴 등이 필요하다. 전문가조사 결과를 보면 포럼의 잘한 점으로 '정책토론회 및 공론화' 및 '정책·제도 정부건의' 등이 높게 나타났으며 향후 수요에서도 높게 나타났다. 따라서 앞으로도 국민들의 의견을 반영한 주제 발굴과 이에 대한 내실 있는 토론회 운영을 통한 공론화와 정부건의 등의 노력이 더욱 필요하다.

셋째, 형식적인 토론방식에서 벗어나 쌍방향의 토론을 활성화 하며 한편, 토론회 등을 동하여 얻으려는 뚜렷한 목표를 세우고, 그에 대한 대안을 도출하는 방식으로 운영하는 체계를 마련한다. 최근 포럼에서 개최한 토론회 중 '임대차시장 상생 방안' 토론회에 임차인과 임대인 쌍방의 의견과 함께 관련 전문가의 의견을 같이 듣고 방안을 모색하는 자리를 마련한 바가 있다. 전문가 조사 결과에서도 포럼 우선추진 사업으로 '다양한 논의의 장 마련'이 높게 나타나 이를 반영하고 있다.

넷째, 국민들이 정책효과를 체감할 수 있도록 각종 정책의 구체적인 실천전략을 마련해 정책집행부처에 전달하고, 정책효과의 피드백을 통해 성과를 극대화한다. 전문가 조사결과 포럼의 우선추진 사업으로 '선제적 토론회개최', '정책전달체계 구축' 등이 높게 나타났다. 주요 주제의 선제적 토론회 및 다양한 논의의 장을 마련하고 그 결과로 도출된 실천전략들에 대해서 정책담당자에게 전달되도록 하고, 추후 이러한 정책의 성과에 대한 토론회를 통하여 정책효과의 피드백을 통한 성과의 극대화를 이끌어내는 일련의 정책 전달 및 효과성 제고 프로세스를 구축해야 한다.

다섯째, 주거복지를 비롯한 국민들의 실제 주거생활에 필요한 각종 사업을 개발하고, 국민 교육을 강화한다. 전문가 조사결과를 보면, '우수사례 발굴 및 시상'과 '온라인 교육'에 대해서 잘했으며 향후 수요도 높다고 응답하고 있다. 우수사례는 지자체와 관련 기관들이 국민들에게 집수리 등 주거 관련으로 지원한 활동 사례에 대해서 발굴해서 시상하는 사업이며, 온라인 교육은 관련 업무 담당자들을 교육하여 국민들에게 더 나은 서비스를 제공하도록 하는 사업이다. 이외에도 국민의 실생활에 연결된 주거생활에 필요하고 올바른 주거문화를 알려주는 온·오프라인 교육이 필요하다. 이러한 여러 가지 사업을 통해 한국주거복지포럼이 다양한 공론의 장을 통한 국민들의 주거안전망 구축을 지원하는 사업 외에도 올바른 주거문화를 선도하는 역할을 하는 주거복지 허브 (HUB)기관으로써의 역할을 기대한다.

:: 참고문헌

국토교통부(2023), 「2022년 주택업무편람」.

국토교통부(2023), 「2022년 주거실태조사」.

국토교통부(2023), 「2022년 국토교통통계연보」.

강미나 외 공저(2020), 「주거취약계층을 위한 정책연계 강화방안 연구」, 국토
연구원.

김근용 외 공저(2012), 『주거복지 갈 길을 묻다』, 도서출판 씨아이알.

남원석 외 공저(2023), 『2030 담대한 주거복지』, 한국주거복지포럼.

박근석 외(2017), 「주거복지 전달체계에서 커뮤니티 역할에 대한 탐색적 연구」,
LHI Journal, Vol.7 No.2.

마이홈포털(www.myhome.go.kr).

통계청 홈페이지(http://kostat.go.kr).

한국주거복지포럼 홈페이지(www.khwf.or.kr).

저출산·고령사회에 대응하는 주거정책 방향

정소이
(LH 토지주택연구원 연구위원)

저출산·
고령사회에
대응하는
주거정책 방향

1. 국내 저출산·고령화 현황

우리나라는 OECD 국가 중 합계출산율 최하위, 고령화 속도 1위 등 세계적으로 유례를 찾기 힘든 급격한 인구구조의 변화가 진행되고 있다. 국내 합계출산율은 1970년 4.53명에서 급격하게 감소하여 1983년 인구대체 출산율인 2.1명 이하로 떨어진 이후 2001년부터 초저출산사회를 지속해오다가, 2018년 OECD 국가 중 유일하게 0.98명인 1.0명대 아래로 떨어지더니 2022년에는 0.78명으로 하락하여 '인구소멸국가'의 위기에 봉착해 있다.

2023년 12월 발표된 통계청의 '장래인구추계(2022~2072년)'에 따르면 2022년 5,167만 명이었던 국내 총인구는 2025년부터 본격적인 감소 국면에 접어들고, 50년 뒤인 2072년에는 국내 총인구가 1977년 수준인 3,600만 명대에 머물 것이란 전망이 나왔다. 이는 출산율이 1.0명 선으로 반등할 것이라는 비교적 긍정적인 가정하

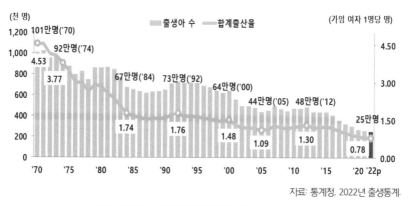

그림 1 출생아 수 및 합계출산율 추이, 1970~2022년

에 계산한 추정치로, 출산율이 현재와 비슷한 0.7~0.8명 선에 머
문다면 국내 총인구는 3,000만 명 선을 유지하기도 힘들 것으로
관측된다.

이러한 출생아 수 감소로 인한 인구감소와 함께 급격한 고령화도
피할 수 없는 상황이다. 현재 국내 총인구의 70%를 웃도는 생산연
령(15~64세) 인구는 50년 후 절반 밑으로 감소하는 반면 65세 이상
고령인구는 50%에 육박하면서 본격적인 초고령사회가 전개될

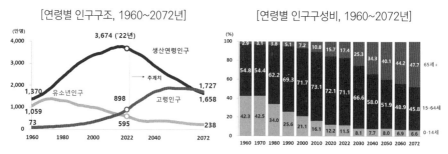

그림 2 연령별 인구구조 및 인구구성비

것으로 전망되고 있다.

2023년 65세 이상 고령인구 비율은 우리나라 전체 인구의 18.4%로, 향후 계속 증가하여 2025년에는 20.6%로 초고령사회에 진입할 것으로 전망되고 있다. 급속한 고령화는 고령자 가구의 구조적 특성을 변화시켜 2023년 고령 1인가구나 고령자 부부가구 등 고령자만으로 구성된 가구 비율이 전체 고령자 가구의 71.6%를 차지하며, 특히 고령 1인가구 비율은 전체 고령자의 36.3%로 가장 많은 비중을 차지하며 2040년에는 41.1%로 증가할 전망이다.

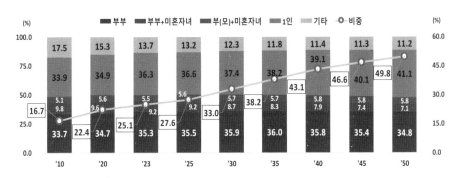

자료: 통계청, 장래가구추계: 2020~2050년.

그림 3 고령자 가구 비중 및 가구 유형별 구성비

저출산·고령화 현상은 경제, 고용, 복지, 교육, 재정 등 사회 전반에 영향을 미치는 중대한 문제로, 이로 인한 생산가능인구의 감소, 잠재성장률 둔화, 지역소멸, 고령자부양 부담 증가 등의 부정적 영향이 우려되고 있다. 또한 소득이 불안정한 청년층과 고령층의 주거비 부담 증가와 주거 불안정 등의 주거문제가 심화되고 있다. 특히 청년기의 주거 불안정은 만혼 혹은 비혼에 영향을 미치게 되며 이는 저출산과 인구감소, 더 나아가 저성장이라는 악순환을 초래할 수 있으므로, 저출산·고령화에 따른 주거문제 해결을 위한 적극적인 노력과 정책적 대응이 필요하다.

2. 저출산사회의 주거문제 및 주거지원 현황

1) 저출산사회와 주거문제

저출산은 결혼과 출산에 영향을 주는 사회경제적 요인 및 가치관 변화, 경쟁적 사회환경 등 다양한 요인이 복합적으로 작용한 결과로, 근본적인 원인은 '삶의 불안정성 확대'에서 비롯된다고 할 수 있다. 고용과 소득 축소로 인한 삶의 불안정성 증가는 청년계층의 만혼과 비혼을 유발하고 이는 저출산 현상으로까지 이어지고 있다.

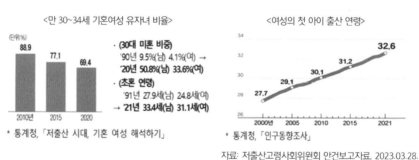

그림 4 가족형성 지연 추세 고착화: 만혼과 비혼 증가, 기혼가정의 평균자녀수 감소

그중 특히 만혼화 및 저출산 유발의 주된 요인으로 '주거문제'가 지적되고 있는데, 이는 주거상황과 출산율이 밀접한 관련성이 있기 때문이다. 다양한 연구결과에서 주거비 부담 정도, 자가소유 여부, 주거면적 및 환경 등이 자녀 출산 여부를 결정하며, 주거상황이 악화될수록 출산율에 부정적 영향을 미치는 것으로 나타났다. 육아정책연구소(2017)에 따르면 경제협력개발기구(OECD) 회원국에서 주택가격지수가 1% 포인트 증가할 때마다 출산율이 1,000명당 0.072명 하락하는 것으로 나타났으며, 한국은행(2023)에서는 인구밀도가 높고 주택가격(전세가격)이 높을수록 합계출산율이 낮아진다는 연구결과를 발표했다. 반면 공공임대주택의 저렴한 주거비는 출산율에 긍정적 영향을 미치는 것(LHRI, 2018)으로 나타났다.

2022년 국토부의 주거실태조사에 따르면 청년 및 신혼부부는 50% 이상이 수도권에 거주하며 타 계층에 비해 주거비 부담이 높고 주거지원정책에 대한 수요가 높게 나타났다. 주택구매력이 낮은 청년가구가 감당하기 어려운 높은 주택가격은 전월세 잔류를 유발하여 가계의 생계와 주거비 부담을 야기하고, 이는 결혼과 출산을 연기하거나 포기하는 것으로 연결될 가능성이 높다. 따라서 저출산 해결을 위해 청년이나 신혼부부들이 집 걱정 없이 결혼해서 안심하고 자녀를 낳아 키울 수 있도록, 안정적이고 양호한 주거환경을 조성하는 것이 중요하다.

표 1 청년·신혼부부 주거특성

구분	청년 주거특성	신혼부부 주거특성
거주지역	53.8%가 수도권 거주	53.2%가 수도권 거주
주택유형	단독주택(37.5%), 아파트(33.8%), 주택 이외의 거처(14.2%) 순	아파트(72.5%), 단독주택(12.7%), 다세대주택(9.7%) 순
점유형태	임차(81.6%), 자가(13.8%), 무상(4.7%)	임차(53.0%), 자가(43.9%), 무상(3.1%)
RIR	16.8로 일반가구(15.7%)보다 높은 수준임(중위수 기준)	18.9%로 일반가구(15.7%)보다 높은 수준임(중위수 기준)
임대료 대출부담	75.4%로 일반가구(61.8%) 대비 높음	75.8%로 일반가구(61.8%) 대비 높음
정책수요	전세자금 대출지원, 주택 구입자금 대출지원, 월세보조금 지원 순	주택 구입자금 대출지원, 전세자금 대출지원, 임대후분양전환주택 공급 순

자료: 국토부, 2021년 주거실태조사 재정리.

2) 저출산 대응 주거정책

국내 저출산 관련 주거정책은 2006년 출산장려책의 일환으로 도입된 다자녀 특별공급 제도를 시작으로, 청년·신혼부부를 주요 대상으로 하는 행복주택(2013년)의 공급과 함께 본격적으로 추진되어 왔다. 이후 2015년 「주거기본법」 제정으로 '생애주기별 맞춤형 주거지원'의 중요성이 강조됨에 따라, 「주거복지로드맵(2017)」, 「신혼부부·청년주거지원방안(2018)」, 「주거복지로드맵 2.0 (2020)」, 「청년·서민 주거안정 공공주택 50만호 공급계획(2023)」 등의 정책을 통해 청년·신혼부부의 주거지원을 지속적으로 강화해 왔다.

청년·신혼부부를 위한 주요 주거정책은 ① 행복주택 등 공공임대주택 공급 확대, ② 내집 마련 지원을 위한 특별공급 비율 확대 및 신혼부부 전용 신혼희망타운 공급, ③ 주거비 지원을 위한 주

자료: 정소이 외(2024), 저출생 현상 대응 주거지원 및 육아환경 조성 연구, LHRI.

그림 5 국내 저출산 대응 주거정책

택구입/전월세 자금 대출 등의 금융지원, ④ 육아친화환경 조성 등이 있다. 주요 정책대상은 다자녀가구와 혼인기간 7년 이내 신혼부부(예비부부), 6세 이하의 자녀가 있는 가구(한부모가구 포함), 청년 등으로, 결혼 및 출산을 장려하기 위해 신혼부부의 경우 자녀가 있거나 혼인기간이 짧은 경우 우대해 주는 방향으로 추진되어 왔다. 최근에는 다자녀가구용 공공임대공급 확대 및 우선입주자격 기준을 3명에서 2명으로 완화하는 등 다자녀가구에 대한 주거지원을 강화하고 있다.

청년·신혼부부를 위한 주거정책은 정책대상과 주거지원을 확대하기 위해 소득 등 대상기준 조건을 완화하거나 한부모가족, 다자녀가구 등 사각지대의 정책대상을 적극 발굴하고, 맞춤형주택의 공급확대 및 추가금리 인하 등 지속적인 제도 개선을 추진하고 있다.

표 2 2023년 이전 청년·신혼부부 관련 주요 주거정책

정책	내용
주거복지 로드맵 (2017.11./국토부)	• (청년) 공공임대 30만실, 전용 청약통장 신설, 대출한도 확대 · 제한완화 　- 세어형 · 창업지원형 등 맞춤형 청년주택 30만실 공급 　- 청년 우대형 청약통장 신설 　- 월세대출한도 확대(30→40만 원), 전세대출 1인가구 대출연령 제한완화(25 　　→19세) • (신혼부부) 공공임대 27만호, 특별공급 확대, 전용대출 도입 　- 신혼특화형 공공임대 20만호, 신혼희망타운(분양형) 7만호 공급 　- 특별공급 2배 확대(공공 15→30%, 민영 10→20%) 　- 전용 구입 · 전세자금대출 도입(최저금리 구입 1.2%, 전세 1.7%)
신혼부부 · 청년 주거지원방안 (2018.07./국토부)	• (청년) 75만가구로 지원대상 확대 　- 청년주택 27만실, 대학생기숙사 6만 명, 청년일자리 창출 희망상가 공급 　- 청년우대형 청약통장 출시, 기금대출 40만가구, 민간은행 이용 2만가구 지원 • (신혼부부) 5년간 최대 88만 쌍의 신혼부부에게 공공주택 공급과 자금 지원 확대 　- 신혼특화형 공공임대 25만호, 신혼희망타운 10만가구 공급 　- 분양가상한제 적용주택 10만가구 특별공급 확대, 한부모가족 지원 강화 　- 주택구입자금 15만가구, 전세자금 25만가구, 전세금 안심대출보증 · 반환 　　보증 3만가구 지원, 한부모가족 기금지원 강화
주거복지 로드맵 2.0 (2020.03./국토부)	• (청년) 총 100만가구 지원(공공주택 35만가구, 금융지원 64만가구) 　- 기숙사형 청년주택, 일자리연계형 주택, 노후고시원리모델링, 공유주택 활 　　성화 　- 청년주거급여 분리지원, 금융지원 강화(청년우대형 청약통장, 청년 보증부 　　월세대출, 중기취업청년 전월세보증금 대출, 청년 버팀목 전세대출) • (신혼부부) 총 120만가구 지원(공공주택 55만가구, 금융지원 64만가구) 　- 신혼희망타운(분양 10만호, 임대 5만호), 맞춤형특화건설 임대단지(40만호) 　　공급 　- 지원대상 확대(혼인기간 7년 이내 무주택 신혼(예비)부부+만 6세 이하 자녀) 　- 신혼부부전용 전세대출(대출한도 8천만 원 상향, 금리 1.0%p 우대), 신혼부 　　부전용 주택구입 대출(대출한도 2천만 원 상향, 금리 0.35%p 우대) • (다자녀 가구) 공공임대 3만호 공급 　- 공공임대 다자녀가구 유형 신설, 국민임대 우선입주자격 완화(3자녀→2자 　　녀 이상) 　- 구입 · 전세자금 대출한도 2천만 원 인상, 전세금리 1자녀 0.1%p/2자녀 이 　　상 0.2%p 우대, 대출기간 1자녀당 2년씩 추가, 매입임대 보증금 지원 　- 매입임대 아이돌봄시설 설치 확대, 돌봄서비스 강화(방과후 아카데미, 공동 　　육아나눔, 다함께 돌봄센터)

자료: 정소이(2023), 저출산시대의 육아친화 주거정책 방향, LHRI 인사이트 Vol.49.

가장 최근에 발표된 「저출산 극복을 위한 주거지원 방안(2023.08.)」
에서는 혼인 여부와 상관없이 2년 이내 출산가구에게 혜택을 주
는 '신생아 특별공급'을 발표하고, 「청년 등 국민 주거안정 강화방
안−청년 내집 마련1 · 2 · 3(2023.11.)」에서는 청년의 생애단계별

주거와 삶의 질을 높이기 위한 제언들 : :

자산형성과 내집 마련을 지원하는 정책을 발표하였다. 또한 공공 주택 특별공급에 추첨제를 신설(각 유형의 10%)하여 도시근로자 월평균 소득 200%를 적용하고, 부부 중복청약 시 먼저 신청한 청약건 유효처리 등 결혼으로 인한 패널티를 개선하고 혼인 및 출산 가구에 더 많은 혜택을 집중시켜 청년·신혼부부가 집 문제로 결혼이나 출산을 연기하지 않도록 지원을 강화하고 있다.

표 3 최근 청년·신혼부부 관련 주요 주거정책

정책	내용
저출산 극복을 위한 주거지원 방안 (2023.08./국토부)	① 출산가구 주택공급 지원(입주자 모집 공고일 기준 2년 내 임신·출산 무주택 가구) • 공공분양 뉴·홈 신생아 특별공급 신설(계획물량 3만호) 　– 혼인가구를 중심으로 한 신혼부부 특별공급과 달리 혼인 여부와 무관하게 자녀 출산 시 공공분양(뉴:홈) 특별공급 • 민간분양 신생아 우선공급 신설(계획물량 1만호) 　– 생애최초·신혼부부 특별공급 시 출산가구에게 우선공급 • 공공임대 신생아 우선공급 신설(계획물량 3만호) 　– 자녀 출산 시 신규 공공임대를 우선공급하고, 기존 공공임대 재공급 물량에 대해서도 출산가구 우선 지원 ② 출산가구 금융지원 강화 • 신생아 특례 구입자금 대출 도입 　– 출산가구의 내집 마련 지원을 위해 저리 구입자금 대출을 신설하고, 기존 대비 소득요건 2배 수준 상향 • 신생아 특례 전세자금 대출 도입 　– 출산하는 임차가구의 주거안정을 위해 저리 전세자금 대출을 신설하고, 기존 대비 소득요건 2배 이상 상향
청년 등 국민 주거안정 강화방안 – 청년 내집 마련 1·2·3 (2023.11./국토부)	• 청년 내집 마련 1·2·3 　– 파격적 청약통장과 전용대출로 전 생애(준비–내집 마련–결혼·출산·다자녀 시) 자산형성과 내집 마련을 지원하는 「희망의 청년주거 사다리」 구축 • 청년 주택드림 대출 　– 기존 청년 전용 청약통장(청년 우대형 청약통장)보다 완화된 가입요건, 높은 이자율과 납입한도 등 적용

자료: 정소이 외(2024), 전게서, LHRI.

3) 저출산 대응 주택공급 사례

결혼과 출산을 선택하는 청년과 신혼부부의 경우 주거안정성과 양질의 주거환경 확보를 중요시하므로, 안정적으로 거주가능한 주택공급을 확대하고 내집 마련 부담을 줄여줄 수 있는 금융지원과 함께 육아하기 좋은 규모와 환경, 돌봄서비스 등이 제공되는 양질의 육아친화적 환경 조성이 매우 중요하다.

국내 청년과 신혼부부를 위한 대표적인 주택공급 사례는 행복주택과 신혼희망타운을 들 수 있다. 행복주택은 청년, 신혼부부 등 젊은 계층의 주거안정을 목적으로 직장과 학교 가까운 곳이나 대중교통이 편리한 곳에 공급하는 임대주택으로, 임대료는 인근 시세 80% 수준이며 임대기간은 유자녀의 경우 10년까지 거주가 가능하다.

[행복주택-공동육아나눔터] [행복주택-장난감 대여실] [행복주택-복합커뮤니티센터]

자료: 정소이 외(2018), 저출산 대응 주택정책 및 주택계획 방향 연구, LHRI.

그림 6 행복주택단지 내 육아 관련 시설

신혼희망타운은 신혼부부의 내집 마련 선호 및 육아·보육 수요를 반영하여 교통이 편리한 도심내외에 건설하여 전량을 무주택 신혼부부에게 공급하는 신혼부부 특화형 공공주택(분양형, 임대형)으로, 저리 대출연계로 주거비 부담을 완화하였다. 신혼희망타운은 놀이터 및 통학길 특화, 단지 내 단차 제거, 주택 내 다용도 활용공간인 알파룸과 가변형 벽체설계, 층간소음 저감 및 스마트홈 기술 등을 적용하여 아이키우기 좋은 환경을 조성하였다. 또한 신혼부부의 주거문제뿐만 아니라 돌봄문제를 덜어주기 위해 국공립어린이집과 다함께돌봄센터, 공동육아나눔터 등의 다양한 돌봄시설을 설치하여 서비스를 제공하고 있다.

[신혼희망타운 평면 예시(전용 55㎡)]　　　　　　[통학길 특화]

자료: LH 보도자료, 2018.07.

그림 7 신혼희망타운 평면도 및 통학길 조감도

3. 초고령사회 대응 주거지원 현황

1) 초고령사회와 주거문제

고령자는 익숙한 곳에서 계속 거주하고자 하는 정주욕구가 강한 계층으로 가능한 한 현재 주택에서 계속적으로 거주하기를 희망하지만, 노화에 따른 건강상태 저하 및 주거상황 등에 따라 계속 거주가 어려운 경우가 발생하게 된다. 2020년 노인실태조사에 따르면 건강이 유지되는 경우 희망 거주형태는 '현재 집에서 계속 산다'는 비중이 83.8%로 매우 높게 나타났으며, 건강악화 시에도 현재 집에서 재가서비스를 받으며 계속 거주하길 바라는 경우가 56.5로 가장 높고, 가족들과 함께 살거나(7.2%) 근거리에 거주 (4.9%)하기를 원하거나 시설 거주를 희망하는 비율도 31.3%로 높게 나타나 건강상태에 따른 의료 및 돌봄서비스 수요가 높음을 알 수 있다.

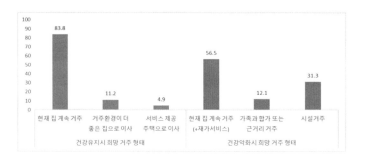

자료: 보건복지부, 2020 노인실태조사.

그림 8 노인의 주거상태 및 희망 거주 형태

고령자는 자가율이 75.0%(2022년 주거실태조사)로 높지만 거주하는 주택의 상태가 불량하거나 노후되어 고령자의 신체 및 인지기능 저하에 대응하기 어려운 경우가 많다. 2020년 노인실태조사에 따르면 조사대상 고령자 주택의 8.9%는 생활하기에 불편한 구조로 되어 있고 71.3%는 고령자 배려 설비가 없는 것으로 나타났으며, 고령자의 대표적인 안전사고인 '낙상사고'도 주택에서 가장 많이 발생(74%)[1]하는 것으로 나타나 주택개조 등을 통해 고령자 주거환경을 개선하거나 고령자에게 보다 적합한 환경으로 이

---

1   2021년 고령자 위해정보 동향 분석, 한국소비자원 위해정보국 위해예방팀, 2022.08.

주할 필요가 있다. 그러나 고령자가 자신의 경제적, 신체적 상황을 고려하여 이주할 수 있는 다양한 주거선택지가 부족한 것도 문제 중의 하나이다.

또한 전체 고령자 가구 중 저소득층 비중이 절반 이상을 차지하며, 65세 이상 고령자 중 기초생활수급자 비율은 2019년 7.9%에서 2022년 11%로 급상승하는 등 고령자 가구의 경제는 취약한 상태이다. 고령자 가구는 소득이 낮다 보니 소득 대비 주택가격 비율(PIR)과 월소득 대비 주택임대료 비율(RIR)이 일반가구의 2배 이상으로, 고령자의 주거비 부담을 경감시켜 줄 수 있는 정책적 지원이 필요한 상황이다.

2) 고령자 대응 주거정책

국내 고령자를 위한 주거정책은 고령자나 고령자 가구를 직접 지원하기보다는 고령자와 가족의 동거를 장려하기 위해 3세대 동거형 주택을 공급하거나 노부모 부양가구를 우대하는 정책 위주로 진행되어 왔으며, 노인전용주거시설로써 1981년 제정된 「노인복지법」을 기반으로 노인주거복지시설이 주로 공급되어 왔다. '고령화사회'에 진입한 2000년대 들어 보건복지부에서는 복합단지 형태의 노인복지단지 건설을 추진하고 국토부에서는 '고령자 전용 임대주택'을 공급하는 등 고령자 주거복지 향상을 위한 고령자주택에 대한 관심이 높아지기 시작했다.

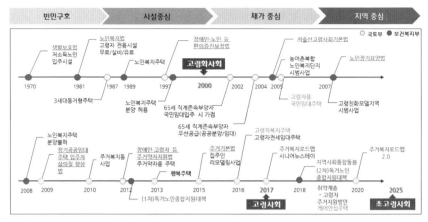

자료: 정소이 외(2018), 초고령사회에 대응한 공공임대주택 공급방향 연구, LHRI.

그림 9 고령자를 위한 주거정책 전개과정

국내 고령자 주거지원정책은 크게 ① 주택공급, ② 주택개조 지원, ③ 금융지원 등이 있고, 2012년 고령자를 포함한 주거약자용 주택 의무건설 및 주택개조 지원방안을 담은 「장애인·고령자 등 주거약자 지원에 관한 법률」이 제정된 이후 고령자를 위한 주택과 지원서비스가 결합된 '고령자 복지주택(2016)' 공급, 생애주기 계층별 맞춤형 주거복지 정책을 강화한 '주거복지로드맵(2017)' 및 '주거복지로드맵 2.0(2020)'을 통해 지속적으로 주거지원을 강화해 가고 있다.

최근 고령자 주거지원정책은 '주거'에서 '지역사회'로 공간적 범위를 확대해 가고 있다. 2018년 범부처 차원에서 발표한 '지역사회통합돌봄 기본계획(2018)'은 고령자가 거주하는 주택을 중심으로 돌봄, 보건의료, 일상생활 지원서비스를 통합적으로 제공하여 고령자의 지역사회 내 거주를 가능하게 하는 Aging in place 개념을 실현하는 것을 목적으로 하고 있다. 지역사회통합돌봄이 잘 작동하기 위해서는 고령자가 안정적으로 거주할 수 있는 주택을 확보하고 지역사회 내 다양한 의료 및 돌봄 관련 인프라를 구축하여 연계하는 것이 가장 중요하다.

표 4 최근 국내 고령자 관련 주거정책

정책	내용
주거복지 로드맵 (2017.11./국토부)	• 공공임대 5만호 공급: (건설임대)3만호, (매입·임차형)2만호 　- 무장애설계 적용, 복지서비스 연계 　- (독거노인) 주거약자용주택 거주 독거노인 안심센서 설치, 고령입주자 안부전화 등 생활지원 실시(임대관리기관) • 보유주택 활용지원 　- (연금형 매입임대) LH·주택금융공사 등이 고령자 소유주택 매입하여 청년, 신혼, 취약계층에게 공공임대로 공급 　- (집주인 임대 우대) 집주인 임대사업 대상자 선정 시 고령자 소유 주택 우선 선정되도록 가점 부여 • 주택개보수 지원 강화 　- 고령 주거급여 수급가구에 대한 수선유지급여 외 편의시설 지원금액 50만 원 추가 지원 　* 경보수(350만 원/3년), 중보수(650만 원/5년), 대보수(950만 원/7년)
취약계층·고령자 주거지원 방안 (2018.10./국토부)	• 무주택 저소득 고령자 주거지원 　- 주거급여 수급자 고령자 편의시설 비용 추가 지원(50만 원) 　- 전세임대주택 대상 확대: 1순위 자격에 차상위계층 고령자 가구 추가 　- 고령자맞춤형 공공리모델링: 도심 노후주택 매입하여 고령자맞춤형으로 리모델링·재건축 후 저소득 1～2인 고령자 가구에 공급 • 유주택 고령자 주거지원 　- 연금형 희망나눔 주택: 1주택자인 65세 이상 고령자가 보유한 9억 원 이하 단독·다가구주택(아파트 제외) 매입하여 대금을 매월 분할 지급
지역사회통합돌봄 기본계획 (2018.10./국토부)	• 4대 핵심요소 　- 주거지원 인프라 확충, 방문건강 및 방문의료, 재가돌봄 및 장기요양, 지역 자율형 전달체계 구축 • 주거지원 인프라 확충 　- 케어안심주택 확충(～'22년 4만호), 낙상예방을 위한 집수리사업(～'22년 27.4만세대)
주거복지로드맵 2.0 (2020.04./국토부)	• 고령자전용 공공임대주택 공급 확대(～'25년 8만호) 　- 고령자복지주택 1만호 공급, 고령자 리모델링 1만호 　- 재가요양·돌봄서비스 추가 제공, 무장애설계(문턱제거, 높낮이 조절) 적용 • 금융지원 　- LH/SH 임대주택 계약금 70% 대출 지원 　- 전세 임차보증금 대출 시 0/2%p 우대이율 적용

3) 고령자 대응 주택공급 사례

국내 고령자용 주택은 공공부문에서 공급한 '고령자용 국민임대 주택'과 '고령자복지주택'이 대표적이다. 고령자용 국민임대주택 은 고령자의 주거안정을 목적으로 국민임대주택 공급물량의 일 부를 고령자용 주택으로 시범 공급한 사례로, 2009~2011년에 고 령자를 위한 편의시설, 무장애설계 등이 반영된 국민임대주택 단 지가 6곳 건설되었다. 그중 충남서천에 공급된 고령자용 국민임 대주택은 보건복지부의 '농어촌복합노인복지단지 조성사업(2005)' 의 일환인 서천 어메니티 복지마을과 연계하여 공급되어, 인근에 위치한 노인복지관, 노인요양병원 등의 서비스 이용이 가능한 이 점이 있다.

자료: 정소이 외(2018), 전게서, LHRI.

그림 10 서천 어메니티 복지마을(2011): 농어촌복합노인복지단지

2016년 도입된 '고령자복지주택'은 저소득 고령자의 주거복지 향 상을 위해 무장애설계가 적용된 주택과 사회복지시설(1~2천m^2 규모)을 복합·건설하여 무주택 고령자에게 주거와 복지서비스 를 함께 제공하는 공공임대주택이다. 기축 영구임대단지에 별동

을 증축하는 주거복지동 주택('11~'16년)을 거쳐 고령자복지주택 사업으로 변경되었으며, '22년 12월 기준 총 67곳 7,038호를 선정 하고 24곳에 2,952호를 준공하였다.

기존 고령자 국민임대주택의 경우 고령자의 특성을 고려한 맞춤 형 설계는 적용되었지만 고령자를 위한 지원서비스까지는 연계 되지 못한 한계가 있었으나, 고령자 복지주택은 주거공간에 문턱 제거, 높낮이 조절 세면대, 안전손잡이, 비상연락장치 등의 무장 애설계를 적용하고 저층부에는 경로식당, 건강관리실, 프로그램 실 등을 갖춘 복지시설이 함께 건설되어 고령자의 건강관리, 생활 지원, 문화활동 프로그램 등 맞춤형 복지서비스를 제공하고 있어 입주 고령자의 만족도가 높은 편이다. 정부는 고령자복지주택의 공급을 확대하고 식사나 돌봄 등으로 한정되어 있던 고령자복지 주택 내 서비스를 복지부와의 협업을 통해 건강과 안전 영역으로 까지 확대할 계획이다.

그림 11 고령자복지주택 개념도

최근에는 신규 건설방식 외에 고령자들이 살고 있는 지역 내 소규모의 맞춤형주택 공급도 추진하고 있다. 서울시 도봉구 방학동에 위치한 어르신 공동체주택인 '해심당'은 LH가 기존주택을 매입하여 리모델링 후 공급하고 민간 사회적 기업이 운영하는 고령자맞춤형주택이다. 도봉구에서 거주하던 고령자들이 지역사회에서 계속해서 어울려 살 수 있도록 고령자맞춤형 설계가 반영된 주거와 건강, 돌봄 등의 서비스가 연계된 공공임대주택이다. 1층은 장애인을 위한 주거공간과 도봉구 시니어클럽에서 운영하는 카페와 입주자를 위한 커뮤니티공간이 있고, 2층은 할머니, 3층은 할아버지, 4층은 고령자 부부를 위한 주거공간으로 공간을 구성하고, 움직임 자동감지센서와 스마트 화재경보 등의 안전설비와 고령자 특성을 반영한 인지건강디자인을 적용하고 소규모주택 최초로 장애물 없는 생활환경(BF) 인증을 취득하였다.

자료: Hoonkoo Lee & GEEUMPLUS, LH.

그림 12 해심당 전경과 1층 평면도

'해심당'은 고령자들이 살고 있던 지역 내 기존주택을 활용하여 지자체의 복지프로그램과 서비스를 연계하여 소규모로 고령자맞춤형주택을 공급한 사례로, 타 지역으로의 주거이동 없이 고령자의 Aging in Community를 실현가능한 주거유형으로서 의의가 있다.

4. 향후 저출산·고령사회 대응 주택정책 방향

1) 저출산 패러다임 변화에 따른 저출산 주거정책 방향

그간 4차에 걸친「저출산고령사회기본계획」을 바탕으로 2021년
까지 16년간 저출산 문제 해결을 위해 280조 원의 예산을 투입하
여 국가 차원의 다각적 정책을 추진해 왔으나 초저출산 추세 반전
에 실패하였다. 심각한 초저출산사회가 지속되자 2023년 3월 대
통령 주재의 저출산·고령사회위원회 회의에서는 '저출산 문제'
를 국가적 아젠다로 설정하고, '결혼·출산·양육이 행복한 선택
이 될 수 있는 사회환경 조성'을 목표로 국민체감도가 높은 정책
을 중점적으로 추진할 것을 강조하였다. 이를 위한 저출산 5대 핵
심분야와 주요과제 중 주거분야에서는 신혼부부 주택공급 및 자
금지원 강화, 아이 있는 가구의 공공주택 입주요건 완화 등 주거
지원 강화, 청년·신혼부부 주거정책 통합정보 제공 등의 가족친
화주거서비스를 추진할 것을 발표하였다.

이러한 정책 패러다임을 반영하여 주거정책도 '저출산 대응 주거
정책'에서 '육아친화적 주거정책'으로의 전환이 필요하다. 즉, 정
책대상을 가족중심으로 확장하여 결혼하고 아이를 낳고 싶은 사
람이 걱정없이 출산하고 양육할 수 있는 주거환경을 조성하여 출
산을 지연하거나 육아에 대한 두려움을 해소하고, 장기적으로는

결혼 및 자녀양육에 대한 사회적 안정감을 조성해 스스로 아이를 낳고 기르고 싶은 사회를 만들어야 한다.

표 5 저출산 5대 핵심분야 및 주요과제

① 촘촘하고 질 높은 돌봄과 교육 제공	• 아이돌보미서비스 · 시간제보육 확대 • 유보통합 시행, 늘봄학교 전국확대, 「아동기본법」 제정 추진
② 일하는 부모에게 아이와의 시간 확대	• 일 · 육아 병행 지원 제도의 실질적 사용여건 조성 • 부모 직접 돌봄이 가능하도록 육아기 근로환경 개선
③ 가족친화적 주거서비스	• 신혼부부 주택공급 및 자금지원 확대 • 가구원수 고려 맞춤형 면적의 주거공급 확대
④ 양육비용 부담 경감	• 부모급여 지급, 자녀장려금(CTC) 지급액 및 지급기준 개선 • 「가족친화법」 세법 개정안 마련
⑤ 건강한 아이, 행복한 부모	• 임신준비 사전건강관리 및 난임지원 확대 • 2세 미만 입원진료비 본인부담 제로화

육아친화적 주거정책에서 가장 중요한 것은 '주거안정성'을 확보하는 것이다. 주거안정성은 결혼과 출산에 많은 영향을 미치는 요인으로, 높은 주거비와 잦은 이사 등의 주거 불안정은 만혼화와 저출산을 유발하는 주요 요인이다. 청년 · 신혼부부 및 육아세대는 내집 마련의 수요가 높으므로 분양형 주택공급 및 금융지원 등을 통한 주거지원이 필요하다. 내집 마련 지원정책과 함께 주택 구입 여력이 부족한 계층의 주거 불안 해소를 위해 안정적으로 거주가능한 양질의 장기임대주택 공급을 확대하는 것도 매우 중요하다. 공공임대주택은 출산과 육아에 적절한 공간 및 서비스 등을 종합적으로 고려한 육아친화적 계획이 적용된 양질의 주택으로 공급되어야 한다. 공공임대주택은 신혼 · 육아세대의 주거안정성 확보에 긍정적 영향을 미침에도 불구하고 임대주택의 낙인

효과를 우려하여 주거이동 혹은 입주를 거부하는 현상이 발생하므로, 민간주택과의 주거품질 격차를 줄이고 계층 및 세대 혼합, 문화 및 교육 프로그램의 연계 및 지역 돌봄 거점화 등을 통해 임대주택의 부정적 이미지 개선이 중요하다.

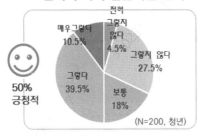
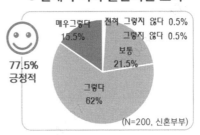

자료: 정소이 외(2024), 전게서, LHRI.

그림 13 공공임대 거주 청년·신혼부부의 결혼 및 출산지원 효과

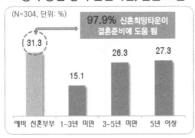

자료: 정소이 외(2024), 전게서, LHRI.

그림 14 신혼희망타운 거주 신혼부부의 결혼 및 출산지원 효과

최근 발표된 정부의 「청년 내집 마련 1·2·3(2023)」 정책은 준비기, 내집 마련, 결혼·출산·다자녀 시 등의 생애 3단계별 내집 마련을 위한 금융지원 방안을 담고 있는데, 가구성장 단계인 '결혼

(가족형성)-출산(자녀양육)-아이성장(보교육)' 단계별 특성을 고려한 맞춤형 주거지원을 통해 '주거안정성'을 확보하고, 다음 생애주기 단계로의 안정적 이행을 지원하는 것이 중요하다.

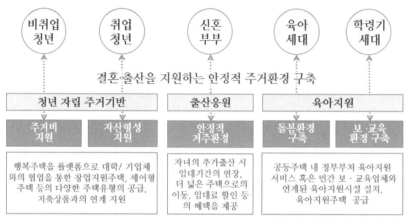

자료: 정소이 외(2024), 전게서, LHRI.

그림 15 가구성장 단계별 맞춤형 주거지원

육아친화적 주거정책에서 주거안정성 확보와 더불어 중요한 것은 육아친화환경을 구축하는 것이다. 육아친화환경은 안심하고 아이를 낳아 키울 수 있는 생활환경과 육아를 지원해 주는 돌봄환경을 갖춘 것으로, 육아친화환경 조성 시 다양한 인센티브를 제공하는 제도 마련을 통해 주택 및 도시환경의 육아친화환경 조성을 유도하는 것이 필요하다. 현재는 신축 아파트 중심으로 육아친화환경이 조성되고 있지만, 단독, 다세대, 연립주택 등이 위치한 기존 주거지의 경우 놀이터, 공원 등 아이들의 놀이공간이 부족하고, 보행로 등의 경사, 자동차 도로와의 교행, 방범 등의 안전성이 확보되지 못한 사례가 많다. 아파트가 아닌 단독주택, 다세대주택에서 아이를 키우는 가구도 약 30% 존재한다는 점에서, 기존 주거지 및 단독, 다가구 주택의 육아친화환경 정비를 강화하여 안전하고 편리하게 자녀를 키울 수 있도록 지원하는 것이 중요하다.

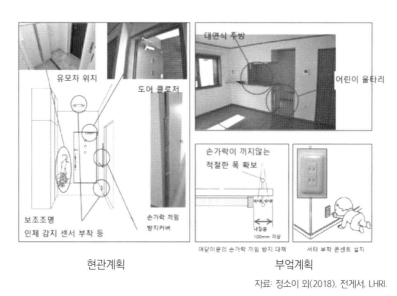

현관계획 　　　　　　　　　　　　　　　 부엌계획

자료: 정소이 외(2018), 전게서, LHRI.

그림 16 일본 동경도 육아를 배려한 주택 가이드라인

2) 'Aging in Place'를 실현하는 고령자 주거정책 방향

삶을 영위하는 공간인 주거는 모든 생활의 기반이 되는 장소로, 고령자에게 적절한 주거 및 지역 환경은 고령자의 노년기 삶의 질과 안녕에 매우 중요한 영향을 미치는 요소이다. 최근 의료기술의 발전과 경제 및 영양상태 개선으로 생애주기상 노년기가 점차 길어지면서, 고령자가 많은 시간을 보내는 주거와 지역환경에 대한 중요성은 더욱 강화되고 있다.

최근 정부가 추진하고 있는 '커뮤니티 케어' 정책은 고령자의 지역사회 내 거주를 가능하게 하는 Aging in place 실현이 목적으로, 이를 위해 기본적으로 필요한 것은 고령자가 안정적으로 거주할 수 있는 주택의 확보이다. 고령자의 안정적 거주가 가능한 주택을 확보하기 위해서는 고령자 주택개조지원과 고령자맞춤형주택을 공급하는 것이 중요하다.

자가율이 높고 대다수가 현재 자신이 살던 집에서 계속 거주를 희망하는 고령자의 특성을 고려할 때, 고령자 거주 주택을 고령자 특성에 맞게 개조하고 돌봄서비스를 연계하여 안전하고 편리하게 거주할 수 있도록 하는 것이 중요하다. 고령자 주택개조지원은 현재 주택에서 계속 거주를 희망하는 고령자를 위해 가장 중요하고 수요도가 높은 정책이지만, 현재 저소득층 중심으로 진행되어 정책 수요자가 협소하고 주택개조지원 수요가 있어도 비용과 관련 정보, 실행을 위한 서비스 부재, 주택개조 전문인력 부족 등으로 쉽게 주택개조를 실행하기 어려운 실정이다. 앞으로는 주택개조를 필요로 하는 고령자가 소득, 건강상태, 주택소유 여부와 상관없이 서비스를 받을 수 있도록 공공과 민간이 역할 분담을 하여 서비스를 제공할 필요가 있으며, 주택개조 실행을 위한 전달체계 구축과 고령친화용 주택산업 활성화 지원 및 주택개조를 위한 정부와 지자체의 예산 확대, 세제지원 등을 강화할 필요가 있다.

한편 고령자가 거주하는 주택을 고령자맞춤형으로 개조하는 데에는 한계가 있고 고령자의 거주지역이나 주택유형에 따라 돌봄서비스의 연계가 어려운 경우, 혹은 현재 주택보다 고령자 주택으로 이주하고 싶은 고령자들을 위해서 고령자가 살던 지역 내 고령자를 위한 공간계획이 적용되고 돌봄서비스를 제공하는 고령자용 주택으로의 이주를 지원하는 것이 필요하다. 그러나 국내 고령자맞춤형주택은 공공에서 공급하는 저소득층 대상 임대주택과 민간의 고비용구조의 실버타운으로 양분화 되어 있어 유형이 다양하지 않고 그 공급물량도 부족한 수준이다.

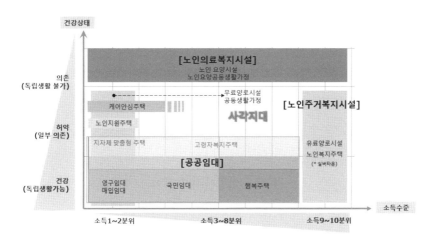

자료: 정소이(2022), LH 지역협치포럼 발표자료.

그림 17 소득 및 건강상태별 국내 고령자 주택 공급현황

향후 고령자의 소득, 건강, 거주형태 등을 고려하여 선택가능한 고령자맞춤형주택을 다양한 방식과 유형으로 공급을 확대할 필요가 있으며, 아직 개념이 정립되지 않은 지원주택, 서비스연계주택, 케어안심주택 등과 복지부 소관의 노인복지주택 등 유사한 고령자 주거유형을 정리하여 고령자맞춤형주택의 유형체계를 정리할 필요가 있다. 고령자의 자유로운 주거이동을 지원하기 위

해 고령자가 소유한 부동산 자산의 활용방안을 마련하는 것도 필요하다.

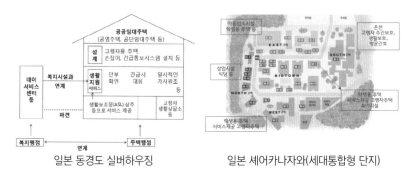

일본 동경도 실버하우징　　　　일본 셰어카나자와(세대통합형 단지)

자료: 정소이(2022), LH 지역협치포럼 발표자료.

그림 18 일본 동경도 및 셰어카나자와 사례

앞으로 다가올 초고령사회에서는 고령자의 'Aging in Place'의 개념을 넘어 'Aging in Community'로 개념을 확장하여, 고령자를 위한 안정적인 주택 확보와 더불어 고령자가 거주하는 지역사회와 도시환경을 '고령친화환경'으로 조성하여 고령자의 삶의 질 향상을 지원하는 것이 필요하다. 또한 지역사회 내 고령자의 주거안정과 주거복지의 효과적 실현을 위해, 국토부와 복지부의 유기적 협력을 촉진하는 제도적 장치로서 공동소관의 지원법 제정 등을 통해 고령자 주거와 복지서비스의 결합을 효율적으로 추진해 나가는 것이 필요할 것이다.

5. 마무리하며

저출산·고령화는 국민 삶의 질과 지속가능한 국가발전을 위하여 반드시 해결되어야 할 국가 최우선 과제이며, 그중에서도 주거문제는 우리의 삶의 질과 직결되는 것으로 주거문제 해결을 위한 적극적인 노력과 정책적 대응이 필요하다.

저출산은 다양한 요소들의 복합적 과정을 통한 결과로 주거문제가 해결된다고 해서 저출산이 해결될 수는 없다. 현재의 청년 세대들이 아이를 낳지 않는 이유는 집이 없어서라기보다는 미래에 대한 불안과 희망이 없기 때문이다. 그러나 아이를 낳으면 안정적으로 거주할 수 있는 주택과 지원서비스가 제공되어 '주거안정과 육아지원'이 확보되고 아이가 있으면 다양한 혜택을 누릴 수 있도록 육아친화정책을 지속적으로 추진한다면, 결혼과 출산에 대한 희망이 지금보다는 더 높아지고 장기적으로는 스스로 아이를 낳아 키우고 싶은 사회로 변화할 수 있을 것이다.

고령화는 피한다고 피할 수 있는 문제가 아닌 우리 모두가 미래에 경험하게 될 문제로, 안정적인 노후생활을 위해 적절한 주거환경과 서비스를 제공하는 지원정책을 마련해 미리 대비하는 것이 중요하다고 할 수 있다. 향후 초고령사회에는 고령자가 자신의 소득수준, 신체·건강 수준, 서비스 수요에 맞는 안정적인 주택을 선택하여 자신이 원하는 지역사회 내에서 걱정없이 노후를 보낼 수 있도록 바라본다.

:: 참고문헌

정소이 외(2024), 「저출생 현상 대응 주거지원 및 육아환경 구축 연구」, LH 토지주택연구원.

정소이 외(2018), 「저출산 대응 주택정책 및 계획방향 연구」, LH 토지주택연구원.

정소이 외(2018), 「초고령사회에 대응한 공공임대주택 공급방향 연구」, LHRI.

정소이, 「저출산시대의 육아친화 주택정책」, LH Insight.

정소이(2019), 「인구구조 변화에 따른 주택정책 방향, 국회예산정책처, 예산춘추 Vol.54.

정소이(2023), 「저출산시대의 육아친화 주거정책 방향」, LHRI 인사이트 Vol.49.

정소이(2022), 「초고령사회의 고령친화 주거정책 방향」, LH 지역협치포럼 발표자료.

국토부, 2021년 주거실태조사.

보건복지부, 2020 노인실태조사.

저출산고령사회위원회 안건보고자료, 2023.03.28.

통계청, 2022년 출생통계.

통계청, 장래인구추계: 2022~2072년.

통계청, 장래가구추계: 2020~2050년.

한국소비자원(2022), 「2021년 고령자 위해정보 동향 분석」.

장기공공임대주택과
주거복지의 미래

박신영
(한국사회정책연구원 선임연구위원)

장기공공임대
주택과
주거복지의
미래

1. 문제의 제기

주택을 교육, 의료 등과 같이 사회적으로 일정 수준 이상의 누구에게나 주어져야 할 가치재merit good로 정의[1]하기도 하지만 주택은 교육, 의료와 달리 자본집약도가 높아 시장의존도가 높다. 특히 주택 소유는 개별가구의 자산축적에서 중요한 역할을 하는 등 시장경제의 메커니즘에서 완전히 벗어나기 곤란하다. 임대료를 보조하거나 주택구입자금 지원하는 것이 임대료나 주택가격을 올리는 결과를 초래하기도 한다. 이러한 이유에서 주거지원서비스는 주택시장의 상황에 따라 그 내용과 방식이 결정되는 시장결정적인 서비스이며, 주택시장의 상품성을 탈피하지 못해 가장 덜 탈상품적인 서비스라고 할 수 있다.

---

1   머스그레이브는 민간부문에 의해 생산·공급될 수 있지만, 정부의 service role, distribution role, stabilization role이 필요하다고 한 재화를 가치재(merit good)라고 정의하였으며, 초기에는 가난한 사람들을 위한 의료와 주택으로 예시했으나, 후기 저술에서 무상교육, 무상급식을 포함하였다(W. VER EECKE, 1998: 14~15).

따라서 개별국가 내에서도 주거지원서비스는 정도나 내용에 차이가 있으며, 국가별로도 다양한 특성을 보인다. 우리나라는 노무현 정부[2] 초기인 2003년 5월 28일 주거복지지원 로드맵[3]을 발표하면서 주택사업(주택건축, 주택관리, 주택품질 규정 등)에 대한 정부개입을 의미하는 주택정책과 별도로 저소득층 등 특정한 계층에게 제공하는 주거지원을 주거복지로 표현하고, 주거지원을 강화해 왔다.

주거복지라는 용어가 사용된 초기에는 학자나 시민사회단체, 정부 간에 주거복지의 내용이나 지향점에 차이가 있었으나,[4] 현재는 '주거복지'란 "쾌적하고 안정적인 주거환경에서 인간다운 주거생활을 할 권리"의 실현을 목표로, 국민 모두가 "부담 가능한 비용으로", "일정 수준 이상의 주거환경"을 누릴 수 있도록 제공하는 지원이라는 정의(국토교통부 마이홈 포털)에 공감하고 있는 것으로 생각된다.

다른 나라에 비해 빠르게 진행된 경제적 양극화,[5] 저출산 고령화

2　우리나라는 노무현 정부 이전에는 주택의 소비를 전적으로 시장에 맡겨왔다고 볼 수 있다. 이는 우리나라 주택정책이 건설정책의 일환으로 간주되었다는 점에서 뒷받침된다. 주택이 소비영역에 국가의 개입이 없다는 것은 주택을 사적인 재화로써 간주하는 한편 주택소비에 있어서 나타날 수 있는 형평성 문제를 크게 고려하지 않음을 시사한다. 이는 사회적 재화로써 주택에 대한 일반적 합의가 존재하는 유럽국가들의 경우와는 대조적이다(Whitehead, 2005).

3　전세의 월세화로 인해 주거비 부담이 증가하고, 저소득층, 청년층, 고령층 등이 입주할 수 있는 양질의 공공임대주택재고가 부족한 문제를 해결하기 위해 2007년까지 국민임대주택 50만호를 공급하고 매입임대주택을 신설함으로써 영구임대주택을 대신한다는 내용이 포함되어 있다.

4　주거복지를 규범적 의미로서의 주거권의 실현으로 보는 경우와 주거복지를 사람을 대상으로 하는 다양한 주거지원 프로그램으로 보는 논의가 혼재되어 있었다.

5　경제적 양극화는 한국에서뿐만 아니라 다른 나라에서도 발생하는 문제이지만 우리나라에서 더욱 심각한 것은 양극화가 진행되는 속도가 너무 빨랐기 때문이다(이재철, 2011: 228).

로 인해 사회통합에 심각한 문제가 발생하고 있는 한편, 코로나19
를 겪으면서 주거의 중요성이 더욱 강화되고 있어 주거복지는 더
욱 중요해질 수밖에 없다.[6] 일반 국민의 주거복지에 대한 인식조
사에서도 앞으로 주거복지를 강화하는 것에 찬성하다는 응답이
63.8%[7]인 것도 이를 보여준다.

공공임대주택의 공급은 주거복지의 가장 중심이 되는 정책수단
이다.[8] 주거복지지원 로드맵이 발표된 2003년에 30만 3,669호였
던 장기(10년)임대주택 재고가 불과 20년도 되지 않아 2021년 173
만 9,626호로 늘어난 것도 이 때문이다.[9] 그러나 주거지원이 필요
하다고 응답한 4분위 이하 저소득층이 원하는 주거지원 프로그
램의 1순위에서 장기공공임대주택을 원하는 비율은 2014년 22.5%
에서 계속 하락해서 2020년에는 전세자금 대출지원(27.4%), 월세
보증금지원(18.0%), 구입자금 대출지원(17.7%)보다 더 낮은 16.5%
로 하락한 것으로 나타난다(주거실태조사 2016: 123, 2020, 116).

6 　주거지원의 필요성을 물어본 주거실태조사 결과에 의하면 필요하다는 응답은 40.6%(' 21)
　　였으나, 이 비율은 33.0%(' 18)에 비해 높으며 36.1%(' 19), 40.6%(' 20)로 계속 상승하
　　고 있다.
7 　다만 동조사의 응답자들은 국가가 적극적으로 개입하여 주거여건 개선을 도모해야 한다
　　고 하는 주거복지 대상계층을 '소득 하위 50% 이하' 라고 응답한 비중이 40.6%로 가장
　　높았으며, 다음으로 '소득 하위 20% 이하' (21.9%), '전국민 대상' (19.9%) 순으로 응
　　답한 점에서 주거복지를 보편적인 것으로 보기보다는 여전히 선별적인 것으로 보는 경향
　　이 있다(이길제 외, 2022: 9, 140~144).
8 　지난 20년간 유럽의 공공임대주택 정책은 크게 변화되어 공급규모는 크게 축소되었으며,
　　정부의 재정지원이 사실상 거의 없어지는 등 잔여적인(residual) 것이 되었다(Ronald,
　　2013). 그러나 코로나19 등 취약계층의 주거위기 및 불안에 대응하기 위한 공공임대주
　　택 정책이 강화되면서 2020년에는 저렴한 사회주택에 대한 투자가 발표되었다(최은희
　　외, 2023: 136~137).
9 　2003년 말 장기(10년)임대주택재고는 사원임대주택을 제외한 영구임대, 50년 공공임
　　대, 국민임대주택 재고를 합친 것(건설교통부, 2005:448), 2021년도 장기임대주택 재
　　고도 사원임대주택(4,853호)를 제외했으며, 국토교통 통계누리 (molit.go.kr)의 임대주
　　택재고현황(2020~2021)이다(2023.11.10. 검색).

2021년 주거실태조사에는 장기공공임대주택을 원하는 비율이 17.2%로 2020년 조사에 비해서는 비율이 약간 높아졌으나 전세자금 대출지원(26.0%), 구입자금 대출지원(18.8%), 월세보증금 지원(18.0%)보다 낮았다. 1순위 선호비율이 낮다고 해서 공공임대주택 공급이 중요하지 않은 것은 아니다. 특히, 주거복지가 강화될 수밖에 없는 시기에 공공임대주택의 바람직한 역할과 정책 방향을 고민할 필요가 있다.

다음에서는 장기공공임대주택에 대한 정의부터 공공임대주택의 공급효과 제고 방안 그리고 앞으로의 정책방향을 제시하고자 한다.

2. 장기공공임대주택에서 "장기"의 기준을 20년으로 조정할 필요

공적인 지원을 통해 주택시장에서 양질의 주택에 접근할 수 없는 가구의 주택소요를 만족시키기 위한 의도에서 시장가격보다 저렴한 가격의 임대주택을 공급하는 주택시스템은 역사문화, 정치경제적 산물이다. 또한 주택시스템은 끊임없이 변화하고 진화한다(United Nations Economic Commission for Europe, 2015: 6). 우리나라의 공공임대주택 시스템 역시 끊임없이 변화했으며, 그 과정에는 정치·경제·사회적 환경이 큰 영향을 미쳤다.

처음으로 우리나라에 공급된 공공임대주택은 1971년 4월 착공해 1972년 9월에 준공시킨 임대기간 1년인 개봉아파트(5층, 5동, 300

호 13평)였다.[10] 1975년 3월에는 잠실단지 1블록에 13평 임대 아파트 3,020호를 착공하고 12월 준공해 당시 서울시내 철거민을 입주시키기도 했다(대한주택공사, 2009: 42). 단기간 임대 후 분양전환하는 공공임대주택은 1980년까지 64,947호가 공급되었다(대한주택공사, 1991). 이렇게 분양이 전제된 주택을 공급하게 된 것은 국민의 상당수가 임대보다는 자가를 훨씬 선호하기 때문이다.[11] 이러한 경향은 지금도 이어지고 있어 구룡마을 등에서는 세입자들조차 임대보다는 분양을 요구하고 있다.

전두환 정권 집권 이후부터 임대주택을 체계적으로 공급할 필요성이 제기되었으나, 1984년 「임대주택건설촉진법」을 제정[12]함으로써 5년 이후 분양전환되는 공공임대주택이 본격적으로 건설되기 시작했다. 5년 임대 후 분양전환하는 공공임대주택은 공공보다 민간의 공급량이 많았다.

1989년 노태우 정권에서는 고용자가 다른 사업주체로부터 분양을 받거나 직접 건설하여 근로자에게 임대하는 주택으로 사원임대주택[13]이 공급되었으며, 처음으로 최하위소득계층인 영세민

....

10 1971년 5월 9일 아파트 신청인에 3,393명이 신청해 13대 1의 경쟁률을 보였다. 이 분양방법은 무주택 서민에게 집을 마련할 수 있는 절호의 기회를 안겨준 것이었으나, 프리미엄을 붙여 전매하는 행위가 성행해 투기의 대상이 되는 병폐도 없지 않았다고 한다(대한주택공사, 2009: 41~42). 개봉아파트의 임대기간은 1년이었으나 일부 입주자의 요청에 의해 1975년 3월 분양이 완료되었다(대한주택공사, 1991).

11 당시의 자가소유의식에 대한 조사는 찾아보기 어려워 2010년의 조사결과를 소개한다. 2010년 주거실태조사로 밝혀진 자가소유의사는 83.68%였다.

12 임대주택에 대한 택지, 금융, 조세지원의 대폭 확대로 임대주택의 건설을 촉진하기 위한 법률이다. 동법률이 제정된 이후 민간의 5년 공공임대주택 건설이 대폭 늘어나기 시작했다.

13 사원임대주택은 분양주택인 근로복지주택과 함께 1987년 민주화 선언 이후 노동조합이 활성화됨에 따라 급하게 도입된 주택이다. 공급주체는 지방자치단체, 대한주택공사, 주택건설사업자, 고용자이며 임대기간은 5년, 10년, 50년형이다. 건설비용에 대해서는 호당 4,500~6,000만 원, 연 3.0%~4.5%, 5년거치 20년 상환되는 국민주택기금이 지원

(현 국민기초생활보장법상의 수급자)을 대상으로 주택의 수명이 다할 때까지 영구적으로 임대하는 영구임대주택이 공급되었다. 하지만 주택의 입지가 하위소득계층이 많이 거주하는 지역이 아닌 대규모 택지개발지구에 공급된 점, 아파트라는 4면이 막힌 형태의 주택에 익숙하지 않아 현재의 집보다 더 좁다고 느낀 점, 관리비와 임대료 부담, 내 집이 아니라는 불만 등으로 인해 입주자 모집이 제대로 이루어지지 않아 1992년에 공급이 중단되고 말았다.

1993년 김영삼 정부에서 공공임대주택의 공급은 5년형과 50년형으로 정비되었다. 5년형 공공임대주택은 현재까지도 공급되고 있으나, 50년형 공공임대주택은 재개발사업이나 주거환경개선사업을 통해 건설되는 물량 이외에는 공급이 부진했다.[14] 2015년 「공공주택 특별법」이 제정된 이후에는 50년 공공임대주택이라는 명칭도 영구임대에 통합되었다. 이 시기에 공공임대주택 공급 방식에 매입방식이 포함되었는데, 당시 공급주체는 공공이 아닌 민간으로 민간이 주택을 매입하여 3년 이상 임대주택으로 제공하면 국민주택기금이 지원되는 것이었다.

1998년 IMF 직후 집권한 김대중 정부는 중산층을 대상으로 공급하는 10년형과 20년형 국민임대주택 공급을 발표하였다. 10년형과 20년형은 2002년 임대기간 30년으로 통일되었으며 이후 지속

되었다. 2021년 남아 있는 사원임대주택은 강원도 50호, 전라북도 40호, 세종특별자치시 민간이 1,661호, 강원도의 민간 3,102호 보유하고 있는 것으로 나타난다. 국토교통통계누리 (molit.go.kr)의 임대주택재고현황(2020~2021)(2023.11.10. 검색).

14 중앙정부는 50년 공공임대주택을 더 이상 짓고 있지 않고 있으나 서울시는 재개발 사업지역의 세입자용으로 아직 공급하고 있다. 2021년 말 50년 공공임대주택 재고를 보면 113,859호 중 중앙정부를 대신하는 LH 26,254호에 불과한 반면 지자체는 87,605호를 보유하고 있다(국토교통부, 2022b: 440~442).

적으로 공급되고 있다.[15] 2003년 출범한 노무현 정부는 임대기간이 10년인 공공임대주택의 공급 50만호 계획을 수립했다. 또한 신규건설을 통해 공급되던 공공부문의 임대주택 공급방식에 기존 주택을 매입하거나 임대 후 전대하는 방식을 추가하였다.[16]

2008년 집권한 이명박 정부는 보증부 월세로 공급되는 임대주택의 공급방식에 서울시가 도입했던 20년 장기전세방식[17]과 10년 내에 분납을 통해 주택을 소유하도록 하는 분납방식의 임대주택을 포함하고, 중단됐던 영구임대주택 공급을 재개하였다.

2013년부터 시작된 박근혜 정부는 청년층과 신혼부부를 주 대상으로 하는 행복주택[18]을 공급하기 시작했으며 2015년에는 당시까지의 공공임대주택을 포괄하는「공공주택특별법」을 제정하였다.

2017년 출범한 문재인 정부는 사회통합형 주거사다리 구축을 위한 주거복지로드맵(2017.11.29.)과 주거복지로드맵 2.0(2020.3.20.)을 통해 2025년에는 공공임대주택 재고를 OECD 회원국 10위 수준인 10%까지 높이겠다는 목표(240만 가구 거주)하에 매년 13만호의 공공임대주택을 공급하고 동일한 자격을 가진 가구가 입주하더라도 임대료 격차가 컸던 영구, 국민, 행복주택을 통합한 통합임

---

15 2002년 5월 '중산층 육성과 서민생활 안정을 위한 대책 회의(02.5.20.)에서「국민임대주택 100만호 건설계획」(2003~2012)이 발표되었다.
16 매입임대와 전세임대는 영구임대주택 공급중단으로 적정한 주거공간을 확보하는 것에 곤란을 겪던 수급자 등 하위소득계층을 위한 공공임대주택으로 최대 거주기간은 20년이다.
17 오세훈 시장이 2007년 도입한 시프트(SHift)라고도 불리는 장기전세주택은 월임대료 없이 전세 보증금을 주변 시세의 80% 이하로 책정하고 최장 20년까지 거주할 수 있는 주거 유형이다.
18 행복주택은 공공용지, 도시재생용지, 공기업 보유 토지 등 도심 내 다양한 용지를 활용하여 직주근접이 가능한 곳에 젊고 사회활동이 왕성한 계층에게 제공하는 공공임대주택이다.

대주택 공급을 발표했다.

2022년 집권한 윤석열 정부는 문재인 정부의 '공공임대 중심'의 공공주택 공급에서 '공공임대 + 공공분양'으로 방향을 선회하였다. 공공임대주택과 관련해서는 청년층과 신혼부부를 위한 24만호, 중장년층을 위한 20만호, 고령층을 위한 6만 호 총 50만호를 공급하겠다고 했다.

이처럼 우리나라 공공임대주택 시스템을 보면, 자가취득 욕구가 반영[19]되었으며, 정권별로 새로운 임대주택을 계속 만들어낸 것을 알 수 있다. 또한 주택의 임대기간이 5년, 10년, 20년, 30년, 50년, 영구로 구분되는 것을 알 수 있다(〈표 1〉 참고).

이렇게 우리나라 임대주택 유형이 복잡하고, 이를 해결하는 방안으로 통합형까지 등장했으며, 공급방식도 건설형, 매입형, 전세형 등 다양함에 따라 대단히 복잡하다는 비판이 없는 것은 아니다. 특히, 정권의 출범에 따라 여러 유형의 임대주택을 만들어낸 것은 주택정책을 정치적 수단으로 삼은 점에서 비판할 여지가 많다. 하지만 다양한 방식이 고민되고, 정권 간의 경쟁이 있었기에 무주택 저소득층을 대상으로 한 공공임대주택의 입주자가 중산층, 고령자, 신혼부부, 청년층으로 확대되었으며, 공공임대주택 정책이 잔여적인 것에서 일반적인 모델[20]로 진입할 수 있게 한 것

---

19 2010년부터 조사된 주거실태조사의 "내 집을 보유해야 한다"고 응답한 비율을 보면, 83.7%('10), 79.1%('14), 82.0%('16), 82.8%('17), 82.5%('18), 84.1%('19), 87.7%('20), 88.9%('21)로 대단히 높은 것을 알 수 있다. 심지어 4분위 이하인 가구 역시 83.9%('10), 77.9%('14), 78.1%('16), 78.5%('17), 77.2%('18), 78.2%('19), 82.3%('20), 83.1%('21)로 높게 나타난다(국토교통부, 2022: 117).
20 UNECE는 (Chekiere, 2007)의 공공임대주택의 목적과 배분에 따라 공적 임대주택(영

표 1 「공공주택특별법」상 공공임대주택 유형과 공급시기, 임대기간

유형	정의	공급 시기	임대기간
영구	• 국가나 지방자치단체의 재정을 지원받아 최저소득 계층의 주거 안정을 위하여 50년 이상 또는 영구적인 임대를 목적으로 공급 하는 공공임대주택	1989	50년 (영구)
국민임대	• 국가나 지방자치단체의 재정이나 주택도시기금을 지원받아 저 소득 서민의 주거안정을 위하여 30년 이상 장기간 임대를 목적 으로 공급하는 공공임대주택	1998	30년
행복주택	• 국가나 지방자치단체의 재정이나 주택도시기금의 자금을 지원 받아 대학생, 사회초년생, 신혼부부 등 젊은 층의 주거안정을 목 적으로 공급하는 공공임대주택	2013	30년
통합임대	• 국가나 지방자치단체의 재정이나 주택도시기금의 자금을 지원 받아 최저소득 계층, 저소득 서민, 젊은 층 및 장애인·국가유공 자 등 사회 취약계층 등의 주거안정을 목적으로 공급하는 공공임 대주택(영구, 국민임대, 행복주택 통합)	2022	30년
장기전세	• 국가나 지방자치단체의 재정이나 주택도시기금의 자금을 지원 받아 전세계약의 방식으로 공급하는 공공임대주택	2008	20년
분양전환 공공임대	• 주택도시기금의 자금을 지원받아 일정 기간 이후 분양전환할 목 적으로 공급하는 공공임대주택(분납형 임대주택 포함)	1989 2003 2008	5년 10년 10년
기존주택 등 매입임대	• 국가나 지방자치단체의 재정이나 주택도시기금의 자금을 지원 받아 기존주택을 매입하여 수급자등 저소득층, 청년, 신혼부부 등에게 공급하는 공공임대주택	2004	20년
기존주택 전세임대	• 국가나 지방자치단체의 재정이나 주택도시기금의 자금을 지원 받아 기존주택을 임차하여 수급자 등 저소득층, 청년, 신혼부부 등에게 전대(轉貸)하는 공공임대주택	2005	20년

자료: 「공공주택특별법 시행령」 2조 및 국토교통부 업무편람.

으로 생각된다.

그러나 공공임대주택이 주택시장에 접근하기 어려운 사람들이 저렴한 주거비용으로 오랫동안 거주할 수 있도록 하는 것이라면

....

어 표현으로 사회주택)을 보편적인 모델, 일반적인 모델, 잔여적 모델로 구분하고 있다. 보편적 모델은 모두가 물리적으로 적절한 주택에 거주할 수 있어야 한다는 목적하에 대기 자 명부에 근거해서 전체 인구를 대상으로 공급하는 모델이다. 일반적 모델은 주택시장에 접근하기 어려운 사람들을 지원하는 것을 목적으로 취약가구, 특수계층, 일정 소득 이하 의 가구를 대상으로 하는 모델이다. 잔여적 모델은 주택시장에 배제된 사람들을 지원하는 것을 목적으로 취약가구와 특수계층을 지원하는 모델이다.

공공임대주택에 분양전환되는 주택을 포함하는 것은 부적절하다. 분양전환 임대주택은 최초 입주자의 자가를 취득하기 위한 수단이므로, 공공분양의 한 가지 유형으로 포함하는 것이 더 적절하기 때문이다. 더욱이 임대의무기간의 반이 지난 시점에 입주자 과반수가 동의하면 주택구입이 가능해 조기분양되는 주택이 많다. 10년 임대주택의 조기분양률만 보아도 64.5%로 임대기간 10년이 큰 의미가 없는 것을 알 수 있다(〈표 2〉 참고).

표 2 10년 공공임대주택 분전환실적 및 임대의무기간 내 분양호수

연도	분양전환호수(A)	임대의무기간 내 조기분양전환호수(B)	B/A(%)
2011	433	433	100.0%
2012	9,896	9,896	100.0%
2013	1,373	0	0.0%
2014	6,069	1,449	23.9%
2015	2,440	1,974	80.9%
2016	13,196	4,295	32.5%
2017	1,711	1,056	61.7%
2018	7,506	5,982	79.7%
2019	5,993	4,065	67.8%
2020	18,599	12,865	69.2%
2021	25,607	22,475	87.8%
합계	92,823	64,490	69.5%

자료: 국토교통통계누리 분양전환실적 현황 중 10년 임대의 2011년부터 2021년 자료.

이러한 이유에서 국토부가 10년 이후 분양전환되는 주택을 장기공공임대주택으로 보는 통계(〈표 3〉 참고)를 만드는 것은 장기공공임대주택의 의미를 저해하는 것으로 생각된다.

표 3 2021년 총 주택, 장기(10년 이상) 공공임대주택 재고*

(단위 : 만호)

주택수	장기공공임대주택	장기공공임대재고율	영구	50년	국민	장기전세	10년*	매입임대	전세임대	행복주택
21,917,200	1,739,626	7.9%	215,985	113,859	586,332	36,081	180,316	200,551	294,560	111,942

자료: 주택수는 국토교통부(2023: 351)의 주택보급률에 제시된 수치이며, 임대주택수는 국토교통부(2023: 440~443) 의 공공임대주택재고 수치에서 5년 임대 30,797호, 사원임대 4,853호 제외함.

그렇다면 장기공공임대주택을 어떻게 규정해야 할까? 「장기공공임대주택 입주자 삶의 질 개선을 위한 특별법」에는 "장기공공임대주택이란 30년 이상 임대할 목적으로 국가 또는 지방자치단체의 재정 및 주택도시기금을 지원받아 건설 또는 매입한 임대주택이거나 50년 이상 임대할 목적으로 국가 또는 지방자치단체의 재정 및 주택도시기금을 지원받아 건설한 임대주택"으로 정의하고 있다. 이러한 장기임대주택의 정의를 그대로 받아들이는 것도 한 가지 대안이 되나, 이렇게 되면 건설형 공공임대주택이 초래하는 사회적 낙인을 피하면서, 더 나은 주거지에 거주할 수 있도록 하는 임대 기간이 최대 20년인 기존주택 매입임대, 전세임대주택과 중산층 대상 새로운 임대방식으로 도입된 장기전세주택이 장기임대주택에 포함되지 않게 된다.

따라서 장기임대주택의 장기라는 기간을 "20년"으로 하고, 장기임대주택의 재고확대에 노력하는 것이 주거복지 강화의 시대에 부합할 것으로 생각된다.

3. 공공임대주택 정책효과 제고방안

공공임대주택에 대한 인식은 긍정적인 것과 부정적인 것이 섞여 있지만 모두가 공감하는 것이 공공임대주택의 임대료가 민간임대주택의 임대료에 비해서 저렴하다는 점일 것이다.

2019년 주거실태조사 자료에 근거해 민간임대주택의 월 전환임대료와 공공임대주택(국민, 영구, 행복주택)의 전환임대료를 비교한 오민준(2022)에 의하면 공공임대주택의 임대료가 23만 원 저렴하며, 주거의 질까지 고려한다면 29만 원 더 저렴하다고 하였다. 2010년과 2018년 주거실태조사 자료에 근거하여 장기공공임대주택(10년 임대 제외)의 임대료 수준과 민간임대주택의 임대료 수준을 비교한 진미윤 · 김경미(2000)는 장기공공임대주택의 임대료는 주변 민간 전월세에 비하여 2010년에는 41.0%, 2018년에는 46.9% 수준으로 나타난다고 했다. 2018년 주거실태조사 자료를 활용하여 영구임대주택과 국민임대주택 입주자 격차를 편익으로 추정한 오정현(2020)에 의하면 영구임대주택 입주자의 편익은 33만 5,000원이며, 국민임대주택 입주자의 편익은 27만 3,000원이었다. 이러한 편익은 지역별로 차이가 있어 서울은 영구 62만 4,000원, 국민 69만 1,000원으로 분석되었다. 김성우 · 조승연(2016)은 국민임대주택의 입주자들이 얻는 주거편익이 연간 1조 4,269억에 달한다는 연구결과를 제시하기도 했다. 이처럼 임대료가 저렴하고 장기적으로 거주가 가능[21]한 공공임대주택은 무주택저소

---

[21]   입주자격이 유지되는 한 영구임대주택은 영구적으로 또한 국민, 행복은 30년 거주할 수 있다. 기타 임대주택에는 20년 거주할 수 있다.

득층에게는 대단히 유용한 주거의 선택지가 될 수 있다.

그렇지만 가장 필요한 주거지원 프로그램을 응답한 주거실태조사 결과를 보면 장기공공임대주택을 선택한 비율은 그렇게 높지 않다. 게다가 이러한 질문이 포함된 2014년 이후 지속적으로 하락하다가 2021년이 되어 약간 상승한 것으로 나타난다. 이렇게 공공임대주택을 필요한 주거지원의 제 1순위로 선택하는 비율이 지속적으로 감소하는 것은 무엇 때문일까?

표 4 4분위 이하 가구*가 응답한 필요한 주거지원 프로그램(1순위)

연도	월세 보증금 지원	전세자금 대출지원	구입자금 대출지원	개량 개보수 지원	분양전환 공공임대	장기공공 임대주택 공급	공공분양 주택공급	주거상담· 정보제공 기타	계
2014	11.6	18.2	17.2	15.8**	3.2	22.5	4.8	6.7	100.0
2016	17.2	19.1	14.0	13.0**	3.5	21.2	5.2	6.7	100.0
2017	17.9	19.6	14.8	12.4	7.8	20.1	5.1	2.2	100.0
2018	18.8	19.7	15.1	11.4	9.5	19.2	4.2	1.9	100.0
2019	21.3	22.8	14.0	10.9	5.9	17.8	5.0	2.3	100.0
2020	18.0	27.4	17.7	8.7	5.2	16.5	4.4	2.0	100.0
2021	18.0	26.0	18.8	8.0	6.2	17.2	4.2	1.6	100.0

자료: 2021년 주거실태조사 일반보고서 124쪽과 2016년 주거실태조사보고서 123쪽 합하여 작성.
* 주거지원이 필요하다고 응답한 4분위 이하가구를 의미함.
**2014년, 2016년의 설주거실태조사에는 주택개보수 지원을 개보수 자금 대출과 개보수 지원으로 구분하여 응답하도록 했음. 제시된 수치는 두 항목을 합한 수치임.

물론 무엇보다 자가를 가진 응답자가 포함되어 있는 점이 가장 큰 영향을 미쳤을 것이다. 또한 입지에 대한 구체적인 언급 없이 공공임대주택의 공급을 1순위로 택하는 것이 쉽지 않아서 일수도 있다. 그럼에도 불구하고, 공공임대주택을 1순위로 선택하지 않은 이유에는 공공임대주택의 입지나 품질이 좋지 않고, 입주자에 대한 사회적 배제나 차별 등이 존재하기 때문일 것이다. LH공사의 조사에서도 공공임대주택은 저소득층 밀집주거지이고, 아이들과 같이 가기 조심스러운, 능력 없는 사람들의 낙인된 주거지로 나타났다. 임대료는 시세보다 저렴하지만 신청조건이 까다롭고, 소형평형 일색의 노후주택으로 사회적으로 필요하나 부정적으로 인식되고 있었다.

따라서 공공임대주택에 대한 부정적인 이미지를 바꾸는 한편, 공공임대주택을 믿고 선택할 수 있는 주거와 관련된 사회안전망으로 만드는 것이 필요하다.

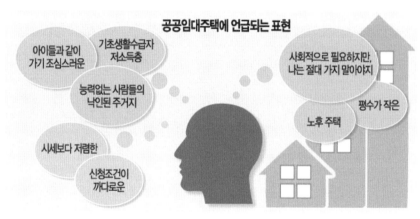

자료: 한국토지주택공사(LH).

그림 1 공공임대주택에 언급되는 표현

1) 입지 개선

주거지원이 더 필요하다고 한 지역에 공공임대주택이 많이 공급되어야 한다.

2021년 공공임대주택 재고의 지역별 분포를 보면 전체공급량의 54.8%인 95만 3,175호가 수도권(서울, 인천, 경기)에 분포되어 있다(⟨표 5⟩ 참고). 수도권에 공급된 공공임대주택을 건설형 임대와 매입 및 전세임대로 구분해서 전체 공공임대주택 재고에서 차지하는 비율을 보면, 건설형 임대주택의 비율은 52.8%[22]이고, 매입 및 전세임대주택의 비율은 59.9%로 매입 및 전세임대주택이 더 많이 공급된 것을 알 수 있다.

수도권에 공공임대주택 재고의 54.8%가 공급된 것은 수도권의 가구수(968만 6천 가구) 대비 전체가구수(1,997만 2천 가구)[23]의 비율 48.5%보다는 높다. 하지만 공공임대주택의 공급은 가구수 비율이 아닌 주택시장 상황을 고려해야 한다는 점에서 수도권 공공임대주택이 전체 공공임대주택 재고에서 차지하는 비율은 더 많아져야 할 것이다. 주택시장 상황을 보여주는 주택보급률은 수도권은 96.8%이며, 특히 서울은 94.2%로 전국에서 가장 낮기 때문이다. 이러한 지역별 주택상황이 반영되어서인지 2021년 주거실태조사에서 주거지원이 필요하다고 한 지역별 응답자의 비율을 보면, 수도권(53.9%), 광역시 등(29.0%), 도지역(29.6%)으로 수도권이 월등히 높았다(⟨표 5⟩ 참고). 물론 수도권이라고 주택 사정이 다 같은 것은 아니기에 주거가 불안한 계층이 많이 거주하는 시군구를 찾아 공공임대주택을 공급해야 할 것이다.

---

22 이 비율은 2012년의 50.2%에 비하면 조금 증가한 것이기는 하나 수요가 있는 곳에 공공임대주택을 공급하겠다고 한 정부의 방침에 비하면 적절한 것인지에는 의문이 있다.
23 가구수 통계는 '국토교통부, 2023: 355'에 근거한다.

표 5 공공임대주택 재고의 지역별 분포 및 주택보급률

구분	지역	건설공공임대	매입·전세임대	합계	주택보급률(%)
수도권	서울특별시	220,469	129,717	350,186	94.2
	인천광역시	47,683	43,796	91,479	97.5
	경기도	388,595	122,915	511,510	98.6
	합계	656,747	296,428	953,175	96.8
광역시 등	부산광역시	58,616	31,558	90,174	102.2
	대구광역시	55,520	26,723	82,243	100.7
	광주광역시	52,319	18,986	71,305	104.5
	대전광역시	34,046	22,709	56,755	97.0
	울산광역시	13,897	7,901	21,798	108.6
	세종특별자치시	13,220	557	13,777	107.5
도지역	강원도	36,730	9,035	45765	110.0
	충청북도	51,425	9,992	61,417	111.7
	충청남도	44,084	10,048	54,132	109.9
	전라북도	51,654	16,680	68,334	108.9
	전라남도	51,535	4,057	55,592	111.7
	경상북도	49,443	14,556	63,999	113.7
	경상남도	60,567	22,662	83,229	110.0
	제주특별자치도	14,712	3,219	17,931	105.0
전체		1,244,515	495,111	1,739,626	102.2

자료: 국토교통통계누리 2021년 임대주택재고 현황, 국토교통부(2023: 주택보급률).

2) 공공임대주택의 호당 최소 면적 기준 설정

2018년 임대주택 통계조사를 활용한 장경석·박인숙(2019)에 의하면 공공임대주택의 규모는 40m² 미만의 비율이 전체주택의 46.7%이며 40~60m² 미만이 40.7%, 60~85m² 미만이 11.3%, 85m² 이상이 1.4%에 그친다. 2017년 주거실태조사와 2017년 서울시 공공임대주택 패널조사를 활용하여 서울시 공공임대주택의 과밀실태를 분석한 김진유(2022)에 의하면 서울시 영구임대주택의 규모

는 23.1~59m²(평균 33.3m²), 50년 공공임대주택의 규모는 24.0~69.3m²(평균 39.0m²), 국민임대주택의 규모는 26.0~84m²(평균 54.0m²), 10년 공공임대주택의 규모는 25.0~60.0m²(평균 45.4m²), 장기전세주택의 규모는 41.0~115.5m²(평균 78.1m²)로 장기전제주택을 제외하고는 민간임대주택의 규모 12.0~244.0m²(평균 76.3m²)에 비하면 평균면적이 협소하다. 2018년 주거실태조사 자료를 활용한 진미윤·김경미(2020)에 의하면 가구당 주거면적은 영구 36.9m², 국민 45.2m², 매입임대나 전세임대 47.1m², 행복주택 28.4m²[24]로 민간의 전월세 가구의 48.1m²에 비해 좁았다.

최저주거기준 미달가구와 관련해서는 김진유(2022)는 민간임대주택 거주가구는 1.8%만이 최저주거기준에 미달하는 반면, 공공임대주택 거주가구는 15.5%에 달한다는 분석결과를 제시했다. 반면 진미윤·김경미(2020)는 민간 임차가구의 최저주거기준 미달가구 비율 10%에 비해 장기공공임대주택 입주가구의 미달비율은 5%라는 결과를 제시하였다. 분석결과에 상당한 차이가 있음은 연구자들이 사용한 데이터가 2017년과 2018년 주거실태조사라는 점과 대상지역이 서울과 전국이라는 점에서 달랐던 것으로 간주하고, 중요한 것은 공공임대주택에 입주했음에도 최저주거기준이라는 국가가 정한 최저수준의 면적에 미달하는 가구가 여전히 존재한다는 점이다. 2021년 주거실태조사에 공공임대주택에 대한 불만족 요인으로 공공임대주택에 대한 인식이 좋지 않

---

24 2017년부터 입주가 이루어진 행복주택의 규모가 협소한 탓에 퇴거율이 영구나 국민임대에 비해 높게 나타나는 것으로 생각된다. LH가 보유한 주택유형별 퇴거율은 진미윤·김경미(2020: 17-18) 참고.

다(23.7%)와 가구상황에 적합하지 않은 규모(22.9%)가 비슷하게 나왔다(2021년 주거실태조사통계보고서, 291).

이렇게 공공임대주택의 규모가 협소하고, 최저주거기준 미달가구가 발생하는 것은 공공임대주택의 유형에 따라 최대면적이 정해져 있기 때문이다. 영구임대주택과 50년 공공임대주택은 $40m^2$, 국민임대주택은 $40\sim60m^2$, 매입임대나 전세임대 역시 $85m^2$를 상한선으로 하지만 호당 지원금액이 정해져 있어 소형주택을 공급할 수밖에 없었다. 다행스러운 것은 2022년부터 최대 면적 $85m^2$의 통합임대주택이 공급되는 점에서 우리나라에도 앞으로 큰 평형의 공공임대주택 재고가 다소 늘어날 것이라는 점이다.

공공임대주택은 공적 재원이 투입되는 점에서 무작정 규모가 큰 주택을 공급할 수 없지만 앞으로는 공공임대주택의 최소면적 기준을 설정하는 것이 필요하다. 영국이 2015년 도입하고, 2021년 수정한 국가가 규정한 공간기준nationally described space standard[25]은 시사점을 제공한다. 이 기준은 침실 면적뿐만 아니라 창고, 층고 높이까지 제시하고 있다. 1인 1침실 주택은 욕실이 있는 것이라면 $39m^2$, 샤워룸만 설치된 것이라면 $37m^2$ 이상이어야 하고 적어도 $1m^2$의 수납공간이 있어야 한다. 성인 2인 이상이 1침실을 사용하는 것이라면 적어도 전체면적이 $50m^2$를 상회해야 한다.[26] 소형주

---

25 국민의 주거의 질을 개선하기 위해 중앙정부가 신규주택 건설 시 반영해야 할 기준으로 제시한 것이나 채택여부는 지방정부에게 위임한 것으로 나타난다. 다만 런던 카운슬은 이 기준을 채택하였다.
26 이 면적 기준은 1인용 주택기준이며, 더 자세한 내용은 Minimum Space Standards for New Homes [2023 Update]~Urbanist Architecture~Small Architecture Company London 참고.

택의 최소 면적기준 설정에는 우리나라 가구의 평균주거면적이
지속적으로 상승하는 점도 참고할 필요가 있다(〈표 6〉 참고).

표 6 소득계층별 가구당 주거면적 (단위: m^2)

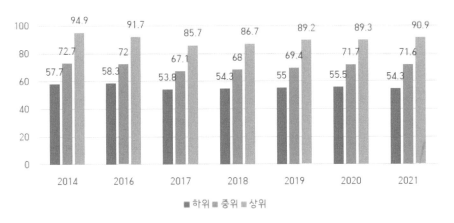

공공임대주택 재고가 전체주택의 10%라는 목표도 국민의 주거
안정에 도움이 되지만 이제는 공공임대주택의 공급을 통해 주택
에 대한 질적 기준을 제시함으로써 우리나라 민간주택의 질을 선
도할 필요가 있다. 적절한 주택이 없이는 생존은 물론 모든 생활
이 어려움을 남녀노소 모두가 생생하게 체험한 코로나19와 같은
일이 앞으로도 얼마든지 다시 발생할 수 있기 때문이다. 인류의
생명을 위협하는 치명적인 병균에 대항하는 유일한 대피소는 각
자의 주택뿐이다.

3) 주거의 질적 수준 제고

단기간에 많은 공공임대주택을 공급해야 했기에 공공임대주택
은 복도식 고층고밀의 대단지 형태로 공급될 수밖에 없었다. LH
영구임대주택 127개 단지의 평균주택호수가 1,115호에 달하는 것
도 이 때문이다.[27] 공공임대주택 단지의 과밀문제나 마감재 수준
이 열악해서 성냥갑이니 닭장 같다는 비판이 제기된 것도 이러한
현실로 야기된 것이다.

그러나 공공임대주택의 질적 수준에 대해 많은 비판이 제기되고
있음에도 공공임대주택에 대한 입주의사는 종전에 비해서는 높
아진 것으로 나타난다. 2017년 공공임대주택 입주의사에 대한 응
답은 '있다'가 41.3%, '없다'가 58.7%(국토교통부, 2023: 465)였으나
2020년 한국경제신문의 조사에서는 '기회가 주어진다면 주택 구
입 대신 공공임대주택에 거주할 의향이 있는지' 묻는 질문에 응답
자의 59%가 의향이 있다고 답했다. 특히, 연령대별로 살펴보면 20
대의 공공임대주택 거주 의향('의향이 있다' + '매우 의향이 있다')
이 71.1%로 높았다(한국경제매거진, 2020.10.28.).[28]

이처럼 입주 의사가 있는 수요자에게 공공임대주택이 매력적인
것이 되도록 신규주택은 물론 기존주택의 외관이나 마감재, 설
비, 운영 등에 획기적인 개선이 필요하다. LH 공사가 2018년 12월
발표한 공공주택의 품질을 높이기 위한 외관디자인 다양화,[29] 지

----

[27] 일본의 지방정부가 공급한 공영주택 단지의 평균호수는 160호 전후로 우리나라에 비하
     면 매우 소규모 단지로 개발되었다(박지영 외, 2020: 40).
[28] 전국 734 공공임대주택 필요저소득층 이미지·공급 부족이 실패 원인 | 매거진한경
     (hankyung.com) 참고

역 편의시설 확충,[30] 일자리가 있는 임대주택[31] 추진은 신규 건설 공공임대주택의 정책방향으로써 적절한 것으로 생각된다. 또한 매입임대주택의 품질 개선을 위해 부실 매입이 발생하지 않도록 내부규제 장치를 고안해야 할 것이며, 매입약정 주택의 경우 설계 시공기준을 강화해서 건설임대주택에 버금가도록 해야 할 것이다.

그리고 재고주택도 외관이나 설비, 주택규모, 운영관리의 면에서 개선이 이루어질 수 있도록 다양한 방안이 모색되어야 할 것이다. 현재도 일부 단지에서 시행되지만 공실 상가를 활용하거나 비영리단체를 통한 복지서비스 전달, 주거복지사의 배치 등이 활발하게 이루어지도록 해야 할 것이다. 매입임대주택의 유지관리를 위한 지역별 관리서비스 센터의 설치도 꼭 추진되어야 할 일이다.

특히, 노후화된 단지의 리모델링과 재건축을 공공만이 아닌 민간도 참여하는 방안을 강구할 필요가 있다. 일본이 노후화된 공영주택[32] 단지를 재건축하면서 공영주택 소유자인 지자체의 재정 부담을 경감하는 방안이자 민간의 다양한 know how를 전달받을 수 있는 수법으로 도입한 余剰地(잉여지) 활용제도는 우리나라

---

29 외관 디자인 다양화란 LH 아파트가 민간의 브랜드 아파트와 비교해 약점으로 꼽히는 설계·디자인 경쟁력을 높이는 방안을 모색하는 것으로 자체설계가 아닌 설계공모를 진행하는 방안이다.

30 지역 편의시설 확충 부문이란 공공임대주택의 주민공동시설을 복합문화시설로 계획하고, 인문·문화·복지 프로그램을 도입해 누구나 즐길 수 있는 입주민 간 만남의 장이 될 수 있도록 하겠다는 방안으로 공공임대주택을 님비(NYMBY)로 보는 문제에 적극적으로 대응하기 위한 것이다.

31 일자리가 있는 임대주택이란 지방자치단체, 사회적 기업 등과 연계해 단지 내 주민공동시설에서 주거서비스를 제공하는 일자리를 만들어 보겠다는 방안이다. 이 경우 1,000가구 기준 대략 5명의 일자리가 창출될 수 있을 것으로 기대했다.

32 지자체가 건설, 매수 또는 임대후 전대를 행하여 저소득층에게 임대 또는 전대하기 위한 주택으로 2018년 주택토지총조사에서 192만호로 나타났다(総務省行政評価局, 2020: 3).

에서도 활용가능한 방안으로 생각된다. 잉여지 활용제도란 재건축을 통해 원래 임대주택에 거주하던 입주자 중 재입주 희망자의 주택을 짓고 남은 여유지를 민간에게 매각하여 건축비를 조달하고, 남은 여유지에는 민간시설(주택, 상업·복지시설)을 설치하는 방안이다. 구체적인 방법은 민간이 공영주택 설계, 건설, 그리고 잉여지의 활용방법을 제안하는 방식부터 민간이 공영주택의 설계, 건설, 관리 그리고 잉여지를 활용하는 방법까지 가능하다. 잉여지 활용은 재건축을 용이하게 할 뿐만 아니라 민간의 주택건축 사업이 동반되면 사회적 계층 혼합도 가져올 수 있다. 물론 공공임대주택 단지의 과밀을 초래했다는 비판도 있다.

일본의 부지매각 제도가 우리나라의 공공임대주택 재건축에 적합하지 않을까 하는 것은 우리나라의 민간부문이 주택신축사업은 물론 재건축 사업에 많이 참여함으로써 일본의 민간보다 더 많은 전문성이 있으며, 재건축이 고려되는 영구임대주택 단지에는 최하위소득계층만 거주하고 있어 이를 희석시키려면 민간주택이 공급되는 것이 더욱 필요하다고 생각하기 때문이다.[33]

덧붙여서 리모델링과 관련해서도 민간을 활용하는 사업의 도입이 필요하다. 일본사례로 UR(都市再生機構)와 無印良品(MUJI)이 공동으로 추진한 MUJI×UR단지 한꺼번에 리노베이션(MUJI×UR団地まるごとリノベーション)을 소개하면, 無印良品(MUJI)의 주

----

33 2019년 서울시 공공임대주택 거주자 패널자료를 활용하여 소셜 믹스 결과와 영향요인을 살펴본 김주영(2022)에 의하면 서울시 공공임대주택 거주자 중 소셜 믹스에 찬성하는 비율은 전체 응답자의 82%로 대단히 높았다. 특히 혼합단지에 거주하는 가구가 소셜믹스에 찬성하는 비율이 더 높았다고 한다.

생활 사업부문을 담당하는 株MUJI HOUSE가 UR都市機構가 보유한 임대주택 중 공가를 리모델링하면서 단지의 외관이나 옥외광장, 상점가 등의 공용부분의 53 리노베이션을 함께 진행하는 사업이다(〈사진 1〉 참고).

싱크대

세탁조, 세면실

화장실

욕실

번개시장 개최

현재의 상가 상가 이미지

오픈 광장 이미지

자료: 花見川 (第 1 次~第 4 次) 団地のくらし (千葉県) | UR賃貸住宅 (ur~net.go.jp).
41~59m² 주택으로 구성. 상점가 리노베이션은 2023년 말 예정.

사진 1 하나미카와 주택 외관 및 상점가

4. 공공임대주택 정책 방향

1) 대기자 명부 도입과 소득연계형 임대료 부담 체계 확립

공공 임대주택공급처럼 공급하고 관리하는 데 많은 비용이 소요되는 정책[34]이 앞으로도 유지되려면 정책의 형평성과 효과성이 담보될 필요가 있다. 정책의 효과성에 대해서는 입주자의 주거비 절감, 주거안정성, 주거의 질적 개선 등을 실증적으로 보여주는 다양한 연구가 있다.

하지만 공공임대주택 정책이 사회적 형평성을 담보하는 것인가에는 비판적인 시각이 있을 수 있다. 공공임대주택은 입주자에게만 편익이 극대화되기 때문이다. 따라서 공공임대주택 정책의 형평성을 강화하는 방안이 모색될 필요가 있다. 형평성에 관련해서는 다양한 논의가 있지만 이 글에서는 프록스의 형평성을 받아들여 공공임대주택이 추구해야 할 형평성을 설명하고자 한다. 프록스는 형평성을 "동일한 것을 동일하게 취급하고, 서로 다른 경우에는 다르게 취급하는 것"으로 정의한다. 전자는 수평적 형평성으로 동일 노동에 대한 동일임금원칙이나 수혜자 부담의 원칙이 이에 속한다. 후자는 수직적 형평성으로 사회적 강자보다 사회적 약자에게 보다 많은 혜택을 주고 정책비용을 보다 적게 부담하도록 하는 것이 이에 속한다.

----

[34] 2022년 공공임대주택 유형별 소요비용은 매입임대 2억, 통합임대 2억 8,400만 원, 영구임대 1억 8,500만 원, 국민임대 2억 2,800만 원이다(최은희 외, 2023: 76).

공공임대주택의 공급과 관련된 수평적 형평성은 공공임대주택 입주의사가 있고 주거상태가 열악한 하위소득계층이 공공임대주택에 입주하지 못하고 있다면 그들 가구에게 공공임대주택을 공급함으로써 실현될 것이다. 또한 수직성 형평성은 하위소득계층일수록 공공임대주택의 임대료 부담을 줄여줌으로써 부담가능성을 높여주는 것으로 실현할 수 있다. 따라서 앞으로 공공임대주택 정책의 방향은 공공임대주택을 필요로 하는 더 어려운 가구가 공공임대주택에 쉽게 입주할 수 있도록 지원하고, 부담능력에 따라 임대료를 지불할 수 있도록 해야 할 것이다.

공공임대주택 입주를 희망하는 가구의 주택수요에 적극적으로 대응하는 한편, 공공임대주택의 수요를 정확하게 파악할 수 있는 방안으로 대기자 명부를 도입하고 이에 따른 배분체계를 만드는 것이 필요하다. 물론 현재도 대기자 명부로 볼 수 있는 예비후보자나 대기자 제도[35]가 없는 것은 아니다. 하지만 단지별로 운영되고 있으며, 순번에 따라 입주가 이루어지는 점에서 정책대상을 표적화할 수는 없다.

대기자 명부방식이 도입되면 수요자도 1회의 등록으로 정해진 기간 내에는 입주기회를 획득할 수 있이 매번 공공임대주택을 신청할 필요가 없다. 또한 복잡한 공공임대주택의 유형별 입주자격

---

35 예비입주자란 임대아파트 입주자로 선정된 자가 계약포기를 하거나 기존 거주자가 계약해지를 하여 공가가 발생할 경우, 그 공가 세대에 입주할 수 있는 입주대상자를 의미한다. 임대아파트를 건축하여 최초입주자 모집을 하는 경우, 청약 1, 2, 3순위 내에서 접수마감되고 경쟁이 발생할 경우, 일반적으로 건설호수의 20%에 해당하는 수만큼 예비입주자를 선정하고 있다. 또한 임대 중인 임대주택(영구임대, 국민임대 등)에도 퇴거자가 발생에 대응하여 해당 아파트별로 예비입주자를 선정하고 기존 입주자의 퇴거 시 예비입주자 순번에 따라 입주하도록 하는 제도가 운영되고 있다.

과 순위, 가점기준을 이해하지 않아도 된다. 게다가 신규공급 외에 단지별 재공급 물량을 일일이 파악하지 않아도 된다. 진미윤외(2020: 13-14)에 의하면 재공급물량은 LH 보유 공공임대주택주택만으로도 2019년에 영구임대 9,887호, 국민임대 43,671호, 행복주택 7,052호 합해서 60,510호나 된다고 한다.

따라서 대기자 명부 도입 초기에는 제도의 정비, 전산시스템 구축에 따른 비용, 대기자가 많을 경우 하위 순번자의 대기 기간 장기화 등의 문제가 있겠지만(서울연구원, 서울주택도시공사, 2019: 93), 대기자 명부 도입은 장기공공임대주택 공급정책의 형평성과 효율성을 제고하는 것이 될 것이다.[36]

가구주의 소득에 따른 임대료 부담은 공공임대주택을 부담가능한 주택으로 부르는 이상 반드시 실현되어야 할 방향이다. 이미 통합임대주택이 임대료 수준이 가구주의 소득에 따라 정부가 제시한 표준임대료의 35~90%로 결정됨을 감안하여 기존 공공임대주택에도 적용하는 방안이 도입되어야 할 것이다.

일본이 '96년 공영주택 임대료 체계를 응능응익형으로 바꾸면서 소득기준을 벗어나는 세대에 부과한 최대 200% 임대료의 도입도 검토할 필요가 있다. 2021년 주거실태조사 결과에 따르면 공공임대주택에 거주하는 가구들의 소득분포는 소득 하위(1~4분위) 73.9%, 소득 중위(4~8분위) 24.6%, 상위 가구(9~10분위) 1.6%인 것으로 나타났기 때문이다(이재춘 외, 2003: 3). 수적으로 많지는 않

---

36 지규현(2022)은 대기자 명부가 주거복지 정책을 한 단계 더 진화시킬 것이라고 했다.

지만 9~10분위의 소득계층이 공공임대주택의 저렴한 임대료를 부담하는 것은 형평성에 크게 저해된다. 따라서 소득이 낮을수록 적게 부담하는 것만큼, 소득이 입주자격을 벗어나는 가구에 대해서는 퇴거를 원칙으로 하되, 강제퇴거가 어려우면 임대료 부담을 가중하는 것이 필요하다.

2) 지방정부 역할 강화 필요

앞에서도 살펴본 것같이 우리나라의 공공임대주택의 공급은 정권별로 약간의 차이는 있으나 대통령 공약사업으로 추진되는 경우가 많다. 선거 이후 이 목표를 지역별·연도별 물량 계획으로 구체화하여, 이를 실현하고자 계획을 수립하지만 중요한 역할을 담당해야 할 지방정부는 적극적으로 나서지 않는다. 그 결과, 민간부문이 공급한 5년·10년 공공임대주택을 제외한 공공임대주택은 국토교통부의 산하 공기업인 LH가 국토부의 손발이 되어 공급해 왔다. 1998년 283,601호였던 공공임대주택 재고가 2021년에는 1,668,481호로 늘어났으며, 2021년 현재 임대주택 재고의 약 80%를 LH가 보유하고 있다. 단기간에 공공임대주택이 크게 증가한 점에서 LH 중심의 공급이 장점이었다고 할 수 있다.

LH가 이처럼 많은 공공임대주택을 단기간에 건설하고 확보할 수 있었던 것은 LH가 택지개발, 공공분양주택 공급 등을 통해 얻은 수익으로 교차보조가 가능했기 때문이다. 하지만 정부의 적절한 지원이 법적으로 담보되지 않은 상황에서 독립채산제로 유지되는 LH에게 많은 임대주택을 짓고 관리하도록 한 것은 LH의 재무상황을 크게 악화시킴[37]은 물론 LH 조직을 과도하게 키우는 등 여러 가지 문제를 초래하고 있다.

무엇보다 중앙정부 주도로 공공임대주택 공급계획을 세우고, 중앙정부 산하기관이 앞장서서 주택을 공급하도록 한 것은 지방정부의 책임의식을 떨어뜨리는 것이었다. 물론 제도적으로 광역지자체 단위에서 공급물량을 취합해 제출하지만 지역의 최종 물량은 지방정부와 충분한 협의를 거치지 않은 채 중앙정부가 결정해 통보하고, 특히 중앙공기업의 지역 공급물량도 중앙정부의 결정 이후 지방정부가 인지하게 되며, 더욱이 설령 협의가 있더라도 최종 물량이 확정된 뒤 이루어지는 경우가 대부분인 공급물량이 우선되는 의사결정구조의 한계(양희진 외, 2022: 17)라는 의견도 있다. 하지만 지방정부가 국민임대주택, 매입임대주택, 행복주택에 이르기까지 임대주택이 자신들의 관할구역에 공급되는 것을 거부하는 것은 임대주택의 공급이 자신들의 일이 아니라고 생각하기 때문이다.

그러나 주택의 수요와 공급은 국지성을 지닐 수밖에 없으므로, 주택시장에서 가구가 경험하는 주거문제와 이에 대한 해결 방식은 지역마다 다를 수밖에 없다(맹다미·남원석, 2015). 박미선 외(2019)는 광역자치단체를 대상으로 점유의 안정성, 주거비용의 적절성, 물리적 거주 적합성, 사회적 접근성을 분석틀로 하여 지

---

[37] 임대주택의 운영관리에서 상당한 손실이 발생하고 있다. 예를 들면, 2019년 120만 2천호의 공공임대주택을 운영하면서 발생하는 매출손실이 1조 2,900억 원, 판매관리비가 포함된 영업손실이 1조 4,900억 원이라고 한다(이용만, 2022: 36).

표 7 공공부문이 공급한 임대주택(5년·10년 포함) 재고 추이 및 LH와 지자체 비중

구분	합계	LH		지자체	
		재고수	비율	재고수	비율
'98	283,601	186,668	65.8%	96,933	34.2%
'99	295,478	195,111	66.0%	100,367	34.0%
'00	333,168	220,545	66.2%	112,623	33.8%
'01	361,648	244,812	67.7%	116,836	32.3%
'02	382,602	265,239	69.3%	117,363	30.7%
'03	410,591	285,678	69.6%	124,913	30.4%
'04	442,840	315,923	71.3%	126,917	28.7%
'05	462,576	334,695	72.4%	127,881	27.6%
'06	491,571	363,897	74.0%	127,674	26.0%
'07	527,245	387,501	73.5%	139,744	26.5%
'08	619,802	449,320	72.5%	170,482	27.5%
'09	667,868	513,844	76.9%	154,024	23.1%
'10	173,780	598,325	77.6%	173,182	22.4%
'11	853,899	669,492	78.4%	184,407	21.6%
'12	898,262	713,625	79.4%	184,637	20.6%
'13	976,621	768,690	78.7%	207,931	21.3%
'14	1,026,195	804,067	78.4%	222,128	21.6%
'15	1,131,398	899,608	79.5%	231,790	20.5%
'16	1,188,052	945,496	79.6%	242,556	20.4%
'17	1,281,797	1,016,999	79.3%	264,798	20.7%
'18	1,388,330	1,118,671	80.6%	269,659	19.4%
'19	1,489,030	1,201,904	80.7%	287,126	19.3%
'20	1,594,070	1,280,954	80.4%	313,116	19.6%
'21	1,668,481	1,333,346	79.9%	335,135	20.1%

자료: 최은희 외(2023) 75쪽 자료에 국토교통통계누리 2021년 임대주택재고 현황 포함.
　　* 민간부문의 공공임대 5년 및 10년 공급물량 제외.

역의 주거문제를 분석한 결과, 지역별로 주거문제의 압력정도에 차이가 있어 중점적으로 해결해야 하는 주거문제가 상이하며, 정책대상의 특성이 다름을 제시한 바 있다. 특히, 임대주택이 필요한 집단은 지역마다 다를 수 있다. 수도권이나 대도시 등에서는

청년의 임대주택 수요가 크기 때문이다(서종균, 2018). 공공임대주택을 더 필요한 사람에게 배분하기 위해서 행정 서비스 연계능력이 있는 지자체가 주도적으로 공공임대주택을 공급하거나 지역의 비영리조직을 활용하는 것이 더 유용할 수도 있다. 또한 여러 지역에 산재해 있는 공공임대주택의 관리와 관련해서도 중앙정부 조직인 LH보다 지자체가 더 나은 주택관리 방식을 고안할 수 있다. 그리고 무엇보다 공공임대주택이 주변 지역과 통합 배치되기 위해서 공공임대주택 정책은 지방정부의 도시계획과 반드시 결합되어야 한다(봉인식, 2013).

따라서 이제는 지방정부가 공공임대주택을 공급하고 관리하도록 유도하는 방안이 필요하다. 특히, 신규공급만큼 발생하는 재공급을 통해 지역의 공공임대주택 소요가구의 수요에 적극 대응할 수 있게 해야 한다. 이를 위해서 중앙정부가 해야 할 일은 공공임대주택 건설이 지방정부 부채 증가의 원인이 되지 않도록 공공임대주택 건설 시 소요되는 지자체의 재정자립도에 따라 사업자 부담을 대폭 줄여주고, 운영관리비도 지원하는 제도를 마련해야 할 것이다. 이미 지역에 공공임대주택이 건설되면 임대주택에 대한 세금감면 때문에 세수가 적어지는 것은 물론 지자체의 복지예산은 늘어날 수밖에 없기 때문이다. 그리고 공공임대주택의 입주자 선정기준을 지자체의 사정에 따라 별도로 운영할 수 있도록 하는 것이 필요하다. 지자체가 공급하는 행복주택에 대해 100% 지방정부의 기준으로 선정할 수 있도록 한 것이 행복주택에 대한 지자체의 반감을 줄인 것을 기억해야 할 것이다.

5. 맺으며

우리나라는 전 세계에 유례가 없는 저출산 국가이자 가난한 노인이 많이 사는 국가이다. 또한 인구 대비 자살률이 높으며, 계층 간의 소득격차와 자산격차가 대단히 큰 나라이다. 그리고 부의 되물림이 심각해지면서 계층 간의 이동이 사실상 불가능해졌으며, 불평등이 집중된 청년세대가 탄생한 국가이다. 김연수 산문집(2014)의 "청년은 들고양이처럼 빨리 지나가고, 그 그림자는 오래토록 영혼에 그늘을 드리운다"가 적절한 표현이라면 앞으로 가난한 중장년층이 대거 등장할 것을 예상할 수 있는 국가이다.

따라서 사회 전 분야 걸쳐 복지기능이 강화되어야 할 국가이다. 주거복지 역시 임대료를 낮추고 최소한의 주거수준에 안정적으로 거주할 수 있도록 하는 것이라는 개념에서 벗어나, 주택을 공간으로 사회경제적 위기에 직면한 국민의 삶과 생활을 지켜주는 가이드, 보호자로서의 목표까지 담아낼 필요가 있다. 주택이 거주자에게 필요한 휴식과 재충전, 상처를 치유하고 회복시켜 줄 때 거주자는 미래를 위한 준비를 할 수 있으며, 더 나은 삶을 꿈꿀 수 있다.

다행스러운 것은 2000년대에 들어 공공임대주택이 대량으로 공급되면서 사회안전망으로써 역할을 하기 시작한 것이다. 특히, 많은 공공임대주택이 건설되고 있고, 앞으로 더 짓겠다는 계획이 유지되고 있으며, 노후화된 공공임대주택의 재건축이나 리모델링도 불가피할 것으로 예측되는 점에서 공공임대주택은 더 증가할 것으로 예상된다. 공공임대주택 재고와 공급이 늘어난다는 것은 그만큼 주택을 필요로 하는 가구에게 주택이 공급될 가능성이 높아졌다는 것을 의미하며, 공공임대주택에서 입주자 맞춤형 서비스를 제공할 기회가 많아졌다는 것으로 볼 수 있다. 물론 주택의 질이 담보되어야 하고, 서비스를 공급할 주체가 역량이 있어야 하며, 소요되는 비용을 어떻게 조달할 것인가 하는 등의 문제가 많이 있다. 앞으로 더 많은 지혜를 모으고, 단지에서의 실험적인 활동을 통해 필요한 대안을 찾아내야 할 것이다.

공공임대주택의 공급이 불평등, 저출산, 고령화, 양극화, 사회갈등을 조금이라도 줄여 나가는 수단이 되기를 바라며 이 글을 마친다.

:: 참고문헌

국토교통부(2023), 「2022년 국토교통통계연보」.

국토교통부(2022), 「2021년 주택업무편람」.

김성연·조승연(2016), 「국민임대주택 공급의 사회경제적 파급 효과에 관한 연구」, 『지역개발학회지』, vol.28, no.3, 통권 92호, 165-180.

김연수(2014), 「김연수 산문집 청춘의 문장들」, 마음산책.

김주영(2022), 「공공임대주택 거주가구의 소셜믹스 인식과 영향요인」, 한국주거환경학회, 「공공임대주택 주거환경 진단 및 인식개선」, 지식공작소, 89-110.

맹다미·남원석(2015), 「'주거복지·재고관리·지자체 주도' 주택정책의 패러다임 전환해야」, 『Issue Paper』, 서울연구원.

박미선(2023), 「주거복지 실현 수단으로써 공공임대주택 정책의 발전 경로와 미래」, 『2030 담대한 주거복지』, 한국주거복지 포럼, 79-109.

박미선·이후빈·조정희·정우성·하동현·최민아(2019), 「주거권 실현을 위한 중앙과 지방의 역할 분담 방안」, 국토연구원.

박신영(2020), 「포스트 코로나 시대 삶의 변화」, 『Insight』 LH토지주택연구원, Vol.38, 6-13.

박신영(2021), "장기공공임대주택과 주거복지의 미래", 「국민임대주택 20주년 기념 학술세미나」, 한국주거복지포럼, 1-17.

박지영·방종대·최상희·정소이·김명식·최보미(2020), 「LH 공공임대주택 이미지 개선 방안 연구~ 인식평가와 실천과제 도출」, 토지주택연구원.

봉인식(2013), 「공공임대주택 정책에 대한 중앙과 지방정부의 역할 재편 가능성에 대한 연구」, 『주택도시연구』, 제3권 제2호, SH공사 도시연구원, pp. 23-29.

서울주택도시공사·SH연구원(2021), 「서울시 공공임대주택 대기자명부 도입 및 입주자 관리체계 방안」, 서울주택도시공사.

서종균(2018), 「주거정책 지방화의 전략」, 『한국주택학회 상반기 학술대회 발표자료집』, 한국주택학회, pp. 311-326.

손현(2019), 「사회통합형 주거복지법제에 관한 연구」, 한국법제연구원.

양희진·김준형·박동하·김나현(2022), 「주거정책의 지방화 전략: 공공임대주택을 중심으로.」, 『주택연구』 제30권 3호, 8.: 5-41.

오민준(2022), 「공공임대주택의 효과: 임대료 부담완화와 주거만족도 개선」, 한국주택학회, 『공공임대주택의 수요자와 사업자, 그리고 지역사회』, 지식공작소, 44-60.

오종현(2020), 「공공임대주택 임대료 편익추정과 시사점」, 『재정포럼』, 34-62.

이길제·김지혜·이재춘·조윤지(2022), 「미래 트렌드와 주거의식 변화에 따른 주거복지 대응전략」, 국토연구원.

이용만(2022), 「공공임대주택의 재무구조」, 한국주택학회, 『공공임대주택의 수요자와 사업자, 그리고 지역사회』, 지식공작소, 31-43.

이재철(2009), 「한국사회의 양극화와 세계화 그리고 시민사회」, 『21세기 정치학회보』 19집 2호, 237-260.

이호진(2022), 「공공임대주택 입주의향」, 한국주거환경학회, 『공공임대주택 주거환경 진단 및 인식개선』, 지식공작소, 1-40.

장경석·박인숙(2019), 「공공임대주택 유형별 주택규모의 현황과 시사점」, 국회입법조사처, NARS 지표로 보는 이슈 제147호.

장경석·송민경(2020), 「공공임대주택 공급동향 분석과 정책과제」, 국회입법조사처.

지규현(2022), 「대기자명부 도입과 공공임대주택 정책의 진화」, 한국주택학회, 『공공임대주택의 수요자와 사업자, 그리고 지역사회』, 지식공작소, 61-70.

진미윤·김경미(2020), 「공공임대주택의 주거빈곤 완화 및 소득 재분배 효과」, 토지주택연구원.

진미윤·최은희·정기성·김경미(2020), 「공공임대주택 재공급 유형통합 및 대기자 명부 운영관리 방안」, 토지주택연구원.

최은희·조승연·이슬해(2023), 「LH 공공임대주택 중장기 공급·운영 발전 방안 연구」, 토지주택연구원.

United Nations Economic Commision for Europe(UNECE)(2015), Social Housing in the UNECE region Models, Trends and Challenges. Social_Housing_in_UNECE_region.pdf

VER EECK, W.(1998), "The Concept of a "Merit Good" The Ethical Dimension in Economic Theory and the History of Economic Thought or the Transformation of Economics Into Socio~Economics," Journal of Socio~Economics, Volume

27, No. 1, pp. 133-153.

Whitehead, C. M. E.(2005), "European Housing Systems: Similarities and Contrasts with Korea", in Tcha(ed.), Residential Welfare and Housing Policies: The Experience and Future of Korea, Seoul: Korea Development Institute, 3-24.

Minimum Space Standards for New Homes [2023 Update] ~ Urbanist Architecture ~ Small Architecture Company London

국토교통 통계누리(molit.go.kr)의 임대주택재고현황(2020~2021년).

국토교통통계누리, 주거실태조사연구보고서 2006년, 2012년, 2016년, 2021년.

국토교통통계누리, 주거실태조사 통계보고서 2021년.

주거복지센터 갈 길을 묻다

박근석
(한국주거복지연구원 원장)

주거복지센터
갈 길을 묻다

1. 들어가며

주거복지 정책은 공급자와 수혜자 간의 전달체계를 통해 집행이 시행된다. 즉, 전달체계는 주거복지의 수요자에게 주거복지서비스를 제공하는 공급자를 연결시키기 위하여 만들어진 조직을 말한다. 따라서 주거복지 전달체계의 개념은 주거복지행정의 전달체계 혹은 주거복지제도 및 프로그램 전달체계로도 사용되고 있으며, 주거복지서비스 전달을 위한 행정조직의 흐름을 나타낼 때 주거복지행정의 전달체계라고 한다.

주거복지행정의 전달체계는 임대주택, 주거급여 및 기타 정책·제도적 차원의 주거지원서비스 등의 프로그램이나 사업의 공급자와 수혜자를 상호 연결시켜주는 매개조직을 말한다. 주거복지제도 프로그램 전달체계는 주거복지센터를 통해 전달되고 있으며, 우리나라 주거복지의 기본체제를 담고 있는 「주거기본법」 제

22조와 「주거기본법 시행령」 제14조는 주거복지센터에 대해서 명시하고 있다.[1]

이에 따라 LH공사에서는 주거복지지사를 전국적으로 설치하여 운영하고 있으며, 2015년부터 국가 주거복지센터인 '마이홈상담센터'를 LH 주거복지지사 및 지역본부 조직 내에 두고 주거복지 상담업무를 수행하고 있다.

한편, 지방정부에서는 「주거기본법」에 의거하여 자치단체별 「주거기본조례」를 제정하여 지자체 공사 또는 민간기관에 주거복지센터 업무를 위탁하여 운영하고 있으며 지자체 주거복지센터에서도 상담업무를 수행하고 있다.

----

1 「주거기본법」 제22조
제22조(주거복지센터) ① 국가 및 지방자치단체는 다음 각 호의 업무를 수행하기 위하여 주거복지센터를 둘 수 있다.
    1. 주거복지 관련 정보제공 및 상담
    2. 제20조 및 관계 법령에 따른 주거 관련 조사 지원
    3. 그 밖에 대통령령으로 정하는 사항
② 국가 및 지방자치단체는 주거복지센터의 설치·운영을 대통령령으로 정하는 바에 따라 주거지원 업무를 수행하는 데 적합한 전문성과 조직·인력을 갖춘 기관에 위탁할 수 있다.
「주거기본법 시행령」
제14조(주거복지센터) ① 법 제22조 제1항제3호에서 "대통령령으로 정하는 사항"이란 다음 각 호의 사항을 말한다.
    1. 임대주택 등의 입주, 운영, 관리 등과 관련한 정보 제공
    2. 주거복지 관련 기관, 단체의 연계 지원
    3. 주택개조 등에 대한 교육 및 지원
    4. 주거복지 관련 제도에 대한 홍보
    5. 그 밖에 주거복지와 관련된 사항
② 국토교통부장관은 법 제22조 제2항에 따라 주거복지센터의 설치·운영을 한국토지주택공사에 위탁한다.
③ 시·도지사 또는 시장·군수·구청장(자치구의 구청장을 말한다. 이하 같다)은 법 제22조 제2항에 따라 주거복지센터의 설치·운영을 한국토지주택공사 또는 해당 시·도, 시·군·구(자치구를 말한다. 이하 같다)의 조례로 정하는 기관에 위탁할 수 있다.
④ 시·도지사 또는 시장·군수·구청장은 제3항에 따라 업무를 위탁한 경우에는 그 사실을 관보 또는 공보에 고시하여야 한다.

서울²과 수도권 일부를 제외하고는 주거복지센터를 설치하여 운영하는 지자체는 그 수가 매우 적은 수준으로 더 많은 센터들이 설치되어야 하며, 센터의 운영 측면에서도 발전방향 모색이 필요한 시점이다.

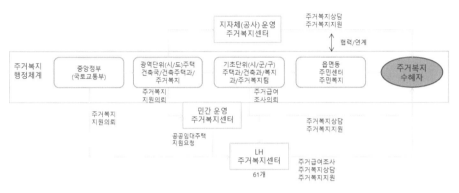

자료: 주거복지 상담과 사례.

그림 1 주거복지 전달체계의 체계

2. 주거복지센터의 필요성

주거복지센터의 필요성에 대해서는 많은 이들이 공감하고 있으며 그에 따라 민간에서 자생적으로 시작되었다. 이를 세부적으로 분류해 보면 다음과 같이 설명할 수 있다.

첫째, 주거문제 및 주거지원 프로그램의 다양성과 복잡성이다. 주거문제는 거주할 주택을 마련하고 입주하는 단계, 그 주택에서

2   2023년 12월 현재 서울시의 경우 서울시에서 위탁한 주거복지센터가 26개소가 있으며, LH 주거복지지사 4개소가 있는 상황임.

정착하여 생활하는 단계 등 개별가구마다 또한 개별가구가 속한 지역마다 다양하고 복잡한 양상을 보이고 있다. 또한 주거문제에 대응하는 주거정책도 과거 공급자 중심의 단편적·획일적 지원에서 수요자 중심의 맞춤형·종합적 지원과 사회통합형 주거복지정책으로 패러다임을 전환하고 있기 때문에 이러한 정책들을 수혜자에게 정보를 제공하고 설명해주는 역할이 필요하다.

둘째, 현행 복지전달체계를 통해 주거문제를 통합적으로 해결할 필요성이 있기 때문이다. 현재 복지전달체계에서는 '읍면동 허브화'를 토대로 '사각지대(취약가구) 발굴 → 욕구조사 → 대응서비스 제공 → 사례관리'[3]를 하고 있다. 이를 위해 전담 인력과 시스템(공적 데이터 활용)을 토대로 취약가구의 위험 징후를 파악하는 것이 중요하다. 이상과 같이 취약계층을 발굴하고 그들의 문제를 통합적으로 해결하는 체계도 구비되었고 노력도 강화되고 있으나, 현행 복지전달체계에서는 여전히 '주거' 부문의 전문성과 주거욕구 해결에 대한 적극성이 미흡한 상황이다. 현재 읍·면·동 주민센터 사례관리 업무 중 주거업무 전담 인력이 없는 실정이며, 주거 관련 정책에 대한 정보의 취약성으로 개별가구의 다양하고 복잡한 주거문제를 통합적으로 해결하기는 매우 어려운 실정이다. 즉, 사회복지(보건, 복지, 고용, 자활 등)의 전달체계는 갖추어져 있으나, 민간의 주거복지 전담 전문기관 및 전달체계 부재로

---

3   '사례관리'는 복잡한 욕구를 가진 개인과 가족을 위해 지역사회 자원을 활용하여 효과적인 사회복지 서비스를 제공하며, 클라이언트의 능력 향상과 효율성 증진을 목표로 한다. 통합사례관리는 공공과 민간 자원을 조직적으로 관리하여 복합적인 욕구를 가진 사람들에게 통합적 서비스 제공과 지속적인 지원을 통해 사회적 자립을 돕는 방식임(네이버 어학사전).

인해 주거복지를 포함한 통합사례관리가 미흡한 상황이다.

셋째, 수요자가 필요로 하는 현장 중심의 주거욕구 충족과 사회통합형 주거정책 성과의 제고가 필요하다. 이를 위해서는 우선, 해당 지역사회의 주거 여건 속에서 개별가구의 주거문제를 파악해야 하며, 두 번째는 담당자들이 지속적으로 확대·변화하는 중앙정부, 광역 및 기초 지자체의 다양한 맞춤형 주거지원사업의 명확한 이해가 있어야 한다. 세 번째는 담당자들에게 해당 사업들의 대상자 선정기준, 지원내용, 지원 방식 등에 대해 명확히 이해를 필요로 한다. 네 번째는 해당 지역 주거 관련 자원 및 복지 자원들의 연계를 통한 주거 중심 사례관리를 할 수 있도록 통합적 접근 필요하다.

넷째, 통합적 주거 중심 상담과 사례관리를 위해서는 지자체 단위의 주거복지센터 설치 필요하다. 우선 읍·면·동 주민센터 주거담당인력은 주거욕구(문제)를 지닌 대상을 발굴하여 1차적인 단순 상담한 후, 자체적으로 해결 할 수 없는 사례는 시·군·구 단위의 주거복지센터로 이관하여 센터를 중심으로 문제를 해결하도록 해야 한다.

결론적으로 주거문제는 인간의 의·식·주 중에서 가장 중요한 문제라고 볼 수 있다. 다른 복지 욕구가 아무리 충족되더라도 주거가 열악한 상황에서는 행복한 삶을 영위할 수가 없다. 그러나 주거와 관련된 정책 프로그램들이 다양하고 국가 차원의 프로그램과 지자체 차원의 프로그램이 차이도 있기 때문에 이러한 정책 프로그램의 정보를 정확하게 알고 주거문제를 가진 수요자에게 제공 또는 설명하고 그 지역의 복지 프로그램과 연계하는 활동이 필요하다.

3. 주거복지센터의 역사

주거복지센터의 역사는 민간에서부터 시작되었다고 볼 수 있다. 이는 시기적으로 나누어서 설명할 수 있을 것이다. 첫 번째는 2007년부터 2012년까지로 볼 수 있다. 민간에서 자발적으로 '주거복지지원센터'의 필요성을 인지하고 사회복지공동모금회로부터 운영비를 지원받아 서울에 10개소와 기타 지역에 주거복지지원센터가 설치되어 운영되고 있었다. 당시 임대료가 상승하고 경제적으로 어려운 시기로 재개발·재건축이 활발히 이루어지는 시기로 어려운 서민들의 주거문제가 심각하게 대두되는 시기이었다. 이 시기에 민간에서 「주거기본법」의 필요성에 대한 논의들이 나타나기 시작하였다.[4]

두 번째는 2013년부터 2015년까지이다. 사회복지공동모금회로부터 지원이 어려운 시점이 되었을 때 2013년부터 서울시에서 시 예산을 들여서 주거복지센터를 지원하기 시작했다. 대구, 천안, 전주 등도 지자체의 지원으로 주거복지지원센터를 설치하고 있었다. 일부 지역에서는 지자체의 예산 없이 자발적으로 센터를

----

4   2012년 12월 「주거기본법」의 필요성에 대해서 한국주거학회와 주택관리공단 및 NGO 주최로 토론회가 개최되었음. 한국주거복지포럼 제62회 토론 내용 중 발췌.

운영하는 지역도 있었다.

세 번째는 2015년 12월 23일 「주거기본법 시행령」이 발표된 시기부터 현재까지이다. 「주거기본법」에 주거복지센터가 설치 운영에 관해 명시되면서 같은 해 12월 LH가 국가주거복지센터인 '마이홈상담센터' 2개소를 시범적으로 설치·운영하였으며 이후 점차 확대되었다.[5] 또한 2017년 11월 '주거복지 로드맵'이 발표되며,[6] 지자체의 주거복지 역량강화를 위해 인센티브 등을 통해 시군구 내 주거복지 전담인력 및 조직 확대를 지원한다는 내용과 주거빈곤가구 지원사업 공모시 전담조직·센터가 설치된 지자체 우대한다는 내용 및 지자체 주거복지 정책 추진노력을 지자체 평가지표에 반영한다는 내용 등이 담아있다.

또한 2018년 주거복지로드맵 개선방안에서는 우선, 지자체 특성에 맞는 주거복지센터 표준모델(도시형/농어촌형)을 구축하고, 시범사업('19)을 통한 모범사례 확산한다는 내용이 포함된다. 둘째, 주거복지센터의 역량 강화를 위해 주거복지사 등 전문인력의 확충 추진하고, 셋째, 센터와 지역, 시민단체와의 협력을 강화하여 정부·지자체가 해결하기 어려운 주거취약 문제를 발굴하고 긴급 지원한다는 내용이 포함되어 있다. 이를 위해 중앙정부의 주거복지 정책 컨트롤 기능 및 정책역량을 강화하고, 지자체·민간과의 협력체계 구축하고, 주거복지센터 등을 통한 전문 주거복

---

5 2015.12.23. 「주거기본법」 시행령 제정에 따라 LH에서는 '마이홈센터' 2개소(서울강남권센터, 수원권센터)를 설치하여 2023.12.23. 업무를 개시하였음. 2023.12. 현재 전국적으로 61개의 마이홈센터를 운영하고 있음(마이홈포털 참조).
6 2017.11.29. 발표.

지기관을 통한 전달체계를 강화한다고 발표하였다. 주거복지전
달체계의 구축방향은 아래 그림과 같다.

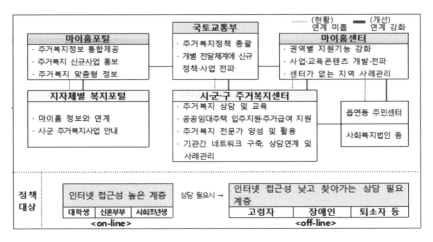

그림 2 주거복지 전달체계의 구축방향

4. 주거복지센터의 현황

주거복지센터는 국가 주거복지센터인 LH에서 운영하는 마이홈
센터와 각 지자체에서 운영하는 주거복지센터로 나눌 수 있다.
지자체에서 운영하는 주거복지센터는 각 지자체에서 제정한「주
거기본조례」또는「주거복지지원조례」를 통해 센터의 설치 근거
를 마련하여 운영하고 있다. 2023년 12월 현재 조례를 제정한 지
자체는 17개 광역지지체와 56개 기초지자체에서 조례를 제정한
상황이다.[7]

----

7   한국주거복지포럼 제78회 토론회(23.12.5.) 자료집. 국가법령센터 참조.

2023년 12월 현재 주거복지센터의 개소수를 살펴보면 국가주거복지센터인 마이홈센터가 현재 61개소 운영 중이며, 지자체에서 운영 중인 주거복지센터는 광역/권역 9개 지자체에서 운영 중이다(서울, 인천, 경기, 부산, 대구, 광주, 전북, 제주).[8]

표 1 지자체 운영 주거복지센터 현황

지역	개소수			지자체				마이홈
	계	지역	LH	광역/권역		기초		LH
서울	30	26	4	1	중앙	25	자치구별 1개소	4
인천	4	1	3	1	인천			3
부산	5	2	3	2	동부, 서부			3
대구	7	3	4	2	동북부, 서남부	1	달서구	4
광주	5	1	4	1	광주			4
대전	2		2					2
울산	2		2					2
세종	2	1	1			1	세종	1
경기	32	15	17	1	경기	14	수원, 시흥, 부천, 고양, 용인, 광주, 성남, 이천, 양주, 안양, 안성, 남양주, 여주, 광명	17
강원	4	1	3			1	원주	3
충북	4	1	3			1	청주	3
충남	4	1	3			1	천안	3
전북	5	2	3	1	전북	1	전주	3
전남	2		2					2
경북	3		3					3
경남	4		4					4
제주	4	3	1	1	제주	2	제주, 서귀포	1
총계	117	56	61	10		46		61

8 광역주거복지센터: 시, 도에서 설치 및 관리, 관할 구역 내에서 지역 주거복지센터의 사업 및 운영지원 / 권역주거복지센터: 시, 도에서 설치 및 관리, 관할 범위를 일부 권역으로 분할 / 지역주거복지센터: 시, 군, 구에서 설치 및 관리, 관할 범위가 시, 군, 구.

기초지자체는 46개 지자체에서 운영 중으로 지자체 운영센터는 현재 총 56개소이다.[9] 따라서 마이홈센터와 지자체 운영센터를 합하면 전국적으로 총 117개소가 운영 중이다. 그러나 기초지자체 운영센터는 서울, 경기, 제주를 제외하면 전국적으로 5개 정도의 지자체만 운영하고 있는 실정이다.

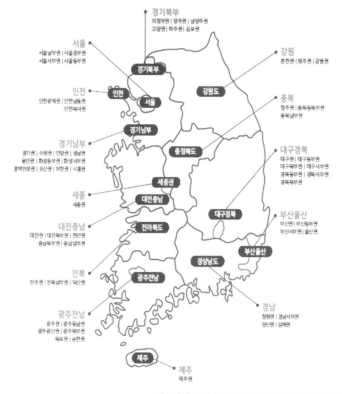

자료: 한국주거복지포럼 제78회 토론회 자료집(김경철).

그림 3 전국 마이홈센터 분포도

---

9   마이홈포털 및 한국주거복지포럼 제78회 토론회(23.12.5.) 자료집. 김경철 발제자료 일부 수정.

주거복지센터가 전국에 총 117개소가 운영 중이지만 이 숫자는 매우 적은 수준이다. 전국 기초지자체가 229개인 것에 비해도 적은 수이며 전국 읍·면·동 행정복지센터가 3,508개[10]인 것이 비하면 매우 적은 수준임을 알 수 있다.

한편, 전국 사회복지의 전달체계 역할을 하는 사회복지관[11]의 개수는 2023년 12월 현재 480개소가 운영되고 있다.[12] 또한 사회복지관은 전국 읍·면·동 행정복지센터 복지담당과 연계하여 활

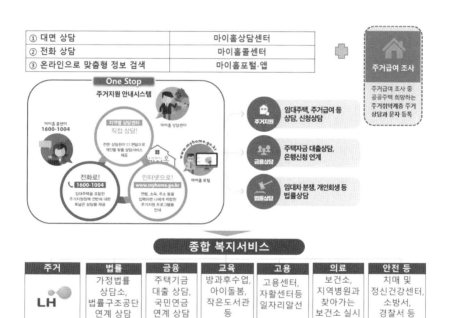

자료: 한국주거복지포럼 제78회 토론회 자료(김경철).

그림 4 마이홈상담 구축 체계

---

10 행정안전부 포털. 기초지자체 2023.3.30. 기준, 행정복지센터 2022.12.31. 기준
11 지역사회를 기반으로 일정한 시설과 전문인력을 갖추고 지역주민의 참여와 협력을 통하여 지역사회의 복지문제를 예방하고 해결하기 위하여 종합적인 복지서비스를 제공하는 시설을 말한다.

동하고 있으며, 종사인력의 규모도 사회복지관 1개소당 10명 이상이 업무를 담당하는 것에 비해 주거복지센터는 최소 2명에서 많은 곳은 6명 정도가 업무를 담당하고 있다.

5. 주거복지센터의 역할 및 성과

주거복지센터의 가장 주된 역할은 주거 관련 정책 프로그램의 정보 안내 및 상담으로 볼 수 있다. 이는 임대주택 유형별 정보, 주거급여, 주택금융 등이 포함되며 이 중 임대주택 유형별 정보 안내 및 상담 비중이 많은 편이다.

또한 기타 사업으로 지역 및 센터에 따라 차이는 있지만 지역자원 연계 사례관리, 집수리, 교육, 고용, 의료, 안전 등의 사업을 수행하고 있다.

우선 LH에서 운영하고 있는 마이홈상담센터의 업무를 살펴보면, 마이홈상담센터는 LH 주거복지지사와 연계하여 상담업무를 수행하고 있다. 세부적으로 마이홈콜센터에서 전화상담 방법으로 상담을 하고 있으며, 마이홈센터에서 내방상담 및 방문상담 방법으로 상담을 수행하고 있다.[13] 또한 미이홈포털과 홈페이지와 앱을 통해 일반인들이 공공임대주택 유형별 정보 및 전국의 위치 정보와 주거급여에 대한 정보를 접할 수 있다. 또한 주거급여 조사

---

12 한국 사회복지관협회 홈페이지. 사회복지관은 서울지역 99개소, 경기지역 88개소를 운영 중임.
13 내방상담은 요청자가 센터로 내방하여 상담을 하는 것이며, 방문상담은 요청자가 원하는 장소를 상담사가 방문하여 상담을 진행하는 것임.

를 지자체로부터 위탁받아 임차주택의 저소득 임차인 및 저소득 자가주택에 대한 조사를 통해 임차급여(현금) 지급 및 자가주택 집수리 사업을 시행하고 있다. 이 외에도 공공임대주택, 법률, 금융, 교육, 고용, 의료, 건강 및 안전 등에 대한 상담과 교육을 통해 종합적 주거복지서비스를 제공하고 있다.

다음으로 지자체에서 운영하는 주거복지센터를 살펴보면 다음과 같다. 지자체 운영 센터에서도 주거복지 관련 상담업무가 가장 많으며, 전문가와 실무자 및 일반 주민 교육, 네트워크 구축 및 자원연계, 홍보 등의 활동을 하고 있다. 이 외에 지역별로 집수리 및 퇴거위기 가구의 주거비 지원 관련 상담 및 사례관리 업무를 수행하고 있다.

이러한 업무의 대상은 주로 저소득층이며 세부적으로는 기초생활수급자, 저소득가구, 주거위기가구, 비주택거주자 등이 포함된다.

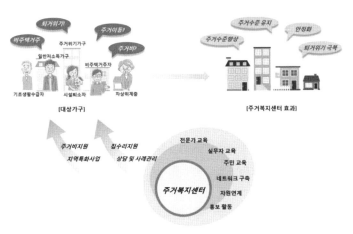

그림 5 지자체 주거복지센터의 업무와 대상

주거복지센터의 성과를 살펴보면 다음과 같다. 첫째, 센터가 설치되기 이전에는 다양한 임대주택 유형과 복잡한 입주자격 그리고 많은 사업주체별(LH, SH, GH 등) 임대주택 공급에 대해 요청자들에게 종합적으로 상담하고 설명할 수 있게 되었다. 둘째, 주거복지센터 설립 이전에는 행정복지센터에서 사회복지 공무원이나 사회복지사 등이 주거복지 정책의 내용에 대해 요청자들에게 설명과 상담을 할 때 주거복지에 대한 지식과 경험부족으로 깊이 있고 세부적인 상담이 어려웠지만, 주거복지센터 설치 후에는 주거복지 관련 정보를 알고 있는 전문가가 정보제공 및 상담을 함으로 말미암아 수요자의 상황 등에 맞춘 깊이 있고 수요맞춤적인 상담과 사례관리 등이 가능해졌다. 마이홈센터만 보더라도 2016년부터 2022년까지 총 5천2백만 건의 상담을 수행하였다.[14]

6. 주거복지센터의 한계와 발전방향

주거복지센터의 발전방향을 논의하기 위해서는 우선 한계를 살펴보아야 한다. 현재 주거복지센터를 운영하기에는 여러 가지 측면에서 한계가 나타나고 있지만 그중에 크게 네 가지로 구분하여 한계를 살펴보면 다음과 같다.

우선, 주거복지센터 수가 부족함으로 인해 어떤 기초지자체의 경우는 주거복지센터가 없는 기초지자체가 있기 때문에 센터가 없

---

14 상담센터 185만건(3.5%), 콜센터 1,628만건(31.3%), 포털(앱) 3,393만건(62.5%)으로 포털(앱)을 이용한 건수가 매년 증가하여 2022년에는 전체의 약 81%에 달함(한국주거복지포럼 제78회 토론회(23.12.5) 자료집. 김경철 발제자료 참조).

는 지역에 거주하는 주민들 중 주거 관련 상담 등이 필요한 주민들은 상담을 포기하는 경우가 발생하며, 아니면 주거복지센터가 있는 다른 지자체까지 가서 상담을 받아야 하는 접근성 차원에서 매우 불편한 문제가 있다. 2023년 말 현재 전국 기초지자체수는 246개(광역 17, 기초 229)인 것에 비해 주거복지센터는 117개소로 담당지역이 너무 넓고 구성원도 적기 때문에 넓은 지역에서 업무를 수행하는 것은 한계가 있으며 손길이 미치지 않는 사각지대가 많이 존재한다. 이로 인해 주요 상담 대상인 노약자, 장애인들의 경우 직접 센터를 내방하여 상담을 하는 분들이 많기 때문에 이런 분들이 상담하기 위해 원거리 지역을 방문해야 해서 불편하기 때문에 상담을 포기하는 경우가 많다.[15] 즉, 접근성이 매우 낮아 더 많은 수요자에게 서비스를 제공하기 어렵다.

두 번째는 각 주거복지센터별 인력의 부족으로 요청자에게 고품질 주거서비스 및 상담을 제공하는 데 한계가 있다. 주거복지센터의 인력은 센터당 5명 내외 수준으로 상담과 정보제공, 주거복지 수요자 발굴, 주거복지 및 복지 제공을 위한 타 기관과의 협업체계 구축, 행정업무 등 다양한 업무를 수행하는 것에 비해 인력이 매우 부족한 상황이다. 또한 개인별로도 다양한 기관들과 협업을 위해 많은 경험과 노하우, 대외 협상력 등을 갖추어야 하는 등 어려운 업무를 수행함에도 이에 대한 임금 등의 처우는 부족한 상황이다. 게다가 상담업무에서도 저소득층, 일반주민 외에도 청

---

15 노인종합복지관 2022년 12월 기준 전국 366개소(서울 52개, 경기 63개). 한국노인종합복지관협회 홈페이지 참조 / 장애인복지관 2023.12.31. 기준 251개소. 한국장애인복지관 홈페이지 참조. 수적인 측면에서 주거복지센터보다 접근성이 좋음.

년층, 노약자 및 장애인 등 다양한 계층별로 맞춤형 상담이 필요하지만 서울 등의 일부 지역센터를 제외하고 타 지자체 센터에서는 이러한 맞춤형 상담은 인력부족으로 인해 어려운 것이 현실이다.

세 번째는 주거복지센터에 대해 정부의 예산지원이 없으며 인센티브도 없어 지속성과 확장성에 한계가 있다. 주거복지센터의 예산은 인건비와 주거복지 관련 사업을 위한 사업비로 구성된다. 이러한 예산이 부족하니 추가인력을 배치하기도 어려우며 집수리, 임대료 지원 등의 지출이 들어가는 사업을 추진하기에도 한계가 있다. 한편, 2020년 시작된 비주택 거주자 주거상향지원 사업을 위한 지자체에서 설치한 '이주지원119센터'의 경우 중앙정부 예산인 국비와 지자체의 지방비의 매칭 방식으로 예산이 투입되고 있으며,[16] 영구임대주택단지에 설치한 '찾아가는 마이홈센터'[17]의 경우 중앙정부 예산으로 운영되고 있다.

네 번째는 지역 내 다양한 기관들과 협업체계를 구축한 이후 실질적 추진과 확대가 어렵다는 점이다. 우선 법률, 금융 관련 기관과 협업하여 주거복지 원스톱 서비스를 추진하려 했으나 해당 기관의 인력 파견 등의 한계로 인해 지속적인 추진이 어려운 상황이다. 또한 사회복지 관련 여러 기관들과 협업체계를 구축하였으나

---

16 비주택(고시원, 쪽방, 여관·여인숙 등) 거주자들을 LH나 지방공사의 매입임대주택으로 이주시키는 주거상향지원 사업을 위한 LH에서 운영하는 '이주지원119센터'와 'LH이주정착지원사업소' 경우 LH의 예산으로 운영됨.
17 영구임대주택단지에 주거복지 전문인력의 필요성으로 2019년부터 15개 단지에서 시범운영을 하다가 2023년부터는 영구임대 전체 단지에 순차적으로 '찾아가는마이홈센터'를 설치 및 운영하기로 결정됨.

협업체계를 활용하여 주거복지를 포함하여 복지서비스가 필요한 지원대상자들에게 필요한 서비스를 제공하는 연계 활동이 미흡한 상황이다.[18] 한 가지 예를 들면, 주거환경이 열악한 어떤 A는 수요자와 상담을 한 후, A에게는 공공임대주택 입주가 필요하지만, 현재 월임대료가 연체되어 살던 집에서 쫓겨나야 할 상황이며 A는 일자리도 없는 여건으로 연체된 월임대료 지원과 생계비가 시급하여 금전적 지원이 필요한 경우이다. 이때 인근의 연계된 복지기관과 협업하여 월임대료 지원 및 일자리 알선이 필요한 경우 이러한 복합적 연계지원을 하기 위해서는 사례대상자 지원에 대한 연계기관 회의 등 센터 담당자에게 어느 정도의 시간과 협상력 등이 필요하다. 그러나 담당자가 업무가 많고 연계협상에 대한 경험이 적다면 A에게 효과적인 지원이 미흡하게 될 가능성이 크다.

7. 주거복지센터의 발전방향

국민들에게 주거복지 정책과 제도에 대한 정보를 제공하고 상담하여 더 나은 서비스를 더 많은 국민에게 혜택이 돌아가도록 지원하는 주거복지센터의 발전방향은 다음과 같이 제안해 볼 수 있다.

첫 번째는 주거복지센터의 위상과 업무 정립을 위한 법령 제정 및 개정이다. 현재 「주거기본법」에는 주거복지센터에 대해 설치 근

---

18 LH에서 운영하는 '마이홈센터' 경우만 보더라도 '16년부터 '22년까지 관련 기관과 MOU 체결 건수는 895건, MOU 체결 기관과 복지서비스 연계 지원 건수는 44,618건으로 한 기관당 평균 50건의 협업 지원을 하였음.

거 조항과 업무에 대해서는 포괄적으로 언급하고 있으나 더 구체적인 법령이 필요하다. 즉, 센터설치 의무화, 운영기준 등을 명확하게 제시하고 주거복지 전달체계로서의 위상을 정립하는「주거복지사업법」또는「주거서비스지원법」등의 새로운 법안이 필요하다. 예로,「국민기초생활보장법」에 사회복지 전달체계 역할을 하는 사회복지법인의 역할이 언급되고, 별도 법으로「사회복지사업법」에 사회복지법인의 설치, 운영, 종사자, 종사자채용 준수사항, 운영위원회 등 법인 운영을 위한 구체적인 내용까지 담고있다. 따라서 주거복지센터의 경우도 의무설치, 운영, 종사자 등에 관한 세부적인 내용을 담을 필요성이 있다. 또한 현행「주거기본법」및 시행령 및 지자체 조례에 있는 업무 등을 재분류하여 광역 · 기초 센터별로 세부적으로 법에 명시해야 한다. 광역센터는 표준매뉴얼을 제작하여 전국적으로 일정 수준 이상의 동등한 주거복지서비스 품질을 제공하도록 해야 한다.

두 번째는 예산지원 및 성과 평가를 통한 안정성 확보이다. 예산은 어느 조직에서나 필수적으로 필요한 항목이다. 주거복지센터에 사용되는 예산은 현재 지자체 예산 또는 민간 기관 또는 기업의 현물 후원을 통해 예산을 확보하고 있다. 그러나 일정한 예산 규모가 지속되어야 사업의 지속성과 안정성이 확보되기 때문에 정부와 지자체의 일정한 예산지원이 필요하다. 한 방편으로 일부 지자체의 경우 '주거기본조례'에 주거복지기금을 적립하여 안정적 지원을 도모하는 곳도 있다. 한편으로는 민간 자원을 활용하는 방안으로 해당 지자체에서 민간기업으로부터 사회공헌 기부

금을 받을 수 있도록 하여 재원으로 활용하는 것도 방안이다.[19]

또 다른 방안은 센터 성과평가를 통한 인센티브 부여 방안이다. 현재도 국토교통부에서 매년 지자체 주거복지사업 성과에 대한 평가를 진행하고 있다. 이러한 평가에 주거복지센터를 설치한 자자체에 기본 점수를 주어 센터를 설치하지 않은 지자체보다 높은 점수를 받도록 하고, 평가에서 우수한 성적을 받은 지자체에 인센티브를 대폭 지원하는 방안이다. 이를 통해 지자체의 주거복지센터 설치에 대한 동기도 부여하여 센터의 확장에도 도움이 되도록 하는 방안도 있다.

세 번째는 주거복지 전문인력의 양성, 센터 전담 배치, 직무교육 시행 및 처우 개선이다. 현재 주거복지사 자격 취득을 위한 시험은 다른 자격증과 마찬가지로 매년 시험을 시행해서 합격자를 배출하고 있다. 현재는 국가인증민간자격으로 (사)주거학회에서 주관하고 있다. 현재까지 자격 취득자는 5천여 명 이상으로 어느 정도 양성은 되었다고 볼 수 있다. 그러나 주거복지센터에서 근무하는 인력은 주거복지사 자격자보다 사회복지사 자격자 비율이 더 많은 상황이다. 이러한 이유는 주거복지센터 근무자 채용 시 기본적으로 주거복지사 또는 사회복지사 자격자를 채용하다 보니 직장이 없는 주거복지사가 적어서 사회복지사들이 응시를 많이 했기 때문에 사회복지사 자격자들이 더 많이 채용되었다고 볼 수 있다.[20] 현재는 국가인증민간자격이지만 국가자격으로 격

---

19 기획재정부에서 '지정기부금단체'로 인정받으면 기업에서 기부금을 제공 시 기부금영수
증 발급이 가능하여 기부한 기업은 세금공제 등으로 혜택을 받을 수 있다.

상이 필요하며 법적으로 직무를 부여하고 처우도 보장해 주어야한다. 또한 그 중요성을 보아 더 나아가서는 9급공무원 공채시험에도 사회복지공무원 외에 주거복지공무원으로 시험을 볼 수 있도록 제도를 마련하여 직업안정화가 필요하다. 「주거기본법」에서는 제24조에 "국가 및 지방자치단체는 주거복지 전문인력을 양성하기 위하여 노력하여야 한다"라고 명시되어 있지만, 센터 전담배치, 행정복지센터 전담배치 등의 유인책이 없어 청년들의 자격취득을 위한 관심이 부족하다.

한편, 주거복지센터로 상담을 하는 국민들은 연령별, 소득계층별로 다양하다. 특히, 주거문제의 중요도가 커지는 청년층과 노인층 등을 위한 특화된 정보와 그에 다른 상담이 필요하나 상담사들이 이에 대한 지식이 부족하여 상담을 못하는 경우가 나타나고 있다. 서울 등 일부 지역의 경우 청년주거를 위한 상담을 하고 있지만 극히 일부만 시행하고 있다. 또한 점차 인구가 증가하는 노인의 주거문제에 대한 전문적인 상담은 아직 요원한 상황이다. 예를 들면, 노인의 경우 자가보유율이 75% 정도이지만 노후도가 심해 위험한 주택에 거주하는 노인들이 많다. 이러한 주택은 노인이 거주하기에 편리하도록 유니버셜 디자인[21]이 고려된 집수리가 필요하다. 한편, 임차주택에 거주하는 노인들은 유니버셜 디자인이 고려된 고령자복지주택[22]으로 이주하도록 해야 한다. 즉,

---

20 주거복지사 자격자들의 많은 비율이 공공기관 등에 근무하면서 자격을 취득했기 때문에 대학생 등 직장이 없는 주거복지사의 비율이 적음.
21 거동이 불편한 독거노인을 고려하여 바닥단차 제거, 세대 내 안전바 및 안전봉 설치, 높낮이 조정이 가능한 세면대·싱크대, 비상벨 등이 설치되어야 함.
22 주거복지로드맵에 따라 '21~'25년까지 공공 고령자복지주택 1만호 건설을 추진 중으

노인들의 특성과 이러한 주거특성들을 세세히 알고 상담할 수 있는 상담사가 필요하다. 따라서 센터의 인력의 확대와 함께 연령별·계층별 차이를 알 수 있도록 추가 교육이 필요하다. 비단 노인의 경우를 제외하더라도 청년주거, 신혼부부주거, 장애인, 한부모가족 등 계층별로 공공임대주택에 입주자격이 차이가 있으므로, 대상별 상담을 하기 위해서는 이러한 내용을 알아야 한다. 또한 상담 외에도 인근 복지기관 등과 연계하여 대상자에 대한 복합지원 등이 필요할 때 해당 센터 직원들이 설명하고 협상해야 하기 때문에 이러한 능력이 필요하다. 또한 센터에서 이러한 모든 정책·제도를 고려하여 해당 지역의 주거서비스를 기획하기 위해서는 주거실태조사 능력과 주거서비스 기획 능력도 필요하다. 따라서 주거복지센터 직원들을 위하여 2~3년마다 주기적인 직무교육[23]이 필요하다. 이러한 직무교육은 집체교육으로 할 수 있지만, 센터 직원들은 집체교육을 할 수 있는 시간이 부족하기 때문에 온라인을 통한 직무교육이 바람직하다.

또한 주거복지센터 직원들의 임금 등 처우 측면에서 낮은 수준의 임금을 받고 일하기 때문에 국민을 위해 봉사한다는 좋은 취지를 살려 더 잘하기 위한 동기부여가 저하되는 측면이 있으므로 이에 대해서는 개선이 필요하다. 이는 아직 산업으로 발전하지 못한 측면도 있으나 예산확대 등을 통해 지속적으로 해결해야 할 과제이다.

로 LH와 자자체가 협력하여 건설하고 있음.

23 일반기업에서는 직원들의 업무능력 향상을 위해서 주기적으로 직무향상을 위한 교육을 시행하고 있음. 저자가 2023년 4월~5월 주거복지센터 10개소(마이홈센터, 광역센터, 지역센터 포함)를 대상으로 센터 직원 인터뷰를 한 결과에서도 모든 센터 직원들이 직무교육의 필요성을 이야기했음.

네 번째는 온라인-오프라인 연계 및 센터별 연계를 통한 접근성 강화 측면이다. 우선 정보의 통합성 및 사용자 편의성 차원이다. 현재 마이홈센터는 마이홈포털과 앱을 운영하고 있으며, 일부 광역센터에서는 홈페이지와 전화상담을 통해 상담을 하고 있다. 마이홈포털은 공공의 모든 주거복지 관련 정보가 거의 담겨있어 포털에 접속하여 들어가면 모든 내용을 볼 수 있다. 그러나 입주자 모집공고의 세부적인 내용에 대해서는 아직까지 LH, 서울주택도시공사(SH), 경기도시공사(GH), 인천도시공사(iH) 등 각 사업자가 공급하는 임대주택 입주자 모집공고는 각 사업자의 홈페이지로 들어가서 확인해야 하는 불편함이 있다. 따라서 이러한 문제는 '마이홈포털'과 앱의 기능을 더 확대하여 지자체의 공공임대주택 입주자 모집공고를 포함한 정보까지 확인할 수 있도록 개선하면 될 것으로 보인다. 그러나 문제는 이러한 전자기기의 사용이 능숙하지 못한 중년층 및 노년층이 아직 많다는 것이다. 이러한 분들은 전화와 내방을 통해 상담을 하고 있으나, 이 역시도 서울의 경우 LH와 SH의 센터 전화번호가 다르고 센터의 위치도 다르기 때문에 두 사업자의 공공임대주택을 알아보려면 두 군데 모두 전화를 하거나 또는 내방을 해야 하는 불편함이 따른다. 이러한 단점을 해결하려면, 우선 전화번호의 통합이 필요하다. 예를 들면, 주거복지정보를 알아보려면 '123'번으로 걸어서 1차적으로 상담을 하여 임대주택 자격 문의 등 단순문의는 그대로 끝날 수도 있으며, 좀 더 복잡한 상담은 내용을 보고 해당 지역의 담당 사업자 센터로 연계하는 방식이다.[24] 즉, 홈페이지와 전화상담은 통합 운영을 하는 것이 사용자를 위해서 바람직하다. 다음은 다른 기관 센터를 내방하는 불편함을 줄이기 위한 센터 간 연계이다. 즉, 일반 국민이 어느 센터에 가서 상담을 받더라도 그 지역의 정보를 모두 알 수 있도록 하여 편리성과 접근성을 높여주는 방식이다. 주거급여제도나 공공임대주택의 유형별 입주자격조건 등 제도에 관한 내용은 어느 센터에서나 상담이 가능하지만, 다른 사업자의 공공임대 입주자 모집공고 등은 센터에서 모르는 경우가 많이 있다. 일부지역에서는 연계가 되어 공유하는 지역도 있으나 지방의 경우 아직 공유가 안 되는 지역이 있다. 이러한 지역은 국가 주거복지센터인 마이홈센터에서 적극적으로 정보공유를 위해 노력하면 해결될 것이다.

다른 차원에서 센터의 업무효율화, 주거서비스 품질 균일화, 상호 벤치마킹 등 시너지 효과를 높이기 위해서는 우선 센터 간 교류가 필요하나 시간이 여의치 않다면 앞서 제안한 직무교육을 통해서 좋은 사례의 공유에 대한 교육으로 해결할 수 있을 것으로 보인다.

마지막으로 센터 사업의 확대 및 농촌형 주거복지센터 관련이다. 앞서 설명한 바와 같이, 주거복지 전달체계는 지역별 수요자의 여건을 고려하여 가장 효과적으로 연결해야 하는 복합적인 고려가 필요한 영역이다. 즉, 지역별로 다른 수요에 맞게 프로그램이나 서비스를 효과적으로 제공하는 방안이 필요하다. 현 상황에서는 '주거복지센터'가 그 역할을 담당해야 하나, 센터의 수와 인력을

---

24 화재 및 안전 신고 '119', 복지정보 '182'임.

고려할 때 지역별 수요발굴과 그에 맞는 서비스 제공은 어렵다고 볼 수 있다. 현재 운영되는 센터의 운영방식은 도시에 거주하는 국민들의 개인적인 주거문제를 해결하는 모델로써, 공공임대주택 공급물량이 적은 지방이나 농촌의 경우에는 개별적인 주거문제의 해결도 필요하지만, 지역의 쇠퇴를 방지하며 지역을 활성화하는 역할도 중요하므로 같이 병행해야 한다. 이러한 역할을 커뮤니티 활성화를 통해 어느 정도 해결할 수 있을 것이다. 그동안 우리나라는 급속한 경제성장과 함께 지방 주민의 생활양식이나 생활의식의 변화, 생활환경의 악화에 의해 지역사회의 쇠퇴화가 진전되어 왔기 때문에 국민의 생활복지를 향상시키기 위한 방법으로 특히, 복지활동과 일자리를 주제로 한 새로운 커뮤니티 형성의 가능성을 모색하는 것은 패러다임의 전환을 의미한다고 할 수 있다.

농촌에서 이러한 커뮤니티 활동을 하기 위해서는 프로그램을 진행하고 모여서 활동할 수 있는 거점이 필요하다. 농촌이나 지방의 경우 주민복지센터 등 기존 시설들이 확보되어 있는 점을 고려하여 권역별 복지지원거점시설로 활용하는 방법이다. 지역에 이러한 거점이 여의치 않을 시에는 교회나 성당 등 종교시설 및 학교시설[25]을 거점으로 활용하는 방안도 가능할 것으로 보인다. 지역의 이러한 거점시설은 많은 지역주민들이 모일 수 있으며, 지역 커뮤니티 활동 공간 및 대형 공동작업장 등으로도 활용이 가능하

---

25 지방의 경우 학생 수의 감소로 폐교된 초등학교들이 많이 있음. 폐교가 아니더라도 방학 중에는 시설을 활용할 수 있음.

여 지역 특산품 제조를 위한 조합 등을 통한 일자리도 추진이 가능할 것으로 보인다. 지역거점을 중심으로 커뮤니티 활동을 추진하기 위해서는 커뮤니티를 위한 지역 자문단을 구성하는 것을 제안한다. 지역자문단의 역할은 해당 지역의 오피니언 리더 발굴, 협력기관(주민자치센터, 학교, 지역 NGO, 복지기관, 보건소 등)과의 협력체계 구축 등을 지원한다. 자문단의 구성은 지역의 이장, 노인회장, 청년회장, 부녀회장, 지자체의원, 지구대장(파출소장) 등 지역전문가라 할 수 있는 인사들로 구성할 수 있다.[26] 이러한 자문단 구성, 커뮤니티 활성화 프로그램 기획 등은 그 지역 주거복지센터에서 추진하도록 한다. 그러나 주거복지센터가 설치되지 않은 지역이라면, 인근 LH 주거복지지사나 지자체에 협조를 의뢰하여 주거복지 전문인력을 파견하여 주거문제 상담을 지원하며 해당 지자체와 함께 그 지역 커뮤니티 활동을 진행하는 방식으로도 운영이 가능하다.

결론적으로 주거복지센터의 바람직한 모델은 지역에서 주거복지 수요를 발굴하여 지자체나 인근 주거복지센터 및 관련된 지역 민간기관 등과 연계하여 민·관·공이 연계한 주거복지 서비스를 제공받도록 하는 방안이 효율적인 모델로 보인다. 그러면서 사업적으로는 개인적인 주거 및 복지문제를 해결함과 동시에 지역의 활성화를 위한 커뮤니티 활동을 추진하는 방향으로 나아가야 할 것으로 보인다.

----

26   LH의 경우 공공임대주택 모든 단지에서 이러한 자문단을 '주거복지 거버넌스 협의체'라 명명하고 활동을 하고 있음.

:: 참고문헌

국회입법조사처(김강산, 2022), 「주거복지센터의 운영현황 및 향후 과제」.

국토교통부(2017.11.), 「사회통합형 주거사다리 구축을 위한 주거복지로드맵」.

김근용 외(2012), 『주거복지 갈 길을 묻다』, 씨아이알.

박근석 외(2014), 「LH 주거복지 거버넌스 활성화 방안 연구」, 토지주택연구원.

박근석 외(2023), 「주거복지 상담과 사례」, 주거복지사교육원.

한국주거복지포럼(2021), 제62회 토론회 "주거복지센터 갈 길을 묻다" 자료집.

한국주거복지포럼(2023), 제75회 토론회 "주거복지센터와 민·관 연계 협력
　　방안" 자료집.

법제처 국가법령정보센터(http://www.law.go.kr).

마이홈포털(https://www.myhome.go.kr).

청년주거 취약의 다면성과 정책 과제

박미선
(국토연구원 주거정책연구센터장)

청년주거 취약의 다면성과 정책 과제

1. 들어가며

청년이 갖는 이미지는 보통 밝고 활기차고 통통 튀는 신선한 것들이다. 그러나 여기에 주거를 붙여 청년주거의 이미지를 떠올리면 지옥고, 영끌, 취약 주거 등 어려운 주거여건이 함께 연결된다. 정부에서는 뉴홈 등을 통해 청년주거문제에 적극적으로 대응하고자 한다. 그럼에도 불구하고 보통의 청년이 갖는 주거에 대한 고민은 깊다.

청년가구는 구성이 다양하다. 이행기 특성이 반영되는데, 부모로부터 독립할 나이임에도 부모와 함께 거주하는 경우, 혼자 독립한 경우, 누군가와 함께 거주하는 경우, 또는 결혼을 통해 새로운 가구를 구성한 경우 등 인생의 다양한 경로를 밟아가고 있다. 아동기에서 성인기로 이행하면서 독립된 생활을 위한 기본 요건인 거처는 쉽게 안정적으로 구하지 못하는 것이 일반적이다. 자력으로 마련하기에는 소득이 충분치도 안정적이지도 않고, 보증금이라는 큰 액수를 마련할 만한 능력도 시간도 부족하다. 주거비로 지출하는 금액도 부담스럽다. 이런 경제적인 측면의 영향과 연결되어 물리적으로 열악한 거처에 거주할 확률도 높다. 비용제약 속에서 택할 수 있는 선택지의 결과물일 것이다. 이에 더해 심리적으로도 임대차계약에 대한 불안감, 보증금 증액이나 계약형태 변화에 대한 불안감, 퇴거 위험에 대한 불안감 등 다양한 불안을 느낀다. 이런 경제적, 물리적, 심리적 취약함을 통해 청년주거문제의 다면적 성격을 분석하고 정책적 과제를 고민해보고자 하는 것이 본고의 취지이다. 이를 위해 제일 먼저 청년가구의 양적 분화, 일반적인 주거 특성을 살펴볼 것이다. 시기는 2017년부터 2021년 사이의 변화를 주거실태조사를 통해 살펴본다. 지역적으로는 수도권과 비수도권의 차이를 보기 위해 두 지역을 구분한다. 청년도 가구 특성이 다양하므로 1인, 부부, 부모동거, 기타동거로 구분하여 살펴본다. 이를 통해 청년주거문제의 다면성을 가구특성, 지역, 그리고 주거취약 특성에 기반하여 살펴보고 정책 대응과 과제를 고민하고자 한다.

2. 청년주거여건 현황

1) 청년가구 변화

청년주거 여건을 분석하기 위해 청년가구를 동거인 기준으로 네 가지로 구분한다.[1] 청년가구는 가구주 또는 가구원 중에 만 19~34

세 이하 청년이 포함된 가구이다. 2021년 기준 청년가구는 758.4만가구로 전체가구(2,092.7만)의 36.2%를 차지하고 있다. 청년 가구 구성형태별로는 부모동거가구가 47.7%로 가장 많고, 청년1인가구가 29.7%, 청년부부 19.5%, 기타 3.1%로 나타난다. 2017년과 비교하면 청년가구 자체는 증가하였는데, 청년1인가구만 증가하였고, 다른 모든 유형의 가구가 감소한 것으로 나타났다. 즉 청년가구가 부모나 배우자와 함께 거주하기보다는 점차 혼자 살아가는 경우만이 늘어나고 있음을 의미한다.

표 1 청년가구 구성형태 변화

구분	2010(A)		2017(B)		2021(C)		증감 (C-A)		증감 (C-B)	
	가구 (만)	비중 (%)	가구 (만)	비중 (%)	가구 (만)	비중 (%)	가구 (만)	비중 (%p)	가구 (만)	비중 (%p)
전체가구	1,734.0	–	1,936.8	–	2,092.7	–	358.7	–	155.9	–
청년가구	758.8	100.0	707.0	100.0	758.4	100.0	-0.4	–	51.4	–
청년1인	74.8	9.9	138.8	19.6	225.0	29.7	150.2	19.8	86.2	10.1
청년부부	161.2	21.2	149.1	21.1	147.9	19.5	-13.3	-1.7	-1.2	-1.6
부모동거	475.4	62.6	388.9	55.0	361.9	47.7	-113.5	-14.9	-27.0	-7.3
기타동거	47.4	6.2	30.3	4.3	23.6	3.1	-23.8	-3.1	-6.7	-1.2

자료: 국토교통부, '주거실태조사' 각 연도의 원자료를 바탕으로 작성.

청년가구 거주 지역을 수도권 거주 비중이 점차 증가추세이다. 도지역은 점차 비중이 하락하고 있고 10년 전에 비해서도 청년가구의 수도권 비중은 상승하고 있다. 그러나 청년가구가 전체가구

---

1 청년가구는 청년1인가구, 청년 부부가구, 부모동거가구, 기타동거가구로 세분한다. 청년 1인가구는 청년이 가구주인 1인가구를 의미한다. 청년 부부가구는 가구원으로 청년부부 (가구주 또는 배우자가 청년)가 있고, (시)부모와 같이 살지 않는 경우를 말한다. 부모동거 가구는 (시)부모가 가구주이고, 청년이 자녀(또는 자녀의 배우자)로 있는 경우와 청년이 가구주(또는 배우자)이면서 가구원으로 (시)부모가 있는 경우이다. 기타 동거는 위의 구 분에 해당하지 않는 경우이다.

에서 차지하는 비중은 모든 지역에서 대체로 감소 중이다. 수도
권, 광역시, 도지역 각 지역별로 지역 내에서 청년가구 비중은 감
소 중이다.

표 2 청년가구의 거주지역 분포 (단위: %)

구분	2010년			2017년			2021년			합계
	수도권	광역시 등	도지역	수도권	광역시 등	도지역	수도권	광역시 등	도지역	
전체가구	47.6	20.4	32.0	48.2	20.0	31.9	48.9	20.1	31.0	100.0
청년가구	51.4	21.6	27.0	52.6	20.0	27.4	53.9	20.1	26.0	100.0
청년1인	53.9	21.5	24.6	51.9	20.3	27.7	52.8	21.5	25.7	100.0
청년부부	51.6	17.8	30.7	50.1	18.4	31.5	53.5	18.1	28.5	100.0
부모동거	50.8	23.1	26.1	52.8	20.8	26.4	54.7	20.0	25.2	100.0
기타동거	52.3	19.7	27.9	64.3	16.3	19.4	52.9	21.0	26.1	100.0

주: 광역시 등은 부산, 대구, 광주, 대전, 울산, 세종을 의미.
자료: 국토교통부, '주거실태조사' 각 연도의 원자료를 바탕으로 작성.

표 3 지역별 청년가구분포 (단위: %)

구분	2010년			2017년			2021년		
	수도권	광역시 등	도지역	수도권	광역시 등	도지역	수도권	광역시 등	도지역
전체가구	100.0	100.0	100.0	100.0	100.0	100.0	100.0	100.0	100.0
청년가구	47.2	46.3	37.0	39.8	36.6	31.5	39.9	36.3	30.4
청년1인	4.9	4.6	3.3	7.7	7.3	6.2	11.6	11.5	8.9
청년부부	10.1	8.1	8.9	8.0	7.1	7.6	7.7	6.4	6.5
부모동거	29.3	31.0	22.3	22.0	20.9	16.6	19.4	17.2	14.1
기타동거	3.0	2.6	2.4	2.1	1.3	1.0	1.2	1.2	0.9

자료: 국토교통부, '주거실태조사' 각 연도의 원자료를 바탕으로 작성.

2) 청년주거 여건 변화

청년가구는 전체가구에 비해 자가점유율이 낮고, 전세나 보증부
월세 비율이 높다. 그러나 청년가구 내부 구성형태에 따라 점유

형태의 차이가 크다. 부모와 동거하는 청년은 자가비율이 월등히
높고, 다음으로 청년 부부가구의 자가비율이 높다. 청년1인가구
는 보증부월세가 대표적인 형태(63.0%)이다.

표 4 청년가구 점유형태 (2021년) (단위: %)

구분		2021년					
		자가	전세	보증금 있는 월세	보증금 없는 월세	무상	합계
전체가구		57.3	15.5	21.0	2.5	3.7	100.0
청년가구		46.8	19.9	27.9	2.3	3.1	100.0
	청년1인	4.8	21.2	63.0	6.5	4.5	100.0
	청년부부	40.7	38.5	16.8	0.6	3.4	100.0
	부모동거	76.2	11.8	10.0	0.4	1.7	100.0
	기타동거	33.6	15.9	38.4	1.8	10.3	100.0

자료: 국토교통부. '주거실태조사' 2021. 원자료를 바탕으로 작성.

청년가구가 거주하는 주택의 유형은 아파트가 절반 이상인데, 이
역시 누구와 함께 하느냐에 따른 차이가 크다. 점유형태와 유사
하게 부모와 동거하는 경우, 청년부부인 경우는 아파트가 지배적
이고, 혼자 사는 청년은 단독다가구 주택이 훨씬 높고 오피스텔
비율도 상당하다. 주택 이외의 거처에 거주하는 경우도 4.7%로
2017년에 비해 상승하였다. 앞서 살펴본 바와 같이 최근 증가한
청년가구는 주로 홀로 거주하는 청년인데, 주택 이외의 거처에 거
주하는 1인 청년이 증가한 것은 주의 깊게 살펴볼 지점이다.

최저주거기준 미달 가구는 전국적으로 4.5%, 청년가구는 4.8%로
큰 차이는 없다. 다만, 청년가구 내에서의 편차가 크기 때문에 역
시 청년1인가구의 최저주거기준 미달가구 비율이 9.4%로 높다.
2010년이나 2017년에 비하면 점차 감소 중이긴 하나 여전히 다른

표 5 청년가구 주택유형 변화 (단위: %)

구분	2017년						
	단독	아파트	연립 다세대	비거주용 건물 내 주택	오피스텔	주택 이외의 거처	합계
전체가구	34.3	48.6	11.5	1.6	1.9	2.1	100.0
청년가구	30.5	50.7	12.1	1.4	3.1	2.2	100.0
청년1인	58.6	11.3	7.5	1.8	12.5	8.4	100.0
청년부부	14.1	72.6	10.6	0.9	1.5	0.2	100.0
부모동거	25.4	58.1	14.2	1.3	0.2	0.8	100.0
기타동거	47.1	28.6	14.7	3.5	3.9	2.2	100.0

구분	2021년						
	단독	아파트	연립 다세대	비거주용 건물 내 주택	오피스텔	주택 이외의 거처	합계
전체가구	30.4	51.5	11.4	1.5	3.0	2.2	100.0
청년가구	28.0	51.4	12.6	1.3	5.3	1.5	100.0
청년1인	48.0	18.9	12.0	1.6	14.7	4.7	100.0
청년부부	13.5	71.6	11.9	1.0	1.9	0.0	100.0
부모동거	20.7	64.7	12.5	1.2	0.6	0.3	100.0
기타동거	38.5	31.1	22.4	0.1	7.8	0.1	100.0

주1: 단독주택은 일반단독주택, 다가구단독주택, 영업겸용단독주택을 포함.
주2: 주택 이외의 거처는 오피스텔을 제외한 고시원, 판잣집, 비닐하우스, 컨테이너, 움막 등을 포함.
자료: 국토교통부, '주거실태조사' 각 연도의 원자료를 바탕으로 작성.

가구형태에 비해 기준미달가구 비율이 높은 점은 혼자 사는 청년
에 대한 지원이 우선순위에 높여야 함을 시사한다.

표 6 최저주거기준 미달 가구 변화

구분	2010(A) (%)	2017(B) (%)	2021(C) (%)	증감(C-A) (%p)	증감(C-B) (%p)
전체가구	10.7	5.9	4.5	-6.2	-1.4
청년가구	8.8	6.6	4.8	-4.0	-1.8
청년1인	10.5	12.3	9.4	-1.1	-2.9
청년부부	6.7	4.2	2.8	-3.9	-1.4
부모동거	8.5	4.9	2.5	-6.0	-2.4
기타동거	16.7	14.0	7.5	-9.2	-6.5

자료: 국토교통부, '주거실태조사' 각 연도의 원자료를 바탕으로 작성.

표 7 주거급여 수급가구 수 추이

구분	2010(A) (%)	2017(B) (%)	2021(C) (%)	증감(C−A) (%p)	증감(C−B) (%p)
전체가구	83.6	82.8	88.9	5.3	6.1
청년가구	84.5	81.0	88.1	3.6	7.1
청년1인	75.8	63.1	77.5	1.7	14.4
청년부부	81.3	83.7	90.8	9.5	7.1
부모동거	87.0	87.2	93.7	6.7	6.5
기타동거	84.4	71.1	84.4	0.0	13.3

자료: 국토교통부, '주거실태조사' 각 연도의 원자료를 바탕으로 작성.

주택을 보유해야 한다는 인식은 여전히 높다. 청년가구 전체적으로 88.1%이고 이는 전국 공통의 현상이다. 오히려 청년1인가구에서는 아직은 보유필요가 상대적으로 낮게 나타나 77.5%이고 부부가구가 90.8%로 높다.

현재 가구 상황을 고려할 때 주거지원 프로그램이 필요하다고 보는 경우는 청년가구가 상대적으로 높은 편이고, 청년1인가구가 더 높다. 부모와 동거하는 경우는 가장 낮은 편인데 이는 본인이 직접 주거 마련과 유지에 대한 책임에서 상대적으로 자유롭기 때문일 것으로 보인다. 필요한 정책으로는 청년1인은 전세대출 〉 월세보조 순이고, 청년부부는 구입대출 〉 전세대출 순으로 높다. 지난 기간 동안 청년1인가구와 부부가구 모두 전세대출에 대한 요구가 더 높아졌다. 2017~2021년 사이 주택가격 및 전세가격 상승이라는 여건 변화를 반영한 수요로 보인다.

표 8 정책 필요성 변화 (단위: %)

구분	2010(A)		2017(B)		2021(C)		필요성 증감(%p)	
	필요	필요 없음	필요	필요 없음	필요	필요 없음	C−A	C−B
전체가구	47.2	52.8	34.2	65.8	41.3	58.7	−5.9	7.1
청년가구	51.6	48.4	36.9	63.1	47.9	52.1	−3.7	11.0
청년1인	59.3	40.7	44.5	55.5	58.0	42.0	−1.3	13.5
청년부부	68.4	31.6	44.1	55.9	55.9	44.1	−12.5	11.8
부모동거	44.0	56.0	31.0	69.0	38.3	61.7	−5.7	7.3
기타동거	59.4	40.6	40.8	59.2	50.8	49.2	−8.6	10.0

자료: 국토교통부, ‘주거실태조사’ 각 연도의 원자료를 바탕으로 작성.

표 9 필요한 주거지원 프로그램(1순위) (단위: %)

구분	2017(A)								
	월세 보조	전세 대출	구입 대출	개량 개보수	분양 전환 공공 임대	장기 공공 임대	공공분 양	주거 상담	계
전체가구	10.4	18.7	30.1	9.5	8.0	15.0	5.9	2.5	100.0
청년가구	11.1	21.5	31.4	5.8	9.1	12.7	6.3	2.1	100.0
청년1인	26.9	28.4	15.6	0.8	9.7	11.2	6.1	1.2	100.0
청년부부	3.4	23.9	43.7	3.5	8.4	9.2	5.7	2.2	100.0
부모동거	6.2	16.2	34.7	10.0	8.9	15.0	6.5	2.5	100.0
기타동거	20.5	26.8	11.2	2.6	12.8	16.6	7.4	2.1	100.0

구분	2021(B)								
	월세 보조	전세 대출	구입 대출	개량 개보수	분양 전환 공공 임대	장기 공공 임대	공공 분양	주거 상담	계
전체가구	9.8	23.9	36.0	6.5	6.5	10.9	4.7	1.8	100.0
청년가구	11.2	29.5	34.2	4.0	5.9	9.0	4.7	1.4	100.0
청년1인	22.9	41.6	15.4	0.9	3.8	10.6	4.2	0.6	100.0
청년부부	3.8	30.3	45.7	2.1	6.9	5.5	4.7	0.8	100.0
부모동거	4.0	17.8	46.0	8.0	7.1	9.2	5.3	2.6	100.0
기타동거	19.3	27.4	24.6	2.3	6.5	15.2	3.8	0.9	100.0

구분	증감(%p) (B−A)								
	월세 보조	전세 대출	구입 대출	개량 개보수	분양 전환 공공 임대	장기 공공 임대	공공 분양	주거 상담	계
전체가구	−0.6	5.2	5.9	−3.0	−1.5	−4.1	−1.2	−0.7	−
청년가구	0.1	8.0	2.8	−1.8	−3.2	−3.7	−1.6	−0.7	−
청년1인	−4.0	13.2	−0.2	0.1	−5.9	−0.6	−1.9	−0.6	−
청년부부	0.4	6.4	2.0	−1.4	−1.5	−3.7	−1.0	−1.4	−
부모동거	−2.2	1.6	11.3	−2.0	−1.8	−5.8	−1.2	0.1	−
기타동거	−1.2	0.6	13.4	−0.3	−6.3	−1.4	−3.6	−1.2	−

주1: 주거지원 프로그램이 필요하다고 응답한 가구를 대상으로 함.
주2: 2010년은 주거지원프로그램 보기 문항 구성이 달라 시계열 비교 어려움.
자료: 국토교통부, '주거실태조사' 각 연도의 원자료를 바탕으로 작성.

3) 주거취약청년의 변화와 특성

주거취약을 정의하는 다양한 방법 중 본고에서는 경제적, 물리적, 심리적 측면에서 주거를 유지하거나 여건이 어려운 상태에 놓인 가구로 정의한다. 경제적으로는 주거비 부담이 높은 주거비 과부담가구, 물리적 측면에서는 주거 수준의 물리적 기준이 열악한 최저주거기준 미달가구와 지옥고[2] 거주 가구, 심리적으로는 주관적 주거비 부담이 높은 가구로 조작적으로 정의한다. 세부적으로는 주거비 과부담가구는 소득 대비 임대료 비율이 30% 이상인 가구, 지옥고 거주가구는 지하, 반지하, 옥탑방, 고시원 거주 가구, 주관적 주거비 과부담가구는 매월 부담하는 임차료나 대출금 상환액이 '매우 부담된다'라고 응답한 가구에 한정한다.

경제적 주거취약가구는 흔히 주거비 과부담가구로 이해된다. 2021년 기준 청년가구 중 주거비 과부담가구는 88.9만 가구이고

---

2   지옥고 거주가구는 지하, 반지하, 옥탑방, 고시원에 거주하는 가구를 의미함.

그중 수도권이 55.2만, 비수도권이 33.7만 가구이다. 대부분 청년 1인가구가 주거비 부담이 높다. 상대적으로 비수도권에 거주하는 청년이 적은 것에 비하면 주거비 과부담 청년의 분포는 수도권과 비수도권 모두에 유사하게 분포하고 있는 것이 특징이다. 즉, 주거비 지원과 같은 경제적 지원 시 수도권에 한정할 이유가 없다는 것을 시사한다.

표 10 청년가구 유형별·지역별 경제적 주거취약가구(주거비 과부담) 규모 (단위: 만 가구)

구분		2017년			2021년			2021~2017년		
		수도권	비수도권	전국	수도권	비수도권	전국	수도권	비수도권	전국
전체가구		144.6	66.7	211.3	128.1	65.9	194.1	−16.5	−0.8	−17.2
청년가구		60.1	34.9	95.0	55.2	33.7	88.9	−4.9	−1.2	−6.1
	청년1인	27.4	25.9	53.3	28.1	26.1	54.2	0.7	0.2	0.9
	청년부부	12.5	2.8	15.3	13.1	3.7	16.8	0.6	0.9	1.5
	부모동거	15.9	4.7	20.6	11.8	2.8	14.6	−4.1	−1.9	−6.0
	기타동거	4.2	1.6	5.9	2.1	1.2	3.3	−2.1	−0.4	−2.6

자료: 국토교통부, '주거실태조사' 각 연도의 원자료를 바탕으로 작성.

두 번째 물리적 주거취약 청년가구는 최저주거기준미달 가구에 더하여 지옥고에 거주하는 청년처럼 주거수준이 물리적으로 열악한 경우이다. 2021년 기준 전국 43.6만 가구로 추계되고, 그중 수도권에 32.7만, 특히 청년 1인가구가 21.0만으로 물리적 취약의 절반은 수도권에 거주하는 혼자 사는 청년이라고 해도 과언이 아니다. 이는 수도권에서 좀 더 적극적으로 주택의 최저기준 적합 정도를 제어해야 할 필요성이 높음을 시사한다. 또한 수도권에서 혼자 사는 청년의 상당수는 대학과 같은 교육의 이유이므로, 대학에서 기숙사 확충에 적극적으로 나설 수 있는 방안을 고민해야 한다.

표 11 청년가구 유형별·지역별 물리적 주거취약가구(최저주거기준미달 + 지옥고) 규모　(단위: 만 가구)

구분		2017년			2021년			2021~2017년		
		수도권	비수도권	전국	수도권	비수도권	전국	수도권	비수도권	전국
전체가구		100.1	53.8	154.0	77.1	38.4	115.5	−23.0	−15.4	−38.5
청년가구		39.3	21.1	60.5	32.7	10.8	43.6	−6.6	−10.3	−16.9
	청년1인	14.4	9.5	23.9	21.0	5.0	26.0	6.6	−4.5	2.1
	청년부부	4.7	2.4	7.1	2.9	1.7	4.6	−1.8	−0.7	−2.5
	부모동거	16.2	7.9	24.1	7.7	3.3	10.9	−8.5	−4.6	−13.2
	기타동거	4.1	1.3	5.4	1.2	0.9	2.1	−2.9	−0.4	−3.3

자료: 국토교통부, '주거실태조사' 각 연도의 원자료를 바탕으로 작성.

세 번째 심리적 주거취약은 주관적으로 주거비 과부담을 느끼는 청년가구인데, 총 86.1만에 이른다. 그중 수도권이 52.8만, 비수도권이 33.2만으로 분포하고 있고, 수도권 혼자 사는 청년이 24.1만 가구로 가장 큰 부담을 느끼는 그룹으로 나타난다. 다른 가구유형에서는 심리적 부담감이 모두 하락하였으나 오히려 청년1인가구에서만 증가한 것이 특징이다. 청년의 심리적 취약성에 대해서도 관심을 갖을 필요가 있음을 시사한다.

표 12 청년가구 유형별·지역별 심리적 주거취약가구(주관적 주거비 과부담) 규모　(단위: 만 가구)

구분		2017년			2021년			2021~2017년		
		수도권	비수도권	전국	수도권	비수도권	전국	수도권	비수도권	전국
전체가구		137.0	98.3	235.2	120.8	82.6	203.4	−16.2	−15.7	−31.8
청년가구		59.6	39.7	99.3	52.8	33.2	86.1	−6.8	−6.5	−13.2
	청년1인	18.4	12.3	30.8	24.1	13.9	38.0	5.7	1.6	7.2
	청년부부	14.2	12.1	26.3	11.1	8.6	19.6	−3.1	−3.5	−6.7
	부모동거	23.1	13.7	36.8	16.2	9.4	25.6	−6.9	−4.3	−11.2
	기타동거	3.8	1.6	5.4	1.5	1.3	2.8	−2.3	−0.3	−2.6

자료: 국토교통부, '주거실태조사' 각 연도의 원자료를 바탕으로 작성.

이제 경제적, 물리적, 심리적 주거취약 규모를 동시에 고려하면, 먼저 경제적 과부담과 물리적 기준미달을 모두 합한 가구 규모는 전국적으로 청년 125.9만 가구에 이른다. 그중 수도권이 83.1만, 비수도권이 42.8만으로 압도적으로 수도권에 집중되어 있다. 특히 청년1인가구에서 45.1만으로 주거비 부담도 높은데, 최저주거기준 미달이거나 지옥고에 거주하는 경우이다. 이런 청년 중 비수도권에 거주하는 경우도 29.8만으로 30만에 육박한다. 특히 수도권 1인청년이 지난 시기 동안 10만 가구 이상 증가한 것으로 나타나 수도권에서의 적극적인 노력이 요구된다.

표 13 청년가구 유형별·지역별 경제적·물리적 주거취약가구 규모 (단위: 만 가구)

구분	2017년			2021년			2021~2017년		
	수도권	비수도권	전국	수도권	비수도권	전국	수도권	비수도권	전국
전체가구	222.3	109.3	331.6	192.2	99.9	292.1	−30.1	−9.4	−39.5
청년가구	90.3	48.0	138.3	83.1	42.8	125.9	−7.2	−5.2	−12.4
청년1인	34.8	29.1	63.9	45.1	29.8	74.8	10.3	0.7	10.9
청년부부	16.9	5.2	22.1	15.8	5.2	21.0	−1.1	0.0	−1.1
부모동거	31.2	11.0	42.1	19.2	6.0	25.2	−12.0	−5.0	−16.9
기타동거	7.3	2.7	10.1	3.0	1.8	4.8	−4.3	−0.9	−5.3

자료: 국토교통부, '주거실태조사' 각 연도의 원자료를 바탕으로 작성.

경제적, 물리적 취약, 심리적 부담이 높은 삼중의 주거취약 중 어느 하나라도 취약한 상황에 처한 청년가구 규모는 총 191.1만 가구이다. 역시 수도권이 비수도권에 비해 두 배 정도 많고, 수도권에 거주하는 청년1인가구가 60만 가구로 가장 많다.

이러한 주거취약 중첩가구 규모 중 경제적 + 물리적 + 심리적 3중의 취약을 경험하고 있는 청년은 1.5만 가구, 경제적 취약이면서 물리적 취약인 경우는 6.5만, 경제적 취약이면서 심리적 부담이 중첩된 경우는 15.5만 가구, 물리적 취약과 심리적 취약이 중첩된 경우는 6.9만 가구이다. 2017년에 비하면 많이 감소한 상황이다. 그럼에도 불구하고 아직도 정책적으로 대응해야 하는 청년주거 취약가구가 상당한 규모라는 점은 변화가 없다.

표 14 청년가구 유형별·지역별 경제적·물리적·심리적 주거취약가구 규모   (단위: 만 가구)

구분		2017년			2021년			2021~2017년		
		수도권	비수도권	전국	수도권	비수도권	전국	수도권	비수도권	전국
전체가구		302.4	184.4	486.8	279.6	163.3	442.9	−22.8	−21.1	−43.9
청년가구		128.1	77.7	205.8	122.4	68.7	191.1	−5.7	−9.0	−14.7
	청년1인	42.8	34.6	77.5	60.0	38.9	98.8	17.2	4.3	21.3
	청년부부	27.9	16.6	44.5	25.3	12.8	38.1	−2.6	−3.8	−6.4
	부모동거	48.5	22.6	71.0	33.3	14.4	47.8	−15.2	−8.2	−23.2
	기타동거	8.9	3.9	12.8	3.8	2.6	6.4	−5.1	−1.3	−6.4

자료: 국토교통부, '주거실태조사' 각 연도의 원자료를 바탕으로 작성.

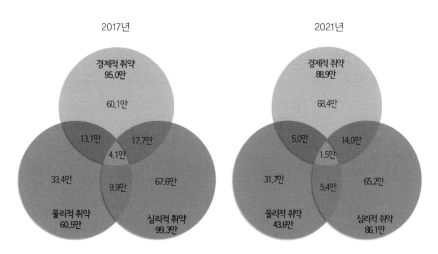

자료: 국토교통부, '주거실태조사' 각 연도의 원자료를 바탕으로 작성.

그림 1 청년가구 중 경제적·물리적·심리적 주거취약 중첩가구 규모

3. 청년주거지원정책 현황

1) 청년정책 기본계획

청년을 위한 주거지원은 청년정책 기본계획을 통해서 확인할 수 있다. 제1차 청년정책 기본계획이 수립된 이후 수정과 2023년 시행계획을 통해, 그리고 국정과제 이행을 위한 작업이 진행 중이다. 2023년도 중앙정부의 청년정책 기본계획과 시행계획을 정리하면 아래의 표와 같다. 청년정책 기본계획은 크게 5가지 분야로

표 15 2023년도 중앙부처 청년정책 시행계획 주요 추진 목표

분야	기본계획 수정(~'25)	'23년 시행계획
일자리	· 청년 맞춤형 고용서비스 강화 (매년 일경험 프로그램 8만+α 지원 등) · 청년친화적 공정 고용문화 확립	· 청년 일경험 8.4만 명 지원 · 재학생, NEET 청년 등 맞춤형 고용서비스 제공 · 다양한 분야의 민간·공공 일경험 확대 ·「공정채용법」전면개정 추진
주거	· 공공분양과 공공임대 등 청년 맞춤형주택 균형 공급(~'27년, 58만호) · 청년 43.5만 가구 주거비 부담 완화	청년주택 11.3만호 공급(분양 5.3+임대 6.0만호) 청년대상 초장기 모기지(최대 50년) 지원 전세사기 예방 및 피해지원
교육	· 미래사회 선도 디지털 100만 인재 양성 · 교육격차 해소로 교육 접근성 강화 · 지역혁신 인재 양성을 위한 지자체·산·학·연 협업체계 강화	· 5대 핵심 첨단분야 인재양성방안 마련 * 미래모빌리티, 바이오헬스, 첨단부품·소재 등 · 교육과 일자리 연계한 맞춤형 역량강화 지원, 대학의 역할 강화
복지·문화	· 청년도약계좌 신설로 청년의 중장기 자산형성 지원 확대 · 취약청년 긴급사금: '25년까지 1소 원 시원 · 고립·은둔청년 등 취약청년 발굴·지원 강화로 복지 사각지대 해소	· 청년도약계좌 신설('23.6) 및 청년병사 목돈마련 등 자산형성 지원 · 자립준비청년, 가족돌봄청년, 고립·은둔청년 등 지원체계 구축
참여·권리	· 원칙적으로 모든 정부위원회를 청년 참여위원회로 지정 · 청년친화도시 지정 등 청년 친화적 사회기반 조성	· 청년참여 위원회 확대 지정 · 청년보좌역 및 2030자문단 대폭 확대(現 9개 부처 → 장관급 24개 부처) · 청년정책 중앙지원센터 설치·운영 · 온라인 청년정책 통합시스템 운영 · 청년지표 신규 개발 및 청년친화도시 지정을 위한 방안·매뉴얼 마련

자료: 관계부처 합동. 2023 청년정책 시행계획

구분되고, 일자리, 주거, 교육, 복지·문화, 참여·권리 중 주거분야에서 청년 지원이 구체화된다. 2023년도 시행계획에서는 청년주택 11.3만호 공급(분양 5.3만호와 임대 6.0만호), 청년대상 초장기 모기지(최대 50년) 지원, 전세사기 예방 및 피해지원이 명시되어 있다.

이번 정부의 청년정책 기존에 따라 기존의 임대주택 중심 지원에서 내집 마련 단계까지 주거정책을 확대하여 주거 사다리를 복원하려는 것이 주요한 변화이다.

표 16 정부 청년정책 기조

분야	윤석열 정부 청년정책 기조		
일자리	정부주도 단기 일자리 정책	⇒	민관 협업, 청년 맞춤형 고용서비스 및 양질의 일자리 창출 지원
주거	임대주택 중심	⇒	내집 마련 단계까지 주거정책 확대 주거 사다리 복원
교육	인재양성 체계공급자 중심	⇒	미래 산업수요에 대응하여 수요자 중심으로 전환
복지·문화	저소득층 중심 지원	⇒	소외되는 청년 없는 두터운 복지
참여·권리	형식적 참여보장	⇒	권한부여 등 실질적 참여기회 확대

자료: 관계부처 합동. 2023 청년정책 시행계획: 중앙행정기관. p.7.

지난 2021년 처음으로 청년정책 기본계획이 수립되고 2021년, 2022년 시행계획에서 중점추진한 내용을 살펴보면 2023년 시행계획의 차이를 확인할 수 있다.

표 17 22년까지 중앙부처 청년정책 시행계획 주요 추진 목표

분야	기본계획('21~'25)	'21년 시행계획	'22년 시행계획
일자리	· 청년 구직자 128만 명＋a 지원 · 일하는 모든 청년 고용보험 가입	· 청년구직자 101.8만 명＋a 지원 · 특고 직종 고용보험 확대 적용 및 추가발굴	· 청년구직자 62.5만 명+a 지원 · 민관협력 청년 일자리 창출 및 취업역량
주거	· 청년주택 27.3만호 공급 · 청년 40만 명 전월세 자금 대출 지원	· 청년주택 5.4만호, 기숙사 0.6만실 · 청년 8만 명 ＋a 전월세 자금 대출	· 청년주택 5.4만호 공급 · 청년 9만 명 대출지원+ 월세 특별지원 15.2만 명
교육	· 저소득층 대학등록금 부담 제로화 · 신산업 핵심인재 10만 명 양성	· 저소득층 장학금 지원 강화 · 혁신공유대학 8개 컨소시엄 지정, 프로그램 운영	· 서민·중산층 가구 실질적 반값등록금 실현 (94만 명) · 수요 맞춤형 인재양성 계획 수립('22.上)
복지·문화	· 희망저축계좌 10만 명 지원 등	· 청년저축계좌 등 1.8만 명 지원	· 청년내일 저축계좌(10.4만 명), 청년희망적금, 청년형 소득공제 장기펀드 등
참여·권리	· 청년참여 정부위원회 30% 지정 등	· 청년참여 위원회 비율 확대	· 청년인재 DB구축 · 온·오프라인 청년정책 인프라 구축 등

자료: 관계부처 합동. 2022 청년정책 시행계획: 중앙행정기관. p.10.

2) 예산규모와 주요 사업 내용

청년정책 예산규모는 총 25.4조 원이고 390개 사업으로 구성되어 있다. 분야별로는 일자리의 과제수가 가장 많고, 사업 예산규모로는 주거분야가 가장 높다. 이는 주택 공급의 단위당 단가가 높은 것에 기인한다.

표 18 23년 청년정책 분야별 과제수 및 예산 순위

과제수	1	2	3	4	5
과제수	일자리 (37.4%)	교육 (31.3%)	복지문화 (12.1%)	참여권리 (11.5%)	주거 (7.7%)
예산	주거 (41.0%)	교육 (27.9%)	일자리 (23.0%)	복지문화 (7.8%)	참여권리 (0.3%)

주거분야는 390개 과제 중 30개 과제로 구성되어 있으며 예산은 10.4 조 원이 배정되어 있다. 2021년 이후 분야별 예산 변화를 보아도 8.7 조 원에서 8.8조 원 등 지속 상상 중이다. 총 예산이 증가하는 것 이상 으로 증가하고 있어 주거분야 중요도가 반영된 결과로 해석된다.

표 19 2023년 청년정책 시행계획 분야별 과제수 및 예산 규모

분야	과제수	'21년 예산 (억 원)	'22년 예산 (억 원)	'23년 예산 (억 원)	(비중, %)
합계	390	238,338	246,493	252,178	(100.0)
일자리	146	82,197	77,496	58,344	(23.0)
주거	30	87,039	88,380	104,201	(41.0)
교육	122	56,793	67,523	70,960	(27.9)
복지·문화	47	11,623	12,219	19,786	(7.8)
참여·권리	45	685	874	888	(0.3)

자료: 관계부처 합동. 2023 청년정책 시행계획: 중앙행정기관.

그러나 세부적으로 주거분야 내의 주요 세부사업별 예산은 청년 주택 공급에 약 60%, 전월세 비용 지원에 40% 등으로 양분된 양상 이다. 주거취약 청년에 대한 집중지원은 8개 과제임에도 불구하 고 52억 원에 불과하다.

표 20 중앙부처 청년정책 주거분야 내 예산 규모

분야		과제수	'22년 예산(억 원)	'23년 예산(억 원)	(비중, %)
청년정책 총계		390	246,493	284,178	
주거분야 소계		30	88,380	104,201	(100.0)
	1.청년주택공급 확대	10	53,070	61,417	(58.9)
	2.청년전월세 비용경감	8	35,280	42,653	(40.9)
	3.주거취약 청년 집중지원	8	–	52	(0.05)
	4.청년친화형 주거모델 보급	4	231	79	(0.08)

자료: 관계부처 합동. 2023 청년정책 시행계획: 중앙행정기관.

청년주택공급 확대 사업은 청년층에게 공공분양주택(2023년 5.3만호)과 공적임대주택(2023년 6.0만호)를 공급하는 것이 주요 내용이다. 공공분양주택은 나눔형이 4.1만호, 일반형이 1.2만호로 구성되어 있다.[3] 공적임대주택은 통합공공임대 1.2만호, 매입임대 2.1만호, 전세임대 1.8만호, 공공지원 민간임대 0.9만호를 목표로 하고 있다. 청년을 위한 특별공급, 추첨제 등 청약제도를 개편하고 분양가의 80%까지 청년전용 모기지를 신설하여 청년층 자가마련을 용이하게 하려는 것이 목표이다.

두 번째 사업인 청년전월세 비용 경감은 주거급여 분리지급, 월세 특별지원, 청년 전용 전월세 대출 프로그램 운영 등으로 구성되어 있다. 또한 전세금 반환보증 가입 보증료를 할인하고 초장기 정책 모기지를 공급하는 것이다. 주요한 프로그램과 지원대상, 지원내용을 정리한 것이 아래의 표이다.

표 21 청년주거비 경감 프로그램

	지원대상	지원내용 / 대출조건
청년주거급여 분리지급	기준중위소득 47% 이하	1인가구 기준 16.4~33.0만 원
청년 월세 특별지원	가구소득 중위100% 이하 & 본인소득 중위 60% 이하	월 최대 20만 원
청년 버팀목 전세대출	전세보증금 3억 원 이하	대출한도 2억 원, 금리 1.5~2.1%
중기청년 전세대출	전세보증금 2억 원 이하	대출한도 1억 원, 금리 1.2%
청년 보증부 월세대출	보증금 5천만 원 이하 월세 70만 원 이하	보증금 3,500만 원; 1.3% 월세 50만 원; 0~1%

....

3 　나눔형은 도시근로자 월평균소득 140% 이하, 시세 70% 이하로 거주(5년)후 공공환매(차익 70% 귀속)하는 방식이고, 일반형은 추첨제로 청년층 참여기회를 확대한 것인데 시세의 80% 수준에서 공급 예정이다.

세 번째는 주거취약청년지원인데, 여기에는 고시원·반지하 등 거주자의 주거상향지원, 취약 주거지 근본적 개선, 청년 임차인 보호 강화 등으로 구성되어 있다. 주거취약계층의 임대주택 입주 정착 지원 활성화를 위해 주거상향 지원사업 추진 지자체 센터를 확대('22년 21개 → '23년 24개 이상)하고, 자립준비청년 대상 공공임대주택 2,000호 우선공급 및 전세임대 무상지원 기간을 확대(만 20세 → 22세 이하, '23년 지침개정)하는 것이 주요 내용이다. 또한 불법 대수선(가구분할, 일명 '방쪼개기') 등 집중단속을 위해 불법건축물 감독관 제도개선 방안과 법적 근거를 마련하려는 것이다. 이행강제금을 상향하거나 현장조사 거부 시 과태료 신설 등 개선안 마련을 예정했다. 또한 청년 임차인 보호 강화를 위한 대학가 등 청년 다수 거주지역 등에서 부동산 허위매물 및 공인중개사 규정 준수여부에 대한 단속·점검 등을 계획했다.

4. 나가며

과연 청년들은 자신의 자가마련 가능성을 어떻게 인식하고 있을까? 2030 미혼 청년을 대상으로 한 조사[4]에서 내집 마련 필요성과 가능성에 대한 결과를 보면 흥미롭다. 아무런 제약조건 없는 질문으로 내집 마련 필요성을 물었을 때 76.9%가 필요하다고 응답하였다. 그러나 10년 후 자신의 소득과 자산을 고려할 때의 내집 마련 가능성을 질문한 결과 그 가능성은 42.6%로 현저히 낮아졌

----

4   국토연구원. 2021. 주거정책연구센터 2030 미혼청년주거정책 인식조사 결과.

다. 특히 부모 도움이 불가능하고 내집 소유 필요성이 낮다고 답
한 청년들이 느끼는 내집 마련 가능성은 더 낮아져 23.1%까지 하
락하였다. 우리 사회에서 청년이 인식하는 내집 마련 가능성에
여러 가지 조건이 더해지고 있음을 엿볼 수 있다.

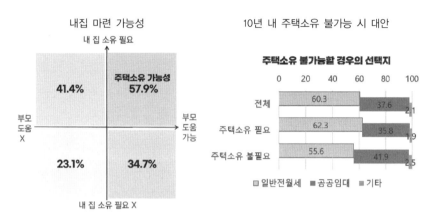

자료: 박미선 · 조윤지(2022) 2030 미혼 청년의 주거여건과 주거인식. 국토이슈리포트.

그림 2 내집 마련 가능성과 대안적 주거

내집이 아니어도 어딘가에 거처가 필요할 것인데, 10년 내 만일
내주택을 소유하는 것이 불가능할 때 대안으로 일반적인 전월세
를 택할 것인지 공공임대를 택할 것인지에 대한 선택에서 놀랍게
도 6:4 정도의 비율이 도출되었다. 특히 주택소유가 불필요하다
고 인식한 청년은 공공임대주택을 선택지로 꼽은 경우가 42%에
육박할 정도로 높았다. 청년의 공공임대 주택에 대한 인식이 변
화하고 있는 것으로 보인다.

이러한 공공임대주택 장단점은 명확하다. 저렴한 주거비와 안정
적 거주, 임차인 보호 등이 장점으로 두드러지고, 대신 단점은 다

양하다. 입주가격의 제한, 면적 등이 작아 선택지가 적은 점, 부정적 사회인식, 높은 경쟁률 등이 고르게 지적되고 있다. 어느 하나에 치우친 것이 아닌 모든 점에서 복합적인 개선이 필요함을 시사한다.

자료: 박미선·조윤지(2022) 2030 미혼 청년의 주거여건과 주거인식. 국토이슈리포트.

그림 3 공공임대주택의 장점과 단점

앞서 살펴본 바와 같이 청년들의 다양한 주거취약은 경제적, 물리적, 심리적으로 나타나고 있다. 시간이 경과하면서 청년이 혼자 독립하는 경우가 증가하고 있다. 문제는 혼자 독립하여 거주하는 청년 중 취약한 상황에 놓인 청년이 계속 증가하고 있다는 것이다. 경제, 물리, 심리적으로 주거취약이 점차 감소하는 추세임에도 불구하고 유일하게 청년1인가구, 그리고 수도권에 거주하는 경우에 물리적 주거취약이 지속증가 추세이다. 단, 경제적 주거과부담은 수도권과 비수도권 모두에서 혼자 사는 청년이 상당한 규모로 존재하고 있음을 확인할 수 있었다. 그러나 청년주거지원을 위한 계획을 보면, 취약청년의 여건 개선보다는 자가마련쪽으로 선회하면서 40년, 50년 등 초장기 모기지를 도입하여 자가시장으로 진입하는 장벽을 낮추는 데 많은 노력을 기울이고 있다. 물론 이렇게 자가시장 진입을 희망하는 청년도 상당하다. 대다수 청년의 주거문제가 자가로 진입함으로써 해결되는 것이 아닌 상황임을 인지한다면, 민간임대차 시장에서의 주택의 질적 수준에 대한 제어가 필요하다. 최소한의 기준을 만족시키지 못하거나 지옥고와 같은 거처에 거주하는 청년의 주거 여건을 기본적인 수준으로 올리는 일이다. 여전히 앞으로 할 일이 많다. 향후 지속적으로 청년주거문제 완화를 위해 어떤 방향의 정책 확장이 필요한지에 대한 깊은 논의가 지속되길 기대한다.

:: 참고문헌

관계부처 합동(2023), 「2023 청년정책 시행계획」.

국토교통부, 각년도, 주거실태조사.

박미선·조윤지(2022), 「2030 미혼 청년의 주거여건과 주거인식」. 국토이슈 리포트. 국토연구원.

박미선·조윤지(2022), 「청년가구 구성별 주거여건 변화와 정책 시사점」. 워킹페이퍼. 국토연구원.

박미선(2023), 「청년주거안정 방안 간담회 발표 자료」. 국민통합위원회 발표 자료.

청년주거안정을 위한
주택금융의 중요성과 과제

김덕례
(주택산업연구원 주택연구실장)

청년주거 안정을 위한 주택금융의 중요성과 과제[1]

1. 들어가며

청년은 누구인가. 청년은 우리 사회에서 어떠한 존재인가. 「청년 기본법」상 청년은 19세에서 34세를 지칭한다. 흔히 2030세대라고 일컬어지고 있다. 주민등록인구 통계를 토대로 살펴보면 2023년 말 기준으로 우리나라 청년인구는 약 1,000만 명에 이른다. 전체 인구의 19.6%에 해당하는 수준이다. 이들은 서울(23.6%), 인천 (20.2%), 경기(20.3%), 대전(21.8%), 광주(20.9%) 등 수도권과 대도 시 지역에 주로 많이 살고 있다.

오늘날 청년세대는 치열한 경쟁 속에서 취업난과 함께 주거비 상 승으로 인한 어려움을 겪고 있다. 이러한 사회적 풍토는 비혼과 만혼으로 이어지고, 저출생이라고 하는 국가적 문제로까지 확장

1 　2021년 자치분권형 서울주거복지포럼(9월3일)에서 발표한 「청년가구의 주택금융지원 현황과 과제」와 2022년 한국주거복지포럼(7월20일)에서 발표한 「청년층 주거지원을 위한 주택금융의 과제」를 토대로 보완하여 작성하였다.

되고 있다. 청년기는 청소년기를 지나 중년기에 접어들기 전에 자신의 삶을 유지하고 독립된 가구를 형성하기 위한 준비기로 볼 수 있다. 직장을 잡고 결혼을 하고 아이를 낳으면서 한 가족을 구성해 서서히 중년기의 삶으로 이행하는 과정이라고 할 수 있다. 생애주기적 관점에서 안정적인 청년기는 매우 중요하다. 그러나 현대사회에서 청년기의 삶은 점점 어려워지고 있다.

학비, 생활비, 주거비(월세, 보증금 등) 등을 위한 자금마련이 쉽지 않다. 뚜렷한 직장을 갖지 못한 경우도 많아 금융권으로부터 안정적인 대출을 받기 어려운 경우도 많다. 부모님이나 지인의 도움으로 필요한 자금을 융통하기도 하지만, 이마저 어려운 청년들은 금융사각지대로 내몰리고 있는 실정이다. 금융정보는 물론 주거선택에 있어 올바른 정보에 대한 접근성도 낮아 쉽게 피해대상이 되기도 한다. 최근 인천에서 시작된 전세사기의 피해자 상당이 청년층이였던 점을 보면 청년층이 얼마나 취약한 상황에서 살아내고 있는지 짐작할 수 있다.

가족문화가 달라지고 비혼과 만혼이 늘어나면서 청년 독신가구들이 늘고 있다. 구직 기간이 길어지면서 안정적이고 지속적인 소득기반을 마련하지 못해 결혼, 출신, 가구형성 등을 위한 초기 자산형성도 점점 어려워지고 있다. 초기 자산형성의 지연은 다시 비혼·만혼으로 이어지는 사회적 악순환이 반복되고 있는 것이다. 청년들이 결혼을 하지 않는 이유 중에서 중요한 한 가지가 집 때문이다. 주거비 상승은 청년층의 초기 자산형성을 어렵게 할 뿐만 아니라 내집 마련의 꿈을 포기하게 한다. 때로 높은 월세나 보증금을 감당하기 위해 또 다른 빚에 의존하기도 한다.

사회적으로 청년들이 안정적인 중년기로 이행할 수 있도록 해야 한다. 적정한 주택을 마련하고 안정적인 직장을 기반으로 행복한 생활을 영위할 수 있도록 하여 아이를 낳고 가정을 꾸릴 수 있도록 세심한 관심을 가져야 한다. 그래야만이 지속가능한 한국사회가 유지될 수 있기 때문이다.

전국경제인연합회가 연령대별 체감실업률과 연령대별 체감물가상승률을 고려하여 생산하고 있는 〈세대별 체감경제고통지수〉 추이를 보면, 청년세대의 체감경제고통지수가 가장 높다. 다른 세대에 비해 체감경제고통지수가 1.5~2배에 이를 정도로 청년들이 느끼고 있는 경제적 고통이 매우 큰 실정이다.

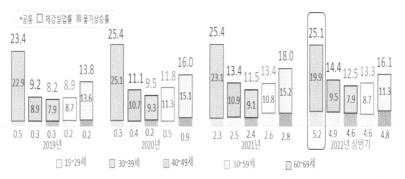

주: 연령대별 체감실업률과 연령대별 체감물가상승률(연령대별 소비지출 비중을 가중치로 두고 지출목적별 소비자물가지수를 가중평균한 후 전년(동기)대비 상승률 계산)을 합하여 계산(소비자물가지수 기준연도: 2020년).

자료: 통계청 「경제활동인구조사」, 「가계동향조사」, 「소비자물가조사」.
*전국경제인연합회, 2022.11, 세대별 체감경제고통지수 추이 재인용.

그림 1 세대별 체감경제고통지수

청년들에게 묻는다. 집이 의미, 행복한 삶을 위한 요건, 사회에서 중요한 가치가 무엇인지. 각자 다른 생각을 가지고 있겠지만, 보통의 청년들이 어떤 생각을 가지고 세상을 대하는지 잘 알아야 한다. 그들의 시선에 맞춰 정책을 마련해야 하기 때문이다. 2021년에 통계청에서 청년들에게 질문을 던진다. 그 결과를 '청년사회경제실태조사'로 발표했다. 실태조사에 나타난 우리나라 청년들의 생각을 살펴보고, 청년들에게 주워지고 있는 금융지원 프로그램들을 살펴보고자 한다. 청년들이 안정적인 중년기로 이행하기 위해 우리 사회가 주거와 금융부문에서 청년을 어떻게 대해야 할지 살펴보고자 한다.

2. 청년의 사회적 인식과 집

1) 청년이 생각하는 행복한 삶을 위한 요건

행복한 삶을 위한 요건은 무엇이라고 생각합니까. 재산 · 경제력, 화목한 가정에서부터 꿈 · 목표의식에 이르기까지 열 가지에 해당하는 예시를 제시하여 각자가 생각하고 있는 행복한 삶을 위한 요건과 그러한 요건을 어느 정도 갖추고 있는지 묻는다.

청년들이 행복한 삶을 위해 가장 중요하게 생각하는 요소는 재산·경제력이다. 전체 응답자의 23.6%를 차지하고 있다. 그 뒤를 이어 화목한 가정이 20.2%로 높다. 건강에 대한 중요도 인식은 17.9%로 비교적 높은 편이지만, 청년들에게 중요하다고 강조하는 자아성취(9.2%)와 꿈·목표의식(8.9%)은 10%도 되지 않는다. 직장생활도 6.7%에 불과하다. 결국 청년들은 행복한 삶을 위해 화목한 가정과 재산·경제력이 다른 어떤 요건보다 중요하다고 보고 있다는 사실을 알 수 있다. 어른세대가 청소년·청년들에게 중요하다고 강조하고 있는 사회적 가치와 청년들이 중요하다고 생각하고 있는 가치가 다르다는 것이 우리 사회에서 어떠한 의미를 주는 것인지 깊이 생각해봐야 한다.

재미있는 것은 화목한 가정이 행복한 삶을 살아가는 데 있어 중요한 요건이라고 생각하는 비중이 나이가 들면서 증가한다는 것이다. 20대까지는 재산·경제력을 더 중요하게 생각하지만, 30대에 접어들면서 화목한 가정을 중요시하는 인식이 높아진다.

표 1 청년이 생각하는 행복한 삶을 위한 요건

구분	재산 경제력	화목한 가정	자아 성취	건강	감사 긍정 태도	종교 생활	직업 직장	연인 이성	친구 대인 관계	꿈· 목표 의식
계	23.6	20.2	9.2	17.6	6.9	0.7	6.7	1.1	5.1	8.9
만18~24세	24.3	16.7	9.6	16.2	4.9	1.0	6.0	1.7	7.5	12.1
만25~29세	22.9	17.6	10.7	17.3	9.1	0.7	8.2	0.6	4.7	8.2
만30~34세	23.4	27.4	7.2	19.8	6.9	0.1	6.1	1.0	2.5	5.6

행복한 삶을 위한 요건을 어느 정도 갖추고 있는가에 대한 질문에 대해 청년 49.2%는 긍정적인 대답을 한다. 부정적인 대답을 한 청년(23.1%)에 비해 2.1배에 많다. 부정보다 긍정이 높아 다행이라고 할 수 있다. 그러나 연령대별로 보면 우려되는 지점이 보인다. 만 18~24세의 청년초기일수록, 남자일수록, 학력이 낮을수록 부정의 응답률이 높다. 즉 행복한 삶의 요건을 갖추고 있지 않다는 생각이 타 계층에 비해 더 높다는 의미로, 사회초년기에 겪는 어

표 2 행복한 삶을 위한 요건을 갖추고 있는 수준에 대한 청년 인식 (단위: %, 배)

구분		전혀 그렇지 않다①	그렇지 않다②	보통 이다③	그렇다④	매우 그렇다⑤	부정 ①+②	긍정 ④+⑤	부정에 대한 긍정의 비 (긍정/부정)
전체	계	5.0	18.1	27.7	44.2	5.0	23.1	49.2	2.1
성별	남자	5.4	19.7	28.8	41.5	4.6	25.1	46.1	1.8
	여자	4.5	16.3	26.6	47.1	5.5	20.8	52.6	2.5
연령별	만18~24세	7.3	20.0	29.4	39.0	4.3	27.3	43.3	1.6
	만25~29세	4.6	18.1	27.5	44.4	5.4	22.7	49.8	2.2
	만30~34세	2.5	15.7	25.7	50.6	5.5	18.2	56.1	3.1
지역별	수도권	5.6	18.3	27.2	44.2	4.7	23.9	48.9	2.0
	비수도권	4.2	17.8	28.4	44.3	5.3	22.0	49.6	2.3
학력별	고졸 이하 /대학 재학	6.8	19.2	27.7	41.6	4.7	26.0	46.3	1.8
	대졸 이상 (대학원생)	3.3	17.1	27.8	46.5	5.3	20.4	51.8	2.5

려움이 크다고도 해석할 수 있다. 우리 사회가 사회초년생에게 좀 더 관심을 가져야 하는 이유이기도 하다.

2) 청년이 생각하는 집의 의미와 주거문제 발생 원인

집에 대한 생각을 묻는다. 안전하게 보호받는 공간, 자산 증식을 위해 중요한 수단, 사회적 지위를 나타내주는 공간 등 사회적으로 퍼져 있는 다양한 생각들에 대해 청년들의 생각을 들여다 본다.

> **Q. 집의 의미가 무엇이라고 생각하십니까?**
> ① 안전하게 보호받는 공간　　　　② 휴식의 공간
> ③ 가족과 함께하는 공간　　　　　④ 나만의 사적인 공간
> ⑤ 생리위생 및 세탁, 식사를 위한 공간 ⑥ 자산 증식을 위한 중요한 수단
> ⑦ 사회적 지위를 나타내주는 공간　 ⑧ 기타

집을 가족과 함께하는 공간이라는 생각을 가진 청년 비중이 26.6%로 가장 높다. 그 뒤를 이어 휴식공간 24.5%, 안전하게 보호받는 공간 23.4%를 차지한다. 즉 청년들은 집이라는 공간에 대해 70% 정도가 가족과 함께하면서 안전하게 휴식하는 공간이라는 생각을 갖고 있다고 볼 수 있다. 자산 증식을 위해 중요한 수단이라는 생각은 5.6%정도를 차지하고 있다.

청년들이 집을 마련하고자 하는 이유를 생각해 볼 필요가 있는 지점이다. 최근 영끌이라는 사회적 단어가 풍자하듯이 청년들이 집을 구입하는 현상을 부정적인 측면에서 보는 시각이 크다. 설문조사 결과에서 보듯이 청년들은 다양한 의미로 집을 생각한다.

그렇기에 청년들의 주택마련을 편향된 시각으로 진단하는 것은 지양해야 한다.

집에 대한 청년들의 생각은 연령대에 따라서 상당히 다른 양상을 보이고 있다. '가족과 함께 하는 공간'이라는 인식에 대해 만18~19세 때에는 8.4%로 매우 낮다. 20대에는 17~18%까지 증가하고, 30대에 들어서면서 34.6%까지 증가한다. 반면에 '나만의 사적 공간'이라는 인식에 있어 20대 초반까지는 20%를 상회할 정도로 높은 수준을 보인다. 20대 후반에 들어서면 17%로 낮아지고, 30대에 들어서면 9.5%로 떨어진다. 즉 30대 결혼기로 접어들면서 집에 대한 생각도 달라지고 있음을 알 수 있다. '자산증식을 위한 중요한 수단'이라는 인식은 20대보다는 30대로 들어서면서 높아진다.

이처럼 집이라는 공간에 대한 생각은 청년일지라도 연령대에 따라서 조금씩 다르다. 주택을 공급하는 과정에서 연령대별로 상이한 집에 대한 가치를 어떻게 반영할 것인가에 대한 정책적 고민이 필요한 이유이기도 하다.

표 3 청년이 생각하는 집의 의미

구분	안전하게 보호받는 공간	휴식공간	가족과 함께하는 공간	나만의 사적공간	생리위생 세탁, 식사를 위한 공간	자산 증식을 위한 중요한 수단	사회 지위를 나타내는 공간
계	23.4	24.5	26.6	14.1	3.7	5.6	2.1
만18~19세	25.3	29.8	8.4	26.0	4.0	5.8	0.7
만20~24세	22.8	26.5	17	22.9	5.4	4.2	1.2
만25~29세	25.5	28.0	18.7	17.0	4.1	4.8	1.9
만30~34세	22.4	21.6	34.6	9.5	2.9	6.5	2.5

청년세대를 비롯해 신혼부부의 주거문제가 커지면서 비혼과 만혼으로 이어지고 있다. 이는 저출생, 고령화의 문제를 가속화시키는 원인이기도 하다. 평생직장의 고용개념이 무너지면서 안정된 직장을 기반으로 한 생활이 점점 어려워지고 있다. 월급을 저축하고 융자를 받아서 청약제도를 통해 집을 마련하던 전통적인 한국시스템이 붕괴되고 있는 것이다. 게다가 청년층의 주거소비 단위도 커지고 있다. 단칸방에서 시작해, 월세–전세–내집 마련의 전통적인 한국식 주거사다리는 사라지고, 아파트 전세를 선호하는 거주양식이 확산되면서 필요한 주거자금 단위가 커지고 있다. 여성의 경제활동 및 사회참여 확대는 출산 · 양육을 회피하는 사회현상으로 이어지고 있으며, 이러한 사회 여건 변화로 인해 청년주거문제는 더 심각해지고 있는 실정이다.

청년기와 결혼기의 주거문제는 저출생에 따른 인구감소문제와 안정적인 사회구조 기반 마련 차원에서 우리 사회가 해결해야 하는 큰 과제이다. 청년기에 어떠한 주거문제에 부딪히는지, 어떠한 주거특성을 가지고 어떠한 주거지원을 요구하고 있는가에 대한 세심한 관찰이 매우 중요하다.

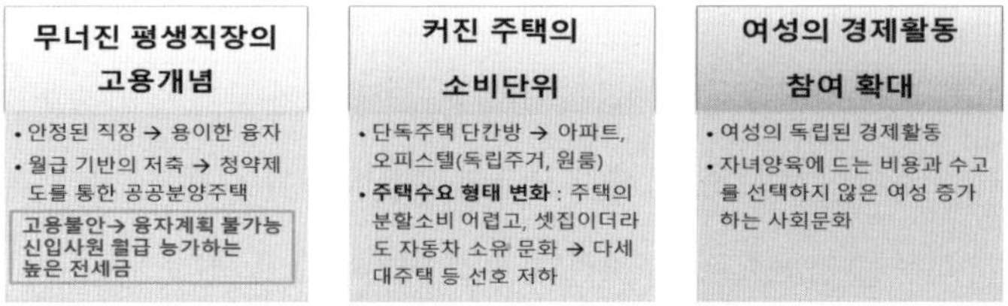

자료: 조주현(2012.8), 신혼부부의 주택문제, 한국감정원 부동산포커스 에세이, pp.2~3.

그림 2 청년·신혼부부의 주택문제 발생원인

3) 청년이 살고 있는 모습과 주거보유의식

행복한 삶의 중요한 요건을 재산·경제력, 화목한 가정이라고 생각하는 청년들은 연령대에 따라서 집에 대한 생각도 조금씩 달라진다. 그 이유는 청년들의 삶의 형태가 달라지고 있기 때문일 것이다.

만 18~24세의 청년은 대학생이거나 사회초년생이다. 만 25~29세는 직장생활을 하면서 사회인의 역할을 담당하고 있을 것이며, 만 30세에 이르면 사회초년생을 벗어나 결혼을 준비하거나 신혼일수도 있을 것이다. 결혼을 했다면 아이를 낳아 가정을 이루고 있을 수도 있다. 삶의 형태가 달라지면 집에 대한 생각도 달라질 수있다.

생애주기 관점에서 보면, 청년가구는 20대 접어들면서 청약저축이나 대출이 필요하고 전월세 임차자금 대출을 필요로 한다. 20대 초반에 가족을 형성하면 주택마련자금이나 자녀양육비 등도 필요해 진다. 30대 하반이 되면 자녀양육에 필요한 학자금이나 주택

마련자금 등의 금융지원이 필요하다. 이처럼 청년기는 중장년기로 넘어가기 위한 생애주기적 단계로 이들이 필요로 하는 금융은 삶과 유기적인 연결성을 갖고 있다.

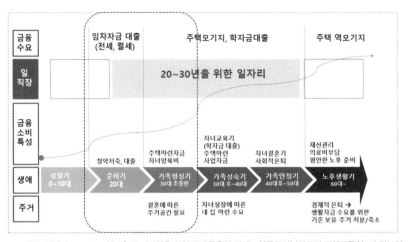

자료: 김덕례, 2022.7. "청년층 주거지원을 위한 주택금융의 과제", 한국주거복지포럼 정책토론회: 신 정부의 주택정책 변화에 따른 주택금융의 역할 재인용.

그림 3 생애주기와 금융소비특성

청년들의 46.8%는 아파트에 산다. 우리나라는 아파트가 많기 때문에 당연한 결과다. 그 다음으로 다세대·빌라 25.3%, 원룸·다가구 13.4% 순이다. 오피스텔에서도 4.4%가 살고 있다. 다양한 주택유형에서 살고 있지만, 청년 연령대에 따라서 확연히 다른 양태를 보인다. 20대 초반까지는 아파트 못지않게 원룸·다가구에서 많이 산다. 오피스텔에서도 8.8%가 살고 있다. 20대 후반이 되면 원룸·다가구는 17.7%까지 크게 낮아지고 다세대·빌라 거주율이 30.9로 크게 증가한다. 오피스텔도 4.0%로 낮아진다. 즉 같은 20대라할지라도 사는 주택의 형태가 달라지는 것이다. 30대에 들어서면 원룸·다세대와 오피스텔의 거주율은 5.2%, 3.4%로 크게 감소한다. 다세대·빌라 거주율도 25.0%로 감소한다. 반면에 아파트 거주율은 54.6%로 크게 증가한다.

청년도 아파트 거주율이 가장 높다. 20대 초반에는 원룸·다가구와 오피스텔에 많이 거주하지만, 20대 후반에는 다세대·빌라, 30대에는 아파트 거주율이 큰 폭으로 증가한다는 것을 알 수 있다. 따라서 원룸·다가구와 오피스텔 등은 20대 초반의 사회초년생들이 주로 많이 거주하는 주택양식으로 나이가 들수록 거주율이 낮아지는 점을 고려하여 청년을 위한 주택공급시 원룸, 오피스텔은 한시적으로 거주하는 주거형태임을 알고 정책을 마련해야 한다.

표 4 청년이 살고 있는 주택유형

구분	원룸 다가구	아파트	다세대 빌라	오피 스텔	기숙사	단독 주택	고시원	기타
계	13.4	46.8	25.3	4.4	0.2	9.0	0.1	0.8
만 18~24세	32.7	38.2	15.1	8.8	1.5	3.7	0.0	0.0
만 25~29세	17.7	37.7	30.9	4.0	0.0	9.1	0.3	0.3
만 30~34세	5.2	54.6	25.0	3.4	0.0	10.5	0.0	1.3

청년은 전세로 가장 많이 살고 있으며, 그 다음으로 보증부월세로 많이 살고 있다. 자가로 살고 있는 청년도 20.0%에 이른다. 즉 무상으로 살고 있는 4.3%와 자가로 살고 있는 20.0%의 청년을 제외하면 75.7%는 청년 임차인으로 살고 있는 것이다. 따라서 청년 주거는 임차시장 상황을 잘 살피는 것이 매우 중요하다. 전세와 보증부월세방식으로 대부분 살고 있는데, 연령대에 따라서 20대 초반에는 전세보다 보증부월세로 많이 살고 있다. 61.7%가 보증부

월세로 살고 있기 때문에 20대 초반의 사회초년생들에게는 보증금과 월세에 대한 주거비정책이 매우 중요하다. 30대에 들어서면 46.4%는 전세로, 28.7%는 자가로 산다. 즉 30대는 집을 마련할 수 있는 구입지원정책과 전세로 살 수 있도록 해주는 방법이 중요하다.

표 5 청년이 살고 있는 점유방식

구분	자가	전세	보증부 월세	비보증부 월세	사글세, 연세 등	무상
계	20.0	38.1	35.7	1.0	0.9	4.3
만 18~24세	9.1	17.0	61.7	3.2	0.7	8.3
만 25~29세	10.6	34.7	46.5	0.6	2.0	5.6
만 30~34세	28.7	46.4	21.7	0.6	0.3	2.3

청년의 68.8%는 주택을 보유해야 한다고 생각한다. 보유하지 않아도 된다고 생각하는 비중(12.2%)보다 5.6배나 높다. 즉 자산이 충분하지 않은 청년이라 할지라도 주택을 보유해야 한다고 생각하는 비중이 높다는 것을 알 수 있다. 연령이 높을수록 주택보유의식도 커지는데, 30대에 들어서면 주택보유의식은 70%를 크게 상회한다. 30대만 되더라도 10명 중 7~8명은 주택을 보유해야 한다고 생각한다는 것을 알 수 있다. 10명 중에 1명 정도는 주택을 보유할 필요가 없다고 생각하고 있는데, 이마저도 30대가 되면 그 비중이 확연히 낮아진다. 즉 청년이 30대에 접어들면 주택보유인식이 크게 달라지고, 경제적으로 독립하는 가구도 65.8%로 크게 증가한다. 이러한 연령에 따른 특성 차이를 고려하여 20대와 30대의 주거정책은 달리 접근해야 한다.

표 6 청년의 주택보유의식 및 거주방식

구분	주택보유의식			동거여부			미혼 독립
	미보유	보유	보유/ 미보유	동거	비동거 (경제 의존)	독립 (경제 독립)	
계	12.2	68.8	5.6	62.2	4.0	33.8	42.5
만 18~24세	14.1	62.5	4.4	84.3	6.0	9.7	66.4
만 25~29세	12.8	68.2	5.3	64.1	3.7	32.2	53.0
만 30~34세	9.1	77.3	8.5	32.3	1.9	65.8	29.4

3. 청년주거특성과 금융의 중요성

1) 청년이 주거비 마련하는 방법

20대 초반까지 주거비 마련에 부모님 지원이 절대적으로 큰 비중을 차지한다. 20대 후반부에 진입하게 되면 부모로부터의 지원 비중은 낮아지고, 30대에 들어서면 지원폭은 더 크게 낮아진다. 부모님에게 의존하는 비중의 감소는 전세보다는 월세비용을 마련할 때 더 크게 나타난다. 큰 목돈이 필요한 전세나 자가비용은 부모님 의존도가 높지만, 상대적으로 적은 규모의 월세비용은 스스로 마련하고 있는 것이다.

나이가 들수록 월세의 본인부담 비중은 크게 증가한다. 그러나 자가나 전세의 경우는 20대 말까지 본인부담 비중이 증가하다가 30대에 들어서면 오히려 소폭 본인부담 비용이 감소하고 다른 이의 도움을 받는 비중이 증가한다. 자가나 전세는 본인부담만으로 감당하기 어렵기 때문에 부모님 등 주변 도움이 필요함을 알 수 있다.

연령대별로 보면 20대 초반까지는 부모 등의 도움 비중이 높지만 20대 후반에 들어서면 주거비, 월세비용을 본인이 마련하는 부담이 커지고 있다는 것을 알 수 있다. 따라서 본인 주거비 부담이 커지는 20대 후반 이후의 청년들에 대한 주거금융지원 사각지대가 발생하지 않도록 정책을 마련할 필요가 있다.

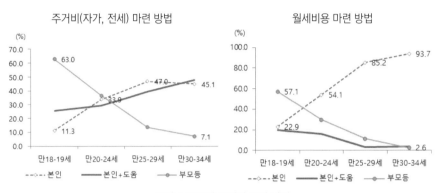

그림 4 청년의 주거비 마련 방법

2) 청년들의 대출상황과 부채원인

청년세대의 18.8%는 빚이 있다. 달리 해석하면 청년세대의 81.2%는 빚이 없다는 의미이기도 하다. 그럼에도 불구하고 우리 사회는 마치 청년세대 모두가 빚이 있어 어려움을 겪고 있는 것처럼 대하고 있다. 부채가 있는 청년들이 사회적으로 어려움을 겪고 있다고 지적하기도 한다.

〈청년의 빚〉 문제를 다룰 때 주의해야 하는 지점이다. 청년세대의 빚 문제는 전체 청년세대의 약 20% 정도에게만 해당하는 문제라는 인식을 정확히 해야 한다. 마치 모든 청년세대가 빚이 있어 빚 때문에 어려움을 겪고 있다는 식의 확대 해석은 지극히 경계해야 한다. 정책대상을 잘못 파악하게 되면 정책목표를 설정하고 정책수단을 선정하는 과정에서 편의가 발생하기 때문이다.

청년이 부채를 가지고 있다는 것보다 청년이 왜 부채를 갖게 되었는지 원인을 파악하는 것이 중요하다. 만 18세~34세 청년은 학자금 때문에 부채를 갖게 된 비중이 68.8%로 가장 높다. 주거비로 인한 부채 비중은 15% 수준이다. 반면에 30대에 들어서면 학자금으로 인한 부채는 12.1%로 크게 낮아지고, 주거비로 인한 부채를 갖고 있는 비중이 68.9%로 크게 증가한다. 따라서 청년은 다양한 사회적 특성을 가지고 있기 때문에 학자금대출과 주거비대출을 함께 고려한 정책을 마련해야 한다.

20대 초반 청년은 제2금융권이나 대부업체 등 비은행권의 대출 비중이 높다. 특히 돈이 없어서 주거관리비용을 지불하지 못하거나(1.4%), 집 냉난방 유지가 어렵거나(0.7%), 예상치 못한 지출이 어렵거나(4.0%), 규칙적인 식사가 어렵거나(1.2%), 휴일에 놀러 가지 못하거나 사고 싶은 것을 사지 못하거나(7.6%) 한다는 의견도 있다.

비은행권은 일반 시중은행에 비해 금리가 높다. 청년은 신용이 높지 않아 시중은행 자금을 활용하는 것에 제약이 많다. 결국 높은 금리의 비금융권으로 내몰리고 있는 것이다. 사회 여건이 달라지면서 돈의 사용처도 과거와 많이 달라졌다. 돈을 공급하는 목적이 과거와 달라져야 할 필요가 있는가에 대한 사회적 논의가 필요한 지점이기도 하다. 또한, 금융취약계층인 젊은 청년들이 고금리의 비은행권으로 내몰리지 않도록 하기 위해서 다양한 자금을 안정적으로 공급할 수 있는 새로운 대안적 금융공급 기반이 필요하다.

표 7 청년의 대출상황과 부채원인

구분	부채 (보유율)	채무발생원인				
		학자금	주거비 (전월세자금 등)	생활비 (식비, 의료비 등)	창업자금 마련	기타
계	18.8	34.0	45.8	8.8	8.1	3.3
만18~24세	9.2	68.8	15.0	10.0	0.5	5.7
만25~29세	20.2	44.9	31.3	10.6	8.4	4.8
만30~34세	29.6	12.1	68.9	7.0	10.8	1.2

표 8 청년이 대출받는 금융기관

구분	은행	제2금융권	대부업체	기타
계	83.2	7.5	1.2	8.1
만18~24세	64.3	9.3	2.3	24.1
만25~29세	84.3	4.9	1.5	9.3
만30~34세	89.9	8.8	0.5	0.8

3) 청년의 주거특성과 청년이 바라는 지원정책

2022년 기준으로 전국 자가점유율 57.5%, 자가가구의 연소득 대비 주택구입가격 배수(PIR) 6.3배, 임차가구의 월소득에서 월임대료가 차지하는 비율(RIR) 16.0%, 주택보유의식 89.6%, 최저주거기준 미달가구 3.9%, 1인당 주거면적 34.8m²이다.

일반가구 주거특성과 비교할 때, 청년가구의 자가점유율은 13.2%로 매우 낮다. 신혼부부(43.6%), 고령가구(75.0%)와 비교해도 매우 낮다. 청년이 주택 주 구입계층이 아니기 때문에 당연한 결과로 청년은 대부분 임차(82.5%)로 살고 있다. 신혼부부 52.9%, 고령가구 19.8%와 비교해보더라도 청년 임차가구가 매우 많다. 따라서 청년가구의 주거문제는 현재의 임차가구에게 집중할 필요가 있다.

청년가구는 단독에 많이 살고 있다. 이는 다가구와 같은 단독주택이 다른 주택들보다 임차주택이 많고 주거비 부담이 적기 때문일 수 있다. 단독 다음으로는 아파트에 많이 살고 있다. 청년을 위한 주택을 공급한다고 단독, 원룸 등과 같은 주택유형만을 공급하면 안 되는 이유이다. 청년의 30%정도는 아파트에 살고 있기 때문에 아파트의 주거 편익성을 제공할 수 있는 주택공급도 필요하다.

청년이 가장 필요로 하는 정책지원은 '전세자금대출 〉 월세 보조금 지원 〉 주택구입자금' 지원으로 모두 주거비 관련 금융상품이다. 공공임대주택이나 개량자금 보수와 같은 자금에 대한 수요는 높지 않다. 주택금융에 대한 요구가 가장 많은 만큼 청년주거금융정책을 고도화할 필요가 있다.

표 9 특성가구별 주거특성 비교(2022년 기준)

구분		청년 가구	신혼부부 가구	고령 가구
정의		가구주의 연령이 만 19세 이상 만 34세 이하인 가구	혼인한 지 7년 이하인 가구	가구주의 연령이 만 65세 이상인 가구
점유 형태	자가	13.2%(13.8%, ↓)	43.6%(43.9%, ↓)	75.0%(75.7%, ↓)
	임차	82.5%(81.6%, ↑)	52.9%(53.0%, ↓)	19.8%(19.6%, ↑)
	무상	4.3%(4.7%, ↓)	3.5%(3.1%, ↑)	5.2%(4.7%, ↑)
주택 유형	단독	38.1%(37.5%, ↑)	10.7%(12.7%, ↑)	41.7%(43.4%, ↓)
	아파트	31.3%(33.8%, ↓)	73.3%(72.5%, ↑)	44.7%(44.0%, ↑)
	다세대	11.2%(11.7%, ↓)	10.5%(9.7%, ↑)	7.8%(7.1%, ↑)
주거비 부담	PIR	6.7배(6.4배, ↑)	6.5배(6.9배, ↓)	10.6배(9.5배, ↑)
	RIR	17.4%(16.8%, ↑)	19.3%(18.9%, ↑)	30.6%(29.4%, ↑)
주거 수준	최저주거기준 미달가구	8.0%(7.9%, ↑)	1.9%(2.4%, ↓)	2.8%(2.8%)
	1인당 주거면적	30.4m²(30.4m²)	26.6m²(27.5m², ↓)	45.7m²(45.3m², ↑)
정책 수요	1순위	전세자금 대출지원 (38.3%)	주택 구입자금지원(49.1%)	주택 구입자금지원(26.9%)
	2순위	월세 보조금 지원 (22.1%)	전세자금 대출지원(30.4%)	주택개량 · 개보수지원(23.2%)
	3순위	주택 구입자금지원 (20.3%)	장기공공임대 공급(5.3%)	장기공공임대 공급(17.1%)
주택보유의식		79.2%(81.4%)	92.0%(90.7%)	–
자가보유율		14.7%(13.8%)	49.0%(43.9%)	–

주: 괄호안은 2021년 기준 자료임.
자료: 국토교통부, 「2022년 주거실태조사」 결과 발표('23.12.22), 「2021년 주거실태조사」 결과 발표('22.12.20) 재정리.

4. 청년을 위한 주택금융프로그램

1) 주택도시기금을 통한 지원프로그램

주택도시기금은 1981년에 설립되어 주택건설사업지원, 주거환경개선사업지원, 주택전세 및 구입수요자자금 지원과 같은 다양한 주거복지사업을 진행하고 있다. 이 중에서도 '주택전세 및 구입수요자자금 지원' 사업으로 ① 무주택 서민·근로자의 주택구입 또는 전세자금 지원, ② 저소득층·도시영세민들의 전세 부담 완화를 위한 전세임대자금 지원, ③ 전세가격 안정과 미분양주택 해소를 위한 매입임대주택 자금지원 등 사업을 추진하고 있다.

이처럼 주택도시기금은 기업과 개인에게 다양한 자금을 공급하고 있다. 청년을 위한 특화상품을 출시해 운영도 하고 있다. 청년가구가 가장 필요로 하는 전세자금지원 상품으로 청년전용 버팀목전세대출, 청년전용 보증부월세대출을 공급하고 있고, 중소기업에 다니는 청년만을 대상으로 하는 전월세보증금대출도 공급하고 있다. 주거안정월세대출은 취업준비생, 희망키움통장 가입자, 사회초년생 등에게 우대형으로 공급하고 있어 일반형보다 대출금리가 낮다.

표 10 특성가구별 주거특성 비교(2022년 기준)

구분	주택전세자금	주택구입자금
청년 전용	청년전용 버팀목전세대출 청년전용 보증부월세대출 중소기업취업청년 전월세보증금대출 주거안정월세대출(우대형)	내집 마련 디딤돌 대출 오피스텔구입자금 수익공유형모기지 손익공유형모기지 ※청년 중 만 30세 미만 단독세대주[2]나 미혼세대 　주를 제외하거나 제한적 공급
신혼 부부	신혼부부전용 전세자금	신혼부부전용 구입자금 신혼희망타운전용 주택담보장기대출

자료: 주택도시기금 홈페이지(https://nhuf.molit.go.kr/).

결혼한 신혼부부에게는 신혼부부전용 전세자금을 공급하고 있으며, 주택구입을 위해서도 별도의 특화상품을 공급하고 있다. 신혼부부전용 구입자금, 신혼희망타운전용 주택담보장기대출이 그것이다. 그러나 결혼하지 않은 청년이 주택구입자금을 이용하는 데에는 제약이 있다.

청년전용으로 운영되고 있는 주택구입자금은 없다. 내집 마련 디딤돌 대출, 오피스텔 구입자금, 수익공유형모기지, 손익공유형모기지는 모두 이용할 수 있는 상품으로 청년들도 이용할 수 있다. 다만 청년 중에서 만 30세 미만 단독세대주나 미혼세대주는 이용할 수 없다. 일부 예외를 인정하여 자금 활용을 허용하고 있지만, 상품에 따라 예외 인정 경우도 상이하여 청년들이 이해하기 어려운 상황이라고 할 수 있다. 무엇보다「청년기본법」에서 청년

---

[2]　단독세대주란 ① 만 30세 이상의 대한민국 성인, ② 배우자가 사망하거나 이혼한 경우, ③ 정기적 수입이 있고, 기준 중위소득 40% 이상이어야 하며 주택을 유지하고 관리할 수 있는 19세 이상의 성인, ④ 가족의 사망으로 단독 세대 구성이 불가피한 경우 중 한 가지에 해당하는 경우로 단독세대주가 되면 주택청약이나 주택도시기금 대출상품을 이용할 수 있다. 2023년 기준(1인 기준 중위소득 약 208만 원)으로 한 달에 약 84만 원 정도를 꾸준히 벌고 있는 19세 이상 성인은 단독으로 세대분리가 가능하다.

의 나이를 19세 이상 34세 이하인 사람으로 규정하고 있는 점을 고
려할 때, 결국 결혼하지 않은 대부분의 청년은 주택도시기금이 공
급하는 주택구입자금을 수월하게 이용할 수 없는 상황이다.

청년들이 활용할 수 있는 상품일지라도 대출대상, 대출금리, 대
출한도, 대출기간이 상품에 따라 다르다. 대출 대상주택도 대부
분 주거 전용면적 85m² 이하를 대상으로 하고 있으며, 주택가격
에 대한 제약도 있다. 이외에도 조기상환수수료가 상품 사용기간
에 따라 다를 뿐만 아니라 중도상환 요건도 다르다. 소득과 자산
제약도 있기 때문에 주택도시기금에서 공급하는 상품을 활용하
고자 하는 청년들은 상품 조건, 자격조건 등에 대한 세심한 상담
을 통해 활용성을 검토해야 한다.

표 11 나이 제약이 있는 주택구입자금 상품

구분	만 30세 미만 단독세대주	만 30세 미만 미혼세대주
내집 마련 디딤돌 대출	대출 제외(예외 인정)	대출 제외(예외 인정)
오피스텔구입자금	대출 제외	대출 제외(예외 인정)
수익공유형모기지	대출 제외	대출 제외(예외 인정)
손익공유형모기지	대출 제외	대출 제외(예외 인정)

주: 1) <만 30세 미만 단독세대주>의 예외 인정은 「민법」상 미성년인 형제·자매 중 1인 이상과 동일세대를 구성하고
　　주민등록등본상 부양기간(합가일 기준)이 계속해서 6개월 이상인 경우.
　　2) <만 30세 미만 미혼세대주>의 예외 인정은 '직계존속 중 1인 이상과 동일세대를 구성하고 주민등록등본상 부
　　양기간(합가일 기준)이 계속해서 6개월 이상인 경우.
자료: 주택도시기금 홈페이지상 상품별 특성 재정리.

2) 청년 전용 금융상품과 기관

청년을 대상으로 하는 금융상품들이 다양해지고 있다. 국토교통
부가 출시할 예정인 〈청년 주택드림 청약통장〉과 금융위원회가

출시한 〈청년도약계좌〉가 대표적인 사례다. 〈청년 주택드림 청약통장〉은 청년들이 보다 쉽게 내 집을 마련하도록 청약통장과 대출을 연계해 지원하는 상품으로 2024년 2월에 출시 예정이다. 파격적인 청약통장과 전용대출로 전 생애 자산형성과 내집 마련을 지원하는 '희망의 청년 사다리'를 구축한다. 〈청년 주택드림 통장〉으로 자산을 형성하고, 〈청년 주택드림 대출〉로 주택구입비를 마련하며, 결혼 등 생애주기에 따라 추가지원을 한다.

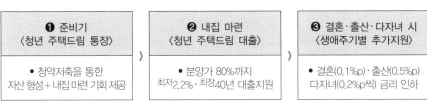

자료: 국토교통부, 2023.11, 보도자료, '4.5% 청약통자, 2.2%대출 세트로 청년 내집 마련 지원.'

그림 5 희망의 청년주거사다리 개념

〈청년 주택드림 청약통장〉은 소득 연 5천만 원 이하의 만 19~34세 무주택자를 대상으로 한다. 기존에 운영하던 '청년 우대형 청약통장'보다 지원을 더 강화한다. 이자율은 최대 4.3%에서 4.5%까지 0.2%p를 상향한다. 청약통장 납입한도도 월 50만 원에서 월 100만 원으로 상향조정된다. 기존에 청년 우대형 청약통장을 가입한 청년들은 '청년 주택드림 청약통장' 출시일에 자동 전환 가입된다.

청약 주택드림 청약통장으로 청약 당첨 시, 분양가의 80%까지 장리·저리대출로 지원한다. 이때 청약대출 지원대상은 만 20~39세 이하 무주택자로 소득 7천만 원(미혼), 1억 원 이하(기혼)이 대상이다. 청년 주택드림 청약통장을 1년 이상 가입하고, 1천만 원

이상 납입 실적이 있어야 하기 때문에 청년들은 미리 가입해두는 것이 좋다. 이때 청약대출 금리는 최저 2.2%로 소득이나 만기에 따라서 차등 운용될 예정이다. 만기 최대 40년 대출을 지원하기 때문에 상환부담도 크게 낮출 수 있다는 장점이 있다. 게다가 결혼·출산 등에 따라서 생애주기별로 우대금리를 추가로 지원하기 때문에 최대 1.5%의 금리로 자금을 활용할 수 있다.

표 12 청년을 대상으로 하는 금융상품

상품명	추진부처
청년 주택드림 청약통장	국토교통부
청년 전세보증금반환보증 보증료 지원사업	국토교통부
청년도약계좌	금융위원회
청년 디딤돌 2배 적금	강원도
청년 전월세보증금 대출이자 지원사업	구미, 안양, 용인 등

〈청년도약계좌〉는 청년들의 자산형성을 지원하는 정책형 금융상품으로 매달 일정 금액을 5년간 납입하면 정부 지원금과 은행이자를 더한 금액을 만기 시 수령할 수 있다. 이 계좌로 2023년 6월 15일에 출시하였다. 매월 가입신청을 받아 소득심사를 거쳐 가입 여부에 대한 통보를 하고 있다. 월 40만 원에서 70만 원까지 저축할 수 있으며, 3년은 고정금리, 2년은 변동금리 적용을 받는다. 정부기여금은 개인 소득에 따라 최대 6%를 매칭하여 받을 수 있다. 신청은 만 19~34세 청년이며, 개인소득 6,000만 원 이하, 가구소득 중위 180% 이하 가구를 대상으로 하고 있다. 개인소득 6,000만 원~7,500만 원 이하는 가입할 수 있지만 정부기여금 지급 없이 이자소득 비과세 혜택만 받을 수 있다.

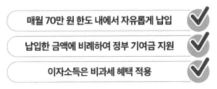

그림 6 청년도약계좌 개념

이외에도 청년 전세보증금반환보증 보증료 지원사업(국토교통부), 청년 디딤돌 2배 적금(강원도), 청년 전월세보증금 대출이자 지원사업(안양, 용인 등 지자체) 등 청년가구의 자산형성이나 주거비 부담을 완화해주기 위한 금융지원 사업이 확대되고 있다. 청년을 대상으로 하는 금융기관들도 생기고 있다. 돈과 빚 때문에 힘든 청년들이 각자 상황에 맞는 해결책을 찾을 수 있도록 상담지원을 하고 신용회복을 지원해주는 청년전용 은행도 생기고 있다. 광주청년드림은행, 대구청년연대은행 디딤, 청년연대은행 토닥, 청년미래은행 등 많은 사회적 금융기관들이 다양한 금융지원사업을 추진하고 있다.

이들 사업 중에는 취약계층의 주거관련 사업들이 일부 포함되어 있다. 주거 이외에 취업, 재무상담, 부채해결, 경제교육 등 다양한 분야의 금융지원을 하고 있지만 청년가구의 주거안정만을 주목적으로 하고 있지는 않다. 향후에는 청년주거 취약계층의 주거안 정을 위해 필요한 금융을 좀 더 안정적으로 공급할 수 있는 비제도권(민간)의 다양한 금융지원체계 기반을 구축할 필요가 있다.

또 다른 사례로 사회연대은행의 〈청년주거자금대출〉이 있다. 독립생활청년의 주거 불안 해소와 경제적 자립 지원을 위해 임차보증금을 대출지원하여 주거안정 및 경제적 자립지원을 하는 프로그램이다. 1명당 2천만 원 이내에서 무이자로 대출을 해주고, 4년 이내에 원금균등분할 또는 만기일시상환을 하면 됩니다. 제도권 금융기관은 무이자 지원이 불가능하다. 그렇지만 사회적 금융을 실천하는 기관에서는 조성 재원의 성격에 따라 필요한 계층에게 무이자로 금융을 공급할 수도 있다.[3]

청년에게 필요한 주택을 공급하는 사업자가 필요한 자금을 크라우드펀딩 방식으로 조달하기도 한다. 오마이컴퍼니는 사회변화를 꿈꾸는 혁신가를 지지하고 돕는 크라우드펀딩 플랫폼이다. 〈그림 7〉에서 보는 바와 같이 다양한 분야의 투자·후원이 가능하다.

자료: 오마이컴퍼니 홈페이지(https://www.ohmycompany.com).

그림 7 오마이컴퍼니의 투자·후원영역

3   한국주거복지포럼, 『2030 담대한 주거복지』, 주거복지금융 변천사(김덕례), 2023.

5. 청년주거지원을 위한 주택금융 정책방향

19세에서 34세까지의 법적 청년은 공통점도 있지만 연령구간별 차이점도 있다. 그리고 중년으로 넘어가는 단계다. 자가보다는 전월세로 많이 살고 있고, 20대 청년과 30대 초반 청년은 집에 대한 인식뿐만 아니라 거주형태, 주거비 마련 방법, 부채 원인 등 여러 가지 측면에서 다르다. 이러한 특성을 고려해 청년주거정책과 이에 필요한 금융정책 기반을 마련해야 한다.

우선, 청년 나이에 대한 체계적 기준을 마련할 필요가 있다. 지역특성 및 통계분석과 매칭할 수 있도록 나이기준을 설정해야 한다. 2030세대를 대상으로 하되, 지방의 경우 지방특성을 고려하여 군지역은 40대도 포함하는 방향을 검토할 필요가 있다. 「청년기본법」에서는 19~34세를 청년으로 정의하고 있지만, 「청년고용촉진특별법」이나 「후계농어업인육성법」은 달리 정하고 있다. 지자체가 마련한 「청년기본조례」도 지자체에 따라 청년을 정하는 나이가 다르다.

삶과 주택에 대한 거주특성 및 인식은 20대 초반과 후반, 30대 초반이 다르다. 그렇기 때문에 5세 단위의 특성도 파악할 수 있도록 조사체계를 마련할 필요가 있어 보인다. 20대와 30대의 특성을 고려하여 차별적인 정책틀을 마련하되, 특히 20대 초반은 학자금대출이 중요한 만큼 이에 유의하여 정책을 마련해야 한다. 주택도시기금의 경우 청년전용상품의 대상연령을 점검하고 단독세대주의 제한 나이를 개선할 필요가 있다.

표 13 제도상에서 정하고 있는 청년의 나이

구분	나이	서울	부산	대전	대구	광주	경기	기타지역
청년기본법								
청년고용촉진특별법								
후계농어업인 육성법								
청년기본조례	15세이상 39세이하							경주시, 괴산군, 보은군
	만15세이상 39세 이하							김해시
	만15세이상 만39세이하							거제시, 경산시, 김천시
	18세이상 34세이하			유성구				
	18세이상 39세이하				달서구			강원도,공주시, 광양시, 당진시, 목포시, 사천시, 서산, 서천군,
	만18세이상 39세이하			대전, 대덕구				김제시, 밀양시, 부안군
	만18세이상 45세이하							보령시
	만18세이상 만34세이하		부산				광명시	
	만18세이상 만39세이하		남구, 동구, 동래구, 부산진구, 중구		남구			나주, 논산, 삼척, 동해
	만18세이상 만45세이하							고령군
	만18세이상 만49세이하							무주군
	19세이상 34세이하	광진, 마포	강서구		달성군, 북구, 서구		군포시, 동두천시	경북, 산청군
	19세이상 39세이하	관악,노원,서초,도봉,성동, 성북,동대문						
	19세이상 49세이하							강진군
	만19세이상 34	중랑구		중구				
	만19세이상 39세이	서울, 강남, 강동, 강북, 강서			수성구	광주		인천 남동구, 고성군
	19세이상 49세이하							고흥군, 곡성군, 통화군
	만19세이상 만34세						부천시	
	만19세이상 만39세이하	중구	금정		대구, 동구, 중구	서구	과천	강릉, 계룡,남원, 상주
	만19세이상 만45세					남구		군위군
	만19세이상 만49세							담양군

자료: 관련법 및 해당 지자체 관련조례 재정리.

둘째, 청년가구의 주거상황과 금융소비 특성을 반영한 주거금융 프로그램을 설계할 필요가 있다. 무엇보다 저축을 통해 자산형성을 지원할 수 있는 금융연계 프로그램 마련이 중요하다. 국토교통부가 출시할 '청년 주택드림 청약통장'이 좋은 사례가 될 수 있다. 가입현황 및 지원효과 등을 꾸준히 모니터링하여 청년주거지원을 위한 실효적인 금융상품으로 발전시켜 나가야 할 것이다. 특히 청년들이 갖고 있는 소득·자산제약을 고려해 에쿼티 타입(equip type) 대출, 유한책임대출, 청년전용통장 개설 등을 좀 더 적극적으로 검토·도입해야 한다. 청년들은 내집 마련시기를 10~20년 장기간 소요된다는 인식을 가지고 있다. 이러한 인식 특성에 기반하여 주택마련을 위한 기초자산형성이 가능한 금융상품을 다양하게 출시하여 운영할 필요도 있다. 이에 청년전용 청약통장에 저축기능을 좀 더 강화하고 확대할 수 있는 적극적인 방안도 고민할 필요가 있다. 예를 들면 청년전용 청약통장 기반으로 대출한도 및 금리를 결정하고 주택구입자금을 지원하는 것도 가능할 수 있다.

셋째, 주거상향(월세→전세→자가)을 지원·연계하는 주거금융 프로그램을 활성화할 필요가 있다. 청년들은 10~20년 모기지를 가장 많이 활용하고 있다. 따라서 선호하는 금융상품 특성을 고려한 상품이 필요하다. 청년에게 대출금리나 대출한도 지원방안도 마련해야 한다. 특히 대출한도 제약으로 인해 다중채무가 되지 않도록 세심히 살필 필요도 있다. 전세대출이 갖고 있는 위험성을 감안하여 임차보증금 보호를 할 수 있는 정책적 장치가 필요하다. 중장기적으로 등록민간임대주택 제도를 견고히 하여 보증금의 안정성을 제고해 나가야 할 필요가 있다.

넷째, 소득·자산을 고려해 주거금융 프로그램을 차등화하고 현실화할 필요가 있다. 특히 금융사각지대를 발굴하고 해소해 나아가야 한다. 소득 1~2분위는 금융취약계층으로 금융복지가 필요한 계층이다. 소액이 필요하지만 고금리로 자금을 활용하고 있는 만큼, 이들 계층에게는 과도한 금리를 책정해서는 안 된다. 소득 3~7분위는 정책금융을 적극적으로 활용할 수 있도록 지원하는 체계를 마련하고, 소득 8~10분위는 시장에서 일반상업금융 자금을 활용할 수 있도록 해야 한다. 특히 금융취약계층이나 정책금융 대상이 되는 청년들이 고금리의 2금융권이나 대부업체 등으로 내몰리지 않도록 금융지원체계를 점검하고 안정적 지원체계를 마련해야 한다.

다섯째, 금융정보 전달체계를 강화하고 적극적으로 정책금융상품을 홍보하고 안내할 필요가 있다. 주거복지사를 넘어서 주거금융과 관련된 체계적인 정보와 상담을 진행할 수 있는 〈주거금융복지상담사〉 제도를 신설하고 도입을 검토할 필요가 있다.[4] 청년들은 상대적으로 금융지식이 낮고 정부가 공급하고 있는 정책상품에 대한 이해가 부족하다. 이에 출시되어 운용 중인 정책상품마저 제대로 활용하고 있지 못한 실정이다. 따라서 주거금융복지상담사를 배치하여 금융상품을 안내하는 것은 물론, 청년들의 자산 및 재무상태를 점검하여 자산을 형성할 수 있도록 지원하고, 적절하고 건전한 투자상담 등을 지원할 필요가 있다.

여섯째, 주거취약계층 청년들을 대상으로 주거금융복지를 개념화하고 주거금융복지 실현을 위한 인프라를 구축할 필요가 있다. 청년 중에는 주거복지지원대상이 있다. 이들은 금융공급에 있어서도 복지적 개념으로 접근해야 한다. 주택도시기금은 기금특성상 제로금리 상품을 장기적으로 운용하기 어렵다. 그렇지만 주거취약계층 청년들은 제로금리나 저리의 장기금융상품을 필요로한다. 이러한 상황에서 주거금융복지 개념이 체계화 되면, 주거

---

4   현재 보건복지부 자립지원과 주관 '자립지원 금융복지사' 자격시험은 있음. 응시자격은 한국자활복지개발원 자립지원 금융복지상담사 교육과정 80% 이수자와 한국보건복지인력개발원 자립지원 재무상담사1급 자격취득자들이 응시 가능함. 이 자격자는 자립지원을 위한 금융복지 상담업무를 주로 하는 것으로 일반청년을 대상으로 하는 것은 아님.

취약계층 청년들에게 제로금리의 주택금융상품을 장기적으로 공급할 수 있는 여건이 마련될 수 있다. 정부가 정책적으로 지원하는 주거금융복지 차원의 주거금융상품을 기획·공급할 수 있도록 〈주택금융실태조사〉를 신설하여 체계화할 필요가 있다.

일곱째, 제도권 금융에서 소외된 청년층의 주거지원을 위해 사회적 금융 활성화 및 기반을 구축할 필요가 있다. 사회적 금융은 자선이나 기부와 다르다. 근본적인 금융기능을 전제로 하기 때문에 원금을 보전하여 운영하는 시스템을 갖추게 된다. 정부의 정책금융으로도 지원하지 못하는 사각지대 청년을 지원하기 위한 민간의 주거금융지원 사례들도 있다. 사회연대은행의 〈청년주거지원대출〉, 광주청년드림은행, 오마이컴퍼니(크라우드펀딩) 등이 그 예라고 할 수 있다.

자료: 금융위원회.

그림 8 사회적 금융의 개념

사회연대은행의 〈청년주거지원대출〉은 독립생활하는 청년의 주거 불안 해소와 경제적 자립 지원을 위한 임차보증금을 대출지원하는 프로그램이다. 저소득 독립청년에게 1인당 2천만 원 이내로 무이자로 빌려주고 있다. 4년이내 원리금 균등분할이나 만기일시상환하면 된다. 〈광주청년드림은행〉은 광주광역시 청년부채 문제를 해소하고, 재무관리나 금융지식을 특강하고 있다. 또한 금융태도나 경제자립을 위한 공간을 제공하고 있다. 오마이컴퍼니에서는 청년주택이나 주거공간 건축을 위한 자금이 필요한 사업자가 크라우드펀딩 방식으로 자금을 마련할 수 있도록 플랫폼을 운영하고 있다. 이들 기관의 사회적 금융 사례를 선례로 삼아 다양한 사회적 금융이 실현될 수 있도록 기반을 마련해 나아갈 필요가 있다.

여덟째, 청년주택을 공급하는 사업자를 위한 금융상품을 발굴하고 확대할 필요가 있다. 청년을 위한 주택으로 공유주택, 사회주택 등 다양한 주거양식이 도입되고 있지만, 사업자들이 주택건축을 위한 자금을 마련할 수 있는 방안은 제한적이다. 기존 사업자금 조달 방식으로는 자금 마련이 어렵기 때문에 청년주택 사업자를 위한 금융상품 개발이 매우 긴요하다. 한국벤처투자의 공유펀드, 서울시의 사회투자기금 등과 같이 기존의 제도권 금융에서 다루지 않았던 새로운 형태의 자금공급이 필요하다. 특히 청년주택에 있어서도 20대에는 원룸, 오피스텔, 공유주거 등의 소비가 주를 이루고 있지만, 30대로 진입하면서 결혼, 출산 등의 가족구성기가 되면서 아파트, 다세대 등의 선호가 증가한다는 특성을 고려한 주택공급 설계 및 자금공급이 필요하다.

청년주거는 삶의 생애주기적 관점에서 살펴야 한다. 법적으로 한국의 청년은 19~34세이다. 이는 중·고등학교의 청소년기를 지나 40대의 중년기으로 이어지는 중간단계이다. 청년기의 특성을 고려한 주거금융정책이 필요하다.

1. 청소년에서 청년으로, 청년에서 중년으로 이어지는 징검다리 금융을 실천해야 한다.
2. 주거, 학자금, 생활비, 창업비 등 융복합된 금융을 실천해야 한다.
3. 청년을 위한 주택도시기금의 제로금리 정책은 지양해야 한다.
4. 현 정책금융의 수혜대상이 매우 협의적임을 인정하고 확대해 나아가야 한다.
5. 제로금리, 저리 소액대출이 가능한 새로운 대안적 금융체계를 만들어야 한다.
6. 한국식 가족문화를 고려한 청년주거정책과 금융정책을 마련해야 한다. 청년의 상당수는 부모과 동거하고 있다. 결국 청년주거문제의 상당을 한국은 부모가 해결하고 있음을 인정하고, 이에 대한 고려가 필요하다. 정부는 부모의 도움을 받을 수 없는 청년의 주거문제와 금융공급에 집중해야 한다.

:: 참고문헌

김덕례(2021), 「청년가구의 주택금융지원 현황과 과제」, 자치분권형 서울주거복지포럼 세미나.

김덕례(2022), 「청년층 주거지원을 위한 주택금융의 과제」, 한국주거복지포럼 세미나.

조주현(2012), 「신혼부부의 주택문제」, 한국감정원 부동산포커스.

한국주거복지포럼(2023), 『2030 담대한 주거복지』, 「주거복지금융 변천사(김덕례)」.

국토교통부(2021, 2022), 「주거실태조사」.

통계청(2021), 「청년사회경제실태조사」.

국토교통부 보도자료(2023.11), 「4.5% 청약통자, 2.2%대출 세트로 청년 내집마련 지원」.

전국경제인연합회 보도자료(2022.11), 「세대별 체감경제고통지수 추이」.

금융위원회 홈페이지(https://www.fsc.go.kr).

주택도시기금 홈페이지(https://nhuf.molit.go.kr).

주택도시보증공사 홈페이지(https://www.khug.or.kr).

오마이컴퍼니 홈페이지(https://www.ohmycompany.com).

통계청 국가통계포털(https://kosis.kr/index/index.do).

고령화 시대의
주택금융지원 방안

이영호
(우리은행 부동산연구실 실장)

고령화 시대의 주택금융지원 방안

1. 인구 · 금융환경 변화

1) 인구 및 가구 구조

향후 장래인구는 고령층(65세 이상)을 제외한 모든 연령층의 인구가 감소할 것으로 예상되나, 고령층의 인구비중은 2020년 16%에서 2050년 39.8%로 크게 확대가 예상된다.

향후 가구원수는 1인가구 또는 2~3인가구의 증가 추세가 지속될 것으로 예상되며, 특히 2045년에는 3인 이하 가구원수 비중이 91%로 대부분 차지할 것으로 나타남에 따라 중소형 주택 수요의 지속적인 증가가 예상된다.

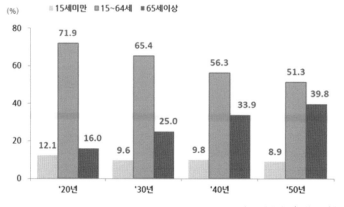

자료: 장래인구추계(통계청).

그림 1 연령별 인구구성 변화

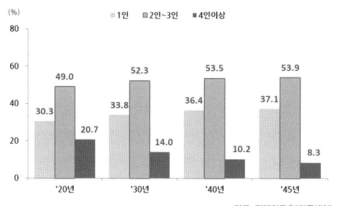

자료: 장래인구추계(통계청).

그림 2 가구원수별 변화

향후 가구주 연령은 고령화로 인해 70대 이상 비중이 지속적으로 증가 예상되는데, 2030년 이후부터는 가구주 연령의 구조적 변화로 인해 주택 수요의 패러다임이 변화될 것으로 전망된다.

향후 1인가구는 70대 이상 가구주 비중의 급격한 증가가 예상됨에 따라 '고령 1인가구'에 대한 관심이 커질 것으로 전망되며, 2030년 이후부터는 1인가구의 주거지원체계가 청년층 중심에서 고령층으로 전환될 것으로 판단된다.

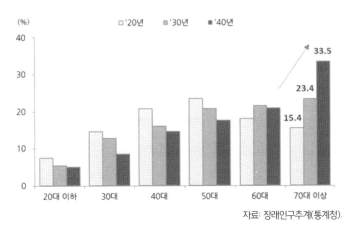

자료: 장래인구추계(통계청).

그림 3 가구주 연령별 비중 변화

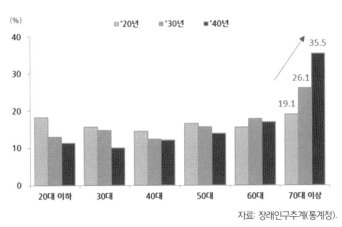

자료: 장래인구추계(통계청).

그림 4 1인가구 연령별 비중 변화

2) 가계대출

① 현황

연령별 가계대출은 60대 이상 비중이 다른 연령층에 비해 적은 수준이나 비교적 높은 증가하는 추세를 유지하고 있다.

즉, 60대 이상의 가계대출 비중은 '15년 이후 매년 0.5%p 이상 증가하고 있으며, '19년에는 60대 이상의 가계대출 비중이 18.1%로 '15년에 비해 2.3%p 증가하였다.

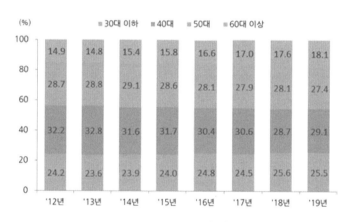

자료: 한국은행 금융안정보고서('19년 12월).

그림 5 연령별 가계대출 증가율

또한 60대 이상의 평균 부채 보유액은 '20년 이후 증가 추세이며 '21.3월 기준 5,703만 원으로 전년 동월대비 8% 증가하였으며, 동일 기간 다른 연령대에 비해서도 대부분 높은 증가율을 보인다 (전체 평균: 6.6%, 40대 이하: 7.8%, 50대 1.6%).

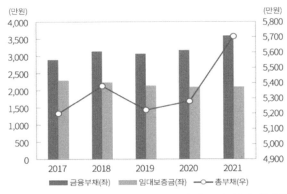

주: 60세 이상 가구주의 가구당 평균 부채 보유액
자료: 정지수, 「국내 고령층 가계부채의 변화와 특징」(2022).

그림 6 고령층 가계부채 추이

② 고령층 증가 원인

최근 주택가격 상승으로 인해 고령층 중 '주택 구입'을 위해 퇴직
연금의 중도인출 증가하였으며, 특히 코로나19 이후 주택 구입 목
적으로 미리 퇴직연금을 인출하는 고령층이 급증하였다.

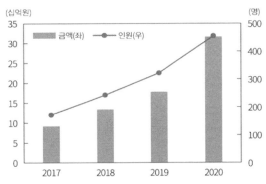

주: '주택 구입'을 목적으로 중도인출한 60세 이상 응답자
자료: 정지수, 「국내 고령층 가계부채의 변화와 특징」(2022).

그림 7 고령층 퇴직연금 중도인출(주택 구입 목적)

한편, 다른 연령의 자영업자 감소에도 불구하고 60대 이상 자영업자는 지속적으로 증가하는 추세이며, '21년 8월 기준 60대 이상 자영업자는 193만 명으로 전체 연령의 34.8% 비중을 차지한다.

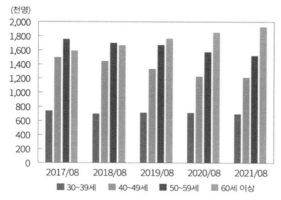

주: 고용원이 있는 자영업자와 고용원이 없는 자영업자의 합
자료: 정지수, 「국내 고령층 가계부채의 변화와 특징」(2022).

그림 8 연령별 자영업자 추이

고령층의 경우 고용시장 이탈 및 불안정성, 자영업 부진 등으로 생계 유지를 위한 대출수요가 증가하였으며, 특히 금융부채에서 생계형 부채가 차지하는 비중은 60대 이상이 다른 연령층과 달리 증가하고 있다.

노후 소득 확보를 위한 60대 이상 가구의 임대부동산투자 증가로 금융부채가 지속적으로 증가하는 상황이며, 부동산임대가구의 금융부채 중 60대 이상 가구의 점유 비중이 '13년 19.7%에서 '18년 27.4%로 증가하였다.

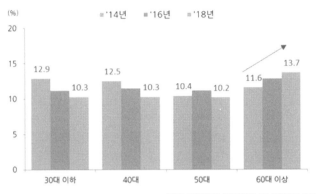

자료: 한국은행 금융안정보고서('19년 12월).

그림 9 금융부채 대비 생계형 부채 비중

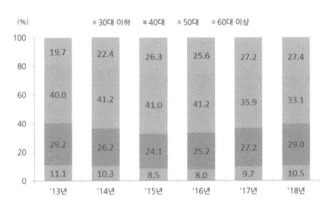

자료: 한국은행 금융안정보고서('19년 12월).

그림 10 부동산임대가구 금융부채 비중

③ 대출 건전성

한국은 소득 대비 부채 비중이 고연령층일수록 높아 채무상환능력이 상대적으로 취약한 반면, 미국, 프랑스, 일본 등은 연령이 높아질수록 소득 대비 부채 비중이 낮은 수준이다.

또한 고연령층일수록 금융자산보다 실물자산이 많아 경기 및 부동산시장 위축 시 채무상환능력 약화되는 반면, 해외 주요국은 연령이 높아질수록 금융자산 비중이 높아지는 경향이 강하다.

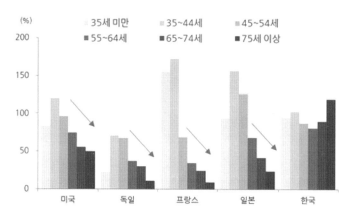

자료: 한국은행 금융안정보고서('19년 12월).

그림 11 주요국 부채/소득 비율

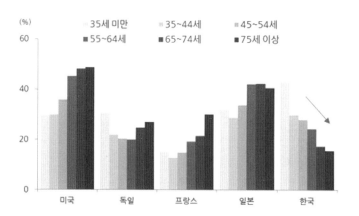

자료: 한국은행 금융안정보고서('19년 12월).

그림 12 주요국 금융자산/총자산 비중

2. 고령층 주거 금융지원 현황

1) 주거실태 현황

연령이 높아질수록 자가점유율과 자가보유율이 높은 상황으로 고령층의 2/3가 주택을 소유하고 있으며, 특히 70대 이상의 무주택가구 비중은 10%를 하회하는 낮은 수준으로 나타나고 있다.

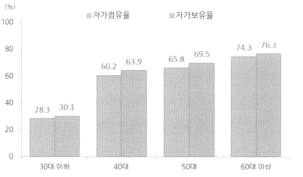

자료: 2020년 주거실태조사(국토교통부).

그림 13 연령별 주택소유 비중

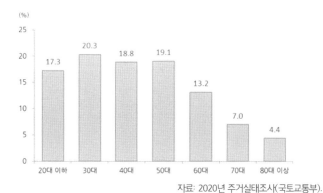

자료: 2020년 주거실태조사(국토교통부).

그림 14 연령별 무주택가구 비중

따라서 고령층은 주택 구입에 대한 금융지원보다는 임차 및 주거 서비스 개선을 위한 금융지원이 필요하다고 판단된다.

노인가구는 청년·신혼부부에 비해 장기간 동안 주택에 거주하는 현상을 보이는데, 2020년 기준 노인가구의 평균 거주기간은 14.8년으로 일반가구(7.6년)에 비해 길게 나타난다.

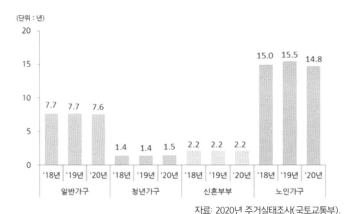

자료: 2020년 주거실태조사(국토교통부).

그림 15 현재 주택 평균 거주기간

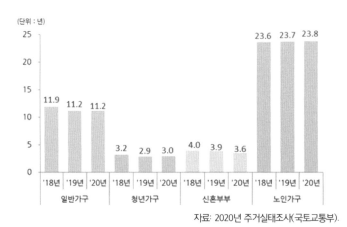

자료: 2020년 주거실태조사(국토교통부).

그림 16 평균 무주택기간

노인가구의 무주택기간은 2020년 기준 평균 23.8년으로 일반가구(11.2년)에 비해 상대적으로 높은 수치를 보인다. 따라서 노인가구는 다른 가구에 비해 주거이동성이 낮고 노후화된 주택에 거주할 가능성이 높은 것으로 나타난다.

고령층일수록 아파트보다 단독주택에 많이 거주하고 있으며, 특히 단독주택 주거에서 60대 이상 비중이 전체에서 약 50% 이상의 비중을 차지하고 있다. 즉, 고령층의 주거환경은 주택 세제, 주택금융 정책의 변화보다 공급정책(도시재생)등에 민감할 것으로 예상된다.

노인가구는 자가 거주가 높은 가운데 임차가구의 경우 전세보다 월세 거주 비중이 높은 것으로 나타나, 고령층의 임차가구에서는 정책적으로 월세에 대한 금융지원이 필요할 것으로 판단된다.

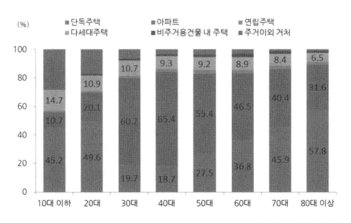

자료: 2020년 주거실태조사(국토교통부).

그림 17 연령별 주택유형 비중

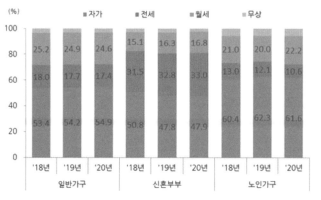

자료: 2020년 주거실태조사(국토교통부).

그림 18 가구특성별 주택점유형태 비중

연령이 높을수록 주택 구입 및 임차 관련 주택금융의 접근성이 낮은 것으로 나타났으며, 고령층일수록 자산 축적이 높아 자기자본으로 주택 구입 및 임차 자금을 조달하는 것으로 나타난다.

생애주기에 따른 소득·자산 격차의 확대로 인해 연령이 증가할수록 임차료, 대출금 상환에 대한 부담 정도가 약화되고 있다. 다

자료: 2020년 주거실태조사(국토교통부).

그림 19 주택 구입·임차 관련 금융기관 대출 비중

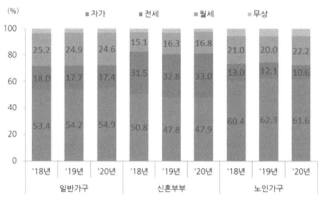

자료: 2020년 주거실태조사(국토교통부).

그림 20 주택 임차료 및 대출금 상환 부담 정도

만, 80대 이상은 70대에 비해 임차료 및 대출금 상환 부담이 상대적으로 높다.

수도권과 비수도권 모두 가구주 연령이 증가함에 따라 LTV가 감소하는 경향이 나타났으며, 고령자일수록 자산·소득이 증가함에 따라 주택가격에 비해 대출 금액이 작은 것이 주요 원인으로 해석된다.

수도권은 고령층의 DSR이 다른 연령에 비해 낮은 반면 지방은 다른 연령에 비해 높은 수준으로 나타나고 있다. 이러한 이유로 지방에서는 DSR 규제(40%)로 고령층의 대출제약이 상대적으로 크기 때문인 것으로 판단된다.

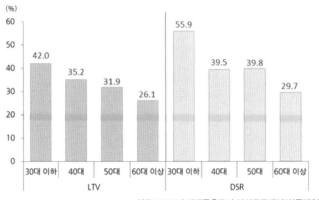

자료: 2018년 가계금융조사 마이크로데이터(통계청).

그림 21 연령별 LTV·DSR 수준(수도권)

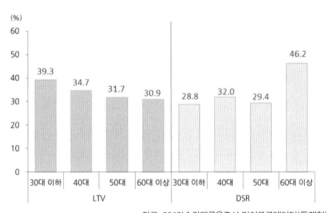

자료: 2018년 가계금융조사 마이크로데이터(통계청).

그림 22 연령별 LTV·DSR 수준(지방)

2) 주거 금융지원 현황

① 정책성 모기지 대출 상품

주택도시기금의 수요자대출은 무주택 서민(소득·자산 기준 충족)을 위해 주택 구입 및 전세자금을 저리로 대출하는 정책 상품으로 소득수준·대출만기·가구특성 등에 따라 차별화된 대출 금리 수준이 제공된다.

최근 청년·신혼부부 주거지원에 특화(금리 우대 등)된 기금 대출 상품이 증가하는 추세인 반면, 고령자에 대한 기금 상품의 지원은 청년·신혼부부에 비해 많지 않은 실정이다.

표 1 주택도시기금 구입자금 대출상품

구분	최대 대출한도	대출금리(%)	비고
디딤돌대출	3.1억	2.15~3.00	–
신혼부부전용 디딤돌대출	3.1억	1.85~2.70	신혼부부 특화
공유형모기지	2억	1.5(수익형) 1~2(손익형)	–
오피스텔 구입자금	0.75억	2.8	–
신혼희망타운전용 주택담보장기대출	4억	1.3	–

자료: 주택도시기금 홈페이지.

표 2 주택도시기금 전세자금 대출상품

구분	최대 대출한도	대출금리(%)	비고
버팀목대출	0.8억~1.2억	1.8~2.4	고령자 0.2%p 금리 우대
청년전용버팀목대출	0.5억~0.7억	1.2~2.1	청년층 특화
신혼부부 전용 버팀목대출	1.6억~2억	1.2~2.1	신혼부부 특화
주거안정 월세자금	960만 원 (2년간)	2.0(일반형) 1.0(우대형)	–
중소기업취업청년 전월세보증금대출	0.35억(보증금) 960만 원(월세)	1.3(보증금) 1.0(월세)	청년층 특화
노후 고시원 거주자 이주자금지원	0.5억	1.8	–

자료: 주택도시기금 홈페이지.

한국주택금융공사(이하 주금공) 정책성 대출상품은 고정금리 성격의 보금자리론, 적격대출로 구분한다. 청년·신혼가구를 대상으로는 금리 우대와 40년 만기 혜택을 제공되는데 반해, 고령층의 경우에는 이와 유사한 혜택이 없는 실정이다.

한편 주금공은 지자체·시중은행과 협약하여 신혼부부·청년을 대상으로 전세자금보증 협약대출을 운용하고 있는데, 지자체는 이자지원, 주금공은 특례보증, 시중은행은 대출시행을 통해 사업 추진을 협업하고 있다. 아직까지는 고령층의 취약계층을 대상으로 전세(월세)대출에 대한 지자체 이자지원 사업은 없는 실정이다.

표 3 한국주택금융공사 구입자금 대출상품

구분	보금자리론	적격대출(기본형)
대상	무주택자, 처분조건부 1주택자	무주택자, 처분조건부 1주택자
대상주택	6억 원 이하	9억 원 이하
대출한도	주택가격 최대 70%(3.6억 원 한도)	최대 5억 원 이하
대출기간	10년 이상~40년 이하	10년 이상~40년 이하
금리(고정금리)	4.50%~4.85%('22.7.1 기준)	5.01%~5.93%('22.7.1 기준)

자료: 한국주택금융공사 홈페이지 재정리.

표 4 한국주택금융공사 전세자금보증 협약대출

지원대상	협약 지차체
신혼부부&청년	서울, 부산, 인천, 제주, 경기, 충남, 경북, 울산, 안성, 세종, 대구
신혼부부	순천
청년	대전, 광주, 광양, 경남, 보령, 안양, 익산, 성남, 고양, 파주

자료: 한국주택금융공사 홈페이지 재정리.

② 정책성 모기지 대출 실적

최근 정책성 주택담보대출(보금자리론 및 디딤돌대출)의 연령별 비중은 아직까지 크지 않으나 소폭 증가하는 추세이다. 2020년에는 청년 및 신혼부부의 대출 비중이 확대되는 상황이었으나, 2022년(1~2월)에는 이들 계층의 대출 비중은 축소되는 반면 고령층의 비중은 소폭 증가하고 있다. 이에 반해 버팀목대출은 2021년 상반기에 고령층(60대 이상)의 대출비중이 3.5%로 작은 수준이다.

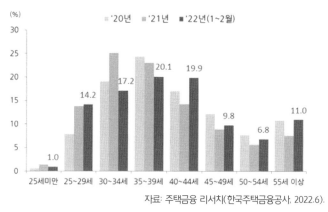

자료: 주택금융 리서치(한국주택금융공사, 2022.6).

그림 23 연령별 대출금액 비중(보금자리론·디딤돌대출)

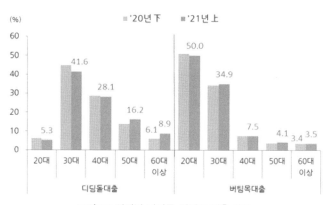

그림 24 연령별 디딤돌·버팀목 대출 비중

③ 주택연금

주택연금은 소유주택을 담보로 매월 연금을 지급받는 국가 보증의 역모기지론 상품으로 주금공은 심사를 거쳐 보증서를 발급하고, 은행이 보증서를 근거로 연금을 지급하는 구조이다.

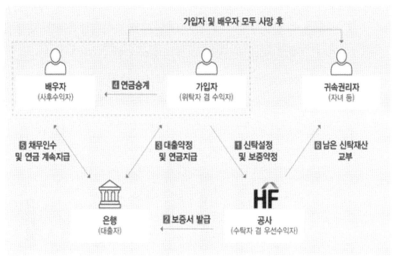

그림 25 주택연금 구조

'07년 7월 일반 주택연금 상품이 도입되었으며, '16년 3월에 「내집연금」 3종세트 상품이 출시되었다. 가입연령은 65세 이상에서 55세로 완화되었으며, 주택가격은 기존 공시지가 6억 원에서 9억 원으로 상향되었다.

표 5 한국주택금융공사 전세자금보증 협약대출

구분	일반 주택연금	내집연금 3종세트		
		주담대 상환용	우대형	사전예약 보금자리론
자격기준	1주택자, 다주택자 (공시가격 9억 이하, 55세 이상)		기초연금 수급자	40세 이상
주택가격	공시가격 9억 원 이하		1.5억 원 미만	보금자리론 신청하면서 주택연금 사전 예약. 연금 가입연령도달 시 주택연금 전환
지급유형	정액형, 초기증액형, 정기증가형	정액형만 가능 (지급 유형 변경 불가)		
인출용도	노후생활비	주담대상환용	노후생활비	
보증료율	초기보증료 1.5%, 연보증료 0.75%	초기보증료 1.5%, 연보증료 0.75%	초기보증료 1.5%, 연보증료 0.75%	

자료: 한국주택금융공사 홈페이지.

주택연금의 누적 가입 건수는 '내집연금' 3종세트 상품 영향으로 '16년 이후 매년 1만 건 이상이 신규 가입되었으며, 가입요건 완화, 상품의 다양화, 고령인구 증가 등의 영향으로 가입자가 증가하는 추세이다.

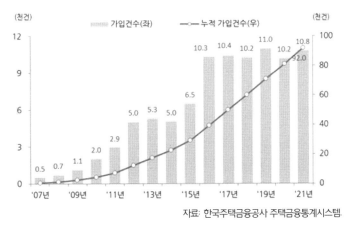

자료: 한국주택금융공사 주택금융통계시스템.

그림 26 주택연금 가입건수 추이

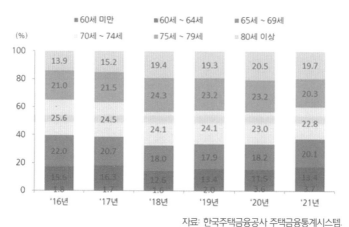

자료: 한국주택금융공사 주택금융통계시스템

그림 27 연령대별 주택연금 가입비율 추이

70세 이상 주택연금 가입 비중이 약 2/3 이상을 차지하는 가운데 80세 이상 가입 비중이 증가 추세이다. 최근에는 노후소득이 부족하고 월지급액이 많아지는 70대 이상이 주택연금 가입에 적극적이다.

지역별로는 2021년 기준 수도권 보증공급액 비중이 79.6%로 나타나 2019년 이후 증가 추세이며, 특히 경기도의 보증공급액이 약 6.4조 원으로 전년(4.1조 원) 대비 크게 증가하였다.

지급방식별로는 '21년 기준 종신지급 방식이 전체 신규 가입자의 약 60% 비중을 차지하고 있으며, 종신혼합방식 비중도 최근 몇 년간 약 20% 내외 비중을 유지하고 있다.

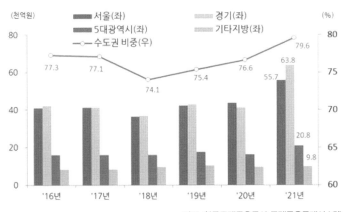

자료: 한국주택금융공사 주택금융통계시스템.

그림 28 지역별 주택연금 보증공급액 추이

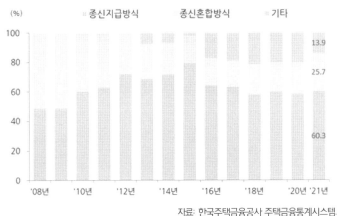

자료: 한국주택금융공사 주택금융통계시스템.

그림 29 지역별 주택연금 가입 비중 추이

④ '세대이음 자산공유형 더드림주택'

서울시와 주금공은 주택연금 가입자의 빈집을 활용한 새로운 유형의 공적임대주택을 공급하기 위해 '세대이음 자산공유형 더드림주택'을 출시하였다.

'더드림주택'은 주택연금가입자에게 추가적인 임대수익 창출로 노후생활 안정에 기여할 목적으로 설계된 상품이다.

서울시–주금공–SH공사의 협약을 통해 전대방식의 임대주택을 안정적으로 공급하였다. 각 기관의 역할을 보면, 주금공은 가입고객에게 추가 임대소득, 서울시는 신혼부부·청년에 주거안정, SH공사는 공급물량 채널 확보의 역할을 수행한다.

자료: '서울시-HF공사, 전국 최초 주택연금 가입자 빈집 청년-신혼부부에 임대', 서울시 보도자료(2020.10.28.).

그림 30 더드림주택(전대방식 임대) 사업 구조

표 6 더드림주택 사업 개요

대상주택	▸ 주택연금 가입주택 중 유휴주택* * 가입자가 요양원이나 병원 입원 등으로 집을 오래 비우게 되어 HF 공사로부터 주민등록 이전 승인을 얻은 주택
임대기간	▸ 2년(최대 1회 갱신 가능, 중도해지 시 위약금 부과)
입주대상	▸ 부부 합산소득이 도시근로자 평균소득의 120% 이내인 무주택가구 중 SH공사가 선정한 신혼부부·청년 등
임대료 등	▸ (임대료) 전세시세에 정기예금금리 수준을 감안하여 SH공사가 정한 임대수익률을 적용한 금액을 월할 지급 ▸ (전대료) 대상주택 전세시세의 80%
기타	▸ 환경개선비용 지원(서울시, 1호당 100만 원 이내)

자료: '서울시-HF공사, 전국 최초 주택연금 가입자 빈집 청년-신혼부부에 임대', 서울시 보도자료(2020.10.28.).

3. 고령층 주택금융지원 방안

1) 노후화된 고령자 주택에 대한 리모델링 금융지원 필요

고령자의 공공임대주택 공급계획은 청년·신혼부부에 비해 많지 않은 실정이며, 저소득 공급계획에 일부 고령자가 포함되어 있으나 고령자의 임차 수요 부족에 대한 우려는 여전히 존재한다.

고령자 임대주택 공급 확대를 위해 주택도시기금 출자·융자를 활용한 민간 건설 차원의 지원이 필요하며, 실버주택공급을 위한 대출대상·대출기간·대출이율 등에 대한 종합적인 검토도 필요하다.

표 7 주거복지포럼 공적주택 공급계획 및 실적 　　　　　　　　　　　　　(단위: 만호)

공급유형	공급계획	'18년(실적)	'19년(실적)	'20년	'21년	'22년
공공임대	90.2	17.2(19.4)	17.6(18.5)	18.1	18.6	18.7
청년	21.0	3.6(3.7)	4.1(4.8)	4.3	4.5	4.5
신혼부부	25.0	3.3(3.0)	4.6(4.4)	5.2	5.8	6.1
고령자	5.0	0.9(1.4)	0.9(0.9)	1.0	1.1	1.1
일반 저소득	39.2	9.4(11.3)	8.0(8.4)	7.6	7.2	7.0
공공분양 (착공)	15.0	1.8(1.9)	2.9(3.1)	2.9	3.5	3.9
합계	105.2	19.0(21.3)	20.5(21.6)	21.0	22.1	22.6

자료: '내 삶을 바꾸고, 지역·주민과 함께하는 주거복지 2.0 시대', 국토교통부 보도자료(2020.3.20.).

정부의 고령가구 지원정책은 '25년까지 임대주택 공급 확대와 주택 리모델링에 초점을 두고 있으며, 금융지원으로는 LH·SH 임대주택 계약금의 70% 대출 지원, 버팀목대출 0.2%p 우대이율 적용 등이 있다.

고령 가구의 주택 노후화 개선을 위해 기존주택의 리모델링을 위한 정책적 금융지원이 필요하며, 특히 이주비대출, 리모델링 사업비에 대한 저리 융자 및 보증 상품의 개발이 필요하다.

표 8 주거복지로드맵 고령가구 지원방안

공공임대 8만호 공급 ('18~'25)	▸ 무장애설계를 통한 맞춤형 임대주택 공급 확대 　－ 고령자 복지주택 1만호 건설 　　＊ 재가요양·돌봄서비스 제공 　－ 고령자 리모델링 1만호 공급 　　＊ 기존주택을 매입하여 커뮤니티시설 등을 갖춘 노인주택으로 리모델링후 공급
사례관리 서비스	▸ 지역사회통합돌봄(커뮤니티 케어, 복지부)을 통한 돌봄·사례관리 서비스 제공 협력 강화
헬스케어	▸ 건강관리 서비스와 연계하는 주거공간 기반 스마트 헬스케어 실증사업 추진('20.7.)

자료: '주거복지 로드맵 2.0', 국토교통부 보도자료(2020.3.20.) 재정리.

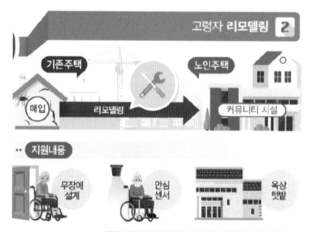

자료: '주거복지 로드맵 2.0' 국토교통부 보도자료(2020.3.20.).

그림 31 '고령자 리모델링' 지원 프로그램

한편 국토부와 LH는 저층부에 사회복지시설과 상층부에 고령자 친화형임대주택이 복합 설치된 '고령자복지주택' 공급을 추진하고 있는데, 2021년 기준 2,260호 공급 완료, 2025년까지 1만호 공급 계획을 갖추고 있다. 고령자복지주택 내 공공임대주택은 건설비의 80%, 사회복지시설은 건설비의 50%로 지원될 예정이다.[1]

자료: '24시간 고령자 스마트 돌봄 시범사업 착수' 국토교통부 보도자료(2021.11.4.).

그림 32 장성영천 고령자복지주택

자료: '24시간 고령자 스마트 돌봄 시범사업 착수' 국토교통부 보도자료(2021.11.4.).

그림 33 성남위례 고령자복지주택

---

1   재정지원 비율(출자 39%, 융자 41%), 지원단가(8,426천 원/3.3m², '21년 기준)

2) 다양한 역모기지 상품 개발 필요

국내 민간 금융기관 역모기지 상품은 2000년대 초반에 본격적으로 출시되었으나, 주택연금에 비해 불리한 상품 조건 등으로 판매 실적이 낮아 현재는 일부 은행에서만 취급하고 있는 실정이다.

민간 역모기지는 금융기관의 손실을 보전하는 보증(보험)제도가 미흡하여 역모기지 상품의 리스크(이자율 변동 리스크, 장수 리스크, 주택가격 변동 리스크)를 해지하기 어려운 구조이다.

표 9 국내 민간 역모기지 상품

구분	신한은행	농협	흥국생명	국민은행
시행일	2004.5.1.	2004.7.1.	2004.5.1.	2008.10.27.
대출대상	주택소유자 (연령제한 없음)	55세 이상 농업인	20세 이상 주택소유자	만 45~80세 미만 주택소유자
대출기간	5~15년	최대 10년	10, 15, 20년	10~30년(5년 단위)
지급방식	일정액 연금 지급	일정액 연금 지급	매월 월중 신청분 지급	일정액 연금 지급 특별인출금 10회 이내 지급
상환방법	만기 일시상환 (주담대로전환가능)	만기 일시상환	만기 일시상환 (다른 대출로 전환가능)	만기 일시상환 (1년 상환유예기간 적용)
대출한도	담보인정금액의 40~60%	담보인정금액의 50~60% (주거용부동산 60%)	담보인정금액의 50~60%	은행에서 정한 범위 (5년 단위 부동산 재평가)
판매실적[1]	510건/242억 원	15건/11억 원	1건/5천4백만 원	미확인

주: 1) 2008년 11월 기준.
자료: 「민간보증역모기지 모형과 보험료 구조」, 김선주, 건국대학교 박사논문.

한국의 공적보증 역모기지의 경우 생활비가 부족한 고령층의 노후소득 지원에 초점이 있는 반면, 일본의 민간 역모기지 상품은 보충적 자금원으로써 고령층의 주거서비스 지원에 특화되어 있다.

일본의 경우 주택건설·구입, 주택 리모델링, 고령자 주택 입주 등 특정 용도에 관해 낮은 금리의 대출을 운용함으로써 주거서비스 지원에 초점을 두고 있으며, 리스크 관리를 위해 가입조건을 엄격히 규정하고 있다.

표 10 국내 민간 역모기지 상품

구분	도쿄스타뱅크	미즈호은행	미츠비시 도쿄 HFJ 은행	스미토모 미츠이 은행
상품명	신형 리버스모기지 '충실한 인생'	미즈호프라임 에이지	역모기지형 주택관련 대출	SMBC 역모기지
대출대상	만 55세 이상		만 60세 이상	
대출금액	500만엔 이상∽ 1억엔 미만	1,000만엔 이상, 최대는 목적별상이	100만엔 이상, 최대는 목적별상이	1,000만엔 이상 2억엔 미만
사용처	원칙적으로 자유		주택 리모델링, 주택건설·구입, 고령자 주택의 입주 일시금	원칙적으로 자유
이자상환	매월 상환	대출잔금에합산	매월 상환	대출잔금에 합산
금리	변동금리 (예금연동형)	변동금리 (대출 목적에 따라 금리 상이)	변동금리	

자료: 고제헌·강영신, 2004, "최근 일본 민간 역모기지 상품 특징", 한국주택금융공사 주택금융연구원.

담보신탁과 자본시장을 통한 유동화 구조의 종신형 역모기지 상품의 개발이 필요하다. 주택 연금가입자는 은행에 주택을 담보신탁하고 평생거주권을 보장받는 계약을 체결하며, 은행은 이러한 풀링pooling된 담보자산으로 하는 채권(tranche로 구조화)을 발행한다. 은행은 담보자산의 현재가치에 상응하는 자금을 확보할 수 있으며, 이러한 자금을 유동성이 높은 국채 등에 투자한 수익을 가입자에게 월지급액으로 지급한다.

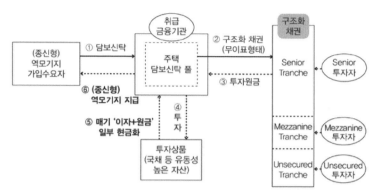

자료: 김영도·신용상, 2018, 「자본시장 통한 유동화 방식의 역모기지 도입 방안에 관한 연구」, 한국금융연구원.

그림 34 유동화를 통한 종신형 모기지 구조

3) 주거 취약 노년층에 대한 월세 금융지원 상품 필요

최근 임대차2법 도입, 저금리 지속 등으로 주택 임차시장에서 월세 거래 비중이 증가하고 있는데, 노년층의 임차가구는 非아파트 거주 비중이 높아 최근 임대차 환경변화에 직접적으로 영향을 받는다.

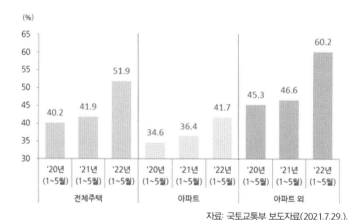

자료: 국토교통부 보도자료(2021.7.29.).

그림 35 주택 월세 거래비중 추이

임차 주거 부담 지표인 RIR은 노인가구가 다른 가구에 비해 높아 임차 주거 환경이 취약하므로, 소득이 없는 노인 임차가구에 한해 주거 금융지원정책(무이자 월세 대출 등)이 필요하다.

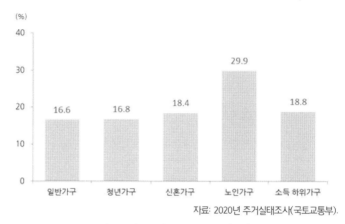

자료: 2020년 주거실태조사(국토교통부).

그림 36 월소득대비 임대료 비율(RIR)

4) 고령층에 대한 주택 금융 접근성 제고 필요

2020년 주거실태조사에서 노인가구의 경우 주거지원 프로그램에 대한 수요가 높은 항목은 '주택구입자금 대출지원'과 '주택개량·개보수 지원'인 것으로 조사되었으며, '주거상담과 정보제공'에 대한 수요도 다른 특성가구에 비해 높은 수준으로 나타난다. 주택 관련 정책성 대출에 대한 인지도에서는 노령층이 다른 연령층에 비해 낮은 수준으로 나타난다.

주거실태조사에서 나타나듯이 정부의 주거지원 프로그램 및 정책성 대출에 관한 인지도가 다른 연령층에 비해 낮아 정책적 차원에서 이들 계층에 대한 지속적 홍보가 필요하다.

:: 고령화 시대의 주택금융지원 방안

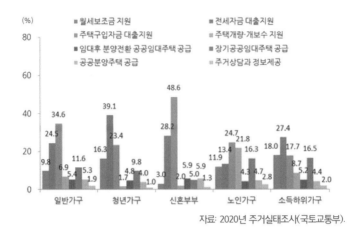

자료: 2020년 주거실태조사(국토교통부).

그림 37 필요한 주거지원 프로그램(1순위)

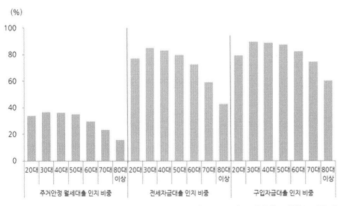

자료: 2020년 주거실태조사(국토교통부).

그림 38 주거지원 프로그램 인지여부

최근 금융권의 비대면 거래 증가로 고령층은 금융 이해력 및 정보력 부족으로 금융 접근성에 애로사항이 많으며, 이는 노년층의 대다수가 비대면 가입으로 인한 금리우대 혜택을 받지 못할 가능성이 많다는 것을 시사하고 있다.

고령층을 대상으로 주택금융 서비스에 대한 지속적인 교육과 홍

보가 필요하며, 대면 상담 활성화와 오프라인 교육 제공 등을 통
해 고령자 친화적인 금융 환경 조성이 필요하다.

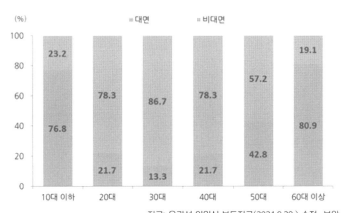

자료: 윤관석 의원실 보도자료(2021.9.29.) 수정·보완.

그림 39 연령별 비대면 가입 비율('21.6.)

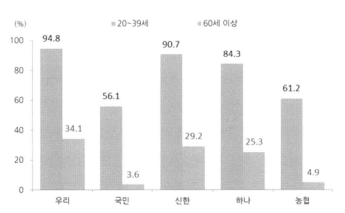

자료: 윤관석 의원실 보도자료(2021.9.29.) 수정·보완.

그림 40 연령별 우대 적금 적용 비율('20년 기준)

4. 결론 및 시사점

향후 고령화사회 진입과 고령 1인가구 증가로 주택시장의 패러다임 전환이 예상된다. 고령층의 가계대출은 다른 연령층에 비해 가계대출 증가율이 높은 수준이며, 고령층은 높은 부채 비중과 낮은 금융자산 비중으로 대출건전성이 취약한 상황이다.

정책성 주택대출 상품이 청년층·신혼부부에 맞추어져 고령층은 상대적으로 소외되고 있는데, 고령층의 다양한 수요에 부응하는 맞춤형 역모기지 상품의 개발이 필요하다. 향후 역모기지 상품 가입자의 증가가 예상되기 때문에 이러한 다양한 역모기지 상품의 개발은 고령층의 노후 소득과 부채 해결에 상당한 역할을 할 것으로 기대된다.

이외에도 고령층의 주거 금융지원 방안으로 주택 리모델링 금융지원, 월세 금융지원 상품, 금융 접근성 제고 등에 대한 체계적인 검토가 필요하다. 특히 고령층에 대한 실질적인 주택금융 이용실태 파악, 주거 금융지원을 위한 사회적 공감대 형성, 맞춤형주택금융지원체계의 마련이 고령층 주거 금융지원을 위한 선결과제라고 판단된다.

:: 참고문헌

고제헌 · 강영신(2004), 「최근 일본 민간 역모기지 상품 특징」, 한국주택금융
　　공사 주택금융연구원.
김선주, 「민간보증역모기지 모형과 보험료 구조」, 건국대학교 박사학위 논문.
김영도 · 신용상(2018), 「자본시장 통한 유동화 방식의 역모기지 도입 방안에
　　관한 연구」, 한국금융연구원.
국토교통부 보도자료(2020.3.19.), 「내 삶을 바꾸고, 지역 · 주민과 함께하는
　　주거복지 2.0 시대」.
국토교통부 보도자료(2020.3.20.), 「주거복지 로드맵 2.0」.
국토교통부 보도자료(2021.11.4.), 「24시간 고령자 스마트 돌봄 시범사업 착수」.
국토교통부(2021), 「2020년 주거실태조사」.
서울시 보도자료(2020.10.28.), 「서울시-HF공사, 전국 최초 주택연금 가입자
　　빈집 청년-신혼부부에 임대」.
윤관석 의원실 보도자료(2021.9.29.), 「우대금리 못 받는 적금가입자 60대 이
　　상 81%, 2030세대 17%로 4배 이상 격차」.
정지수(2022), 「국내 고령층 가계부채의 변화와 특징」, 자본시장포커스(2022
　　년 04호).
한국은행(2019), 「금융안정보고서」.
한국주택금융공사(2022), 「주택금융 리서치」.
주택도시기금 홈페이지(https://nhuf.molit.go.kr).
한국주택금융공사(https://www.hf.go.kr).

임대차시장 상생방안

한국주거복지포럼 편집팀

임대차시장
상생방안1

1. 들어가며

2022년 인천 미추홀구에서 시작된 전세사기의 피해는 화성시 동탄, 서울 은평구, 부산 등에서 동시다발적으로 피해신고 접수되면서 전국의 임차인들을 불안으로 내몰고 있다. 대다수의 피해자들은 자금 여력과 사회적 경험이 부족한 대학생과 신혼부부 등으로서 피해 규모는 수백억 원에 이를 것으로 추정되고 있다. 극단적 상황으로 내몰린 전세사기의 피해자들이 극단적인 선택을 하는 등 그 어느 때보다 사회적인 문제로 부각되고 있다. 그에 따라 정치권에서도 문제해결을 위한 대책의 필요성을 강하게 주장하고 있으며, 대통령도 2023년 4월 18일 국무회의에서 전세사기에 대한 대책이 제대로 작동하는지 점검할 것을 지시하고, 국토교통부 장관이 보고한 전세사기 부동산의 경매 일정 중단 등의 대책을

---

1 한국주거복지포럼 제73회 '주택시장과 서민 주거안정' 토론회 내용 중 '임대차시장 상생방안' 주제발표와 토론 내용만을 편집함(발제: 이종덕 대진대학교 교수).

승인하였다.[2] 2023년 초부터 관련 부처에서는 부동산 가격하락과 수요 감소에 따른 대책을 발표해 오다가 전세사기 사건이 사회적 이슈로 부각되자 피해자 보호 및 피해방지 대책들을 발표하였다.

그러나 정부와 정치권의 다양한 대책들에도 불구하고 피해자들 뿐만 아니라 학계에서도 미봉책에 불과하다는 시선이 적지 않다. 예컨대, 피해자들에 대한 금융지원책이나 우선매수권(내지 임차주택의 공경매낙찰지원)은 전세금 등 피해액 상당의 부채를 떠안고 있는 상태에서 長期低利는 결국은 재정적 부담을 가중시키는 것으로 이어질 수 있다. 피해 부동산의 경매 유예는 채권자의 정당한 권리행사를 부당하게 방해하는 것일 뿐만 아니라 이러한 조치로 인해 위험이 금융기관 등을 포함한 사회 전반으로 전이될 수 있다. 전세사기의 임차주택을 공공이 매입해서 임대공급하는 방안은 LH에 우선매수권을 양도하여 공공임대로 전환해 전세피해자가 장기간 저렴하게 거주할 수 있도록 하는 것이지만, 주거취약계층을 위한 LH의 공공임대제도를 전세피해자를 위해서 전용함으로써 주거취약계층의 보호와 다른 임차인들과의 형평성과 관련된 문제도 제기될 수 있다.

주거관계를 규율하는 「주택임대차보호법」은 1981년 3월 5일 "주거용건물의 임대차에 관하여 「민법」에 대한 특례를 규정함으로

---

2   YTN 2023년 4월 18일자 기사(https://www.yna.co.kr/view/MYH2023041800
14900641). 금융감독원은 전세사기 피해자 거주 주택의 채권 매각·경매가 진행 중인 사건에 대해 전 금융권에 매각 유예와 기일 연기를 요청하였으며, 올해 4월 20일부터 매각 및 경매 상황을 모니터링하고 있다. 2023년 5월 4일 금융감독원의 발표에 따르면, 인천 미추홀구 전세사기와 관련해 경매 기일이 도래한 28건이 모두 일정이 연기되었다.

써 국민의 주거생활의 안정을 보장함을 목적"으로 제정된 이래 최근까지 그 입법목적의 달성을 위한 법적 기능을 지속적으로 수행하고 있다.[3] 그 핵심적 사항은 주택임차인(이하 임차인이라고 칭함)의 임차권 보장에 있다. 동법에 따른 주택임차인의 보호내용은 i) 대항력의 인정, ii) 보증금의 안전한 반환보장, iii) 임대차 존속기간의 보장 및 iv) 차임(보증금) 인상의 제한을 통한 보호라 할 것이다.

「주택임대차보호법」은 이미 여러 차례 개정을 거쳤지만, 특히 2020년 개정법[4]은 임대차시장 전반에 걸쳐 엄청난 파장을 초래하였다. 소위 임대차3법[5] 중 계약갱신요구권(「주택임대차보호법」 제6조의3)과 전월세상한제(동법 제7조)가 「주택임대차보호법」에 편입되었다. 주택시장의 불안정 속에 전세에서 월세로의 전환이 점차 가속화되고 차임(또는 보증금)이 상승함에 따라 임차가구의 주거 불안과 주거비 부담이 가중되고 있으나, 현행법으로는 안정적인 주거를 보장하기에 충분하지 않다는 논의가 있으므로, 이에 임차인의 계약갱신요구권을 1회 인정하여 현행 2년에서 4년으로 임대차 보장기간을 연장하고(존속보장), 계약갱신 시 차임이나 보증금의 증액청구는 약정한 차임이나 보증금의 5%를 초

---

3 이도국, "현행 「주택임대차보호법」상 임차권 보장에 관한 소고 - 계약갱신요구권, 전월세상한제 및 조정제도를 중심으로 -", 「법과정책연구」 제22집 제3호, 한국법정책학회, 2022. 9., 5면.

4 법률 제17470호, 시행 2020. 7. 31. 법률 개정과 관련된 보다 자세한 과정에 대하여서는 노순범, "「주택임대차보호법」 개정에 따른 법적쟁점에 대한 소고", 「서울법학」 제29권 제1호, 서울시립대학교 법학연구소, 2021. 5, 151-153면 참조.

5 일반적으로 '임대차3법'은 「주택임대차보호법」에 규정된 이상의 두 가지 사항 이외에 「부동산거래신고 등에 관한 법률(이하 '부동산거래신고법')」에서의 '전월세신고제'를 통칭하는 표현이다.

과하지 못하도록 제한하려는 것이었다(차임 또는 보증금 인상 보호).[6]

그런데 많은 기대와 동시에 우려 속에서 계약갱신요구권과 전월세상한제가 2020년 7월 31일에 전격적으로 도입되었지만, 이러한 제도의 도입 취지와 목적에 비추어 실효성에 대한 논쟁은 사회와 학계에서 여전히 현재 진행형이다.

일부 임대인들의 문제로 인해 대다수의 선량한 임대인이 피해를 보는 경우도 발생하게 된다. 이러한 관점에서 현행 임대차, 특히 채권적 전세의 문제점과 주택임대차등기의 의무화를 통해 근본적으로 전세사기의 문제를 비롯한 임대차시장의 상생방안을 논의하고자 한다.

2. 주택임대차 시장의 현황과 특징

1) 주택임대차 시장의 현황

최근의 통계조사에 따르면, 2021년 주택보급률은 102.2%로 가구 수보다 약 48만 호나 많은 주택이 있다.[7] 그럼에도 불구하고 자가점유율은 저소득층의 경우 44.8%, 중소득층도 61.9%로 각각 나타

---

6   이도국, 앞의 논문(각주 5), 5면.
7   통계자료(각주 3)에 따르면, 국내 주택보급률은 2007년 99.6%에서 2008년부터 주택 수가 가구수를 넘어서기 시작하여 계속 100% 이상으로 유지되고 있으며, 특히 2018년 에 104.2%로 최고치를 기록하였다.

났다.[8] 특히 주거난이 심각한 수도권의 경우에는 저소득층의 61.8%, 중소득층의 43.0%가 임차주택에서 생활하는 실정이다. 결국 많은 국민들은 여전히 높은 주택가격과 주거비 부담 문제, 잦은 이사 등 잠재적 위험에 노출되어 있다.[9] 이러한 임차가구의 주거불안정과 가계부담의 심화는 단순히 임차가구의 고통에만 머물지 않고 우리 경제의 민간소비와 내수경제의 위축으로 연결되고 우리 사회의 계층 간 위화감의 심화와 후속세대의 재생산을 어렵게 하는 중요 원인 중 하나이므로 국가적·사회적 차원의 해결책이 절실한 상황이다.[10]

한편, 국내 임대주택(2021년 기준)은 약 330만호로 그중에서 공공임대주택이 약 176만호, 민간임대주택이 약 152만호를 차지하고 있다. 임대주택은 공공영역에서 54.0%를, 민간영역에서 46.0%를 각각 담당하고 있다. 거주 가구들의 높은 만족도[11]를 보이는 공공임대주택에서는 한국토지주택공사가 75.1%를 공급하고 있어 매우 높은 비중을 보이고 있다. 민간임대주택에서는 개인과 법인이

8　연도별 주거실태조사에서 소득분위는 저소득층 1~4분위, 중소득층 5~8분위, 고소득층 9~10분위를 의미하며, 소득 상위 10%가 10분위로 분위별로 각각 10%씩 차감하여 소득하위 10%가 1분위에 해당한다.

9　현재 주택 거주기간이 2년 이내인 가구는 전체가구 중 37.2%이며, 자가 가구는 19.6%, 임차가구(전세)는 61.4%로 나타났다. 지역별로 보면, 수도권(41.0%)에서 광역시 등(37.5%), 도지역(31.0%)에 비해 상대적으로 주거이동이 잦았다. 이사 경험이 있는 가구를 대상으로 현재주택으로 이사한 이유를 조사(복수응답)한 결과, '시설이나 설비 상향(50.4%)', '직주근접(29.6%)', '주택마련을 위해(28.4%)' 순으로 나타났다.

10　추선희/김제완, 개정 「주택임대차보호법」상 갱신요구권에 관한 몇 가지 쟁점, 법학논집 제25권 제1호(2020), 147면.

11　국토교통부의 2021년 주거실태 조사 결과(각주 3), 공공임대주택에 거주하고 있는 가구 중 95.2%가 만족한다고 응답하여 주거지원 프로그램에 대한 만족도는 상당히 높은 것으로 나타났다. 만족하는 이유로는 '저렴한 임대료(50.2%)', '자주 이사를 하지 않아도 되므로(39.2%)' 순으로 나타났다, 국토교통부 2022. 12. 20. 보도자료, 「2021년도주거실태조사 결과」 발표, 5면 이하.

각각 67.0%와 33.0%를 담당하고 있는 것으로 나타났다. 최근 문제된 전세사기 사건은 민간임대주택에서 개인이 임대하는 주택에서 주로 발생한 것으로 그에 대한 대책 마련이 요구되고 있는 실정이다. 민간임대주택사업자제도를 시행하고 있으나 임대주택에 대한 세제혜택을 부여하면서 임대인의 선택에 맡기고 있다. 「민간임대주택법」 제5조 제1항에 따른 주택 1채 이상을 임대하겠다고 특별자치시장·특별자치도지사·시장·군수 또는 구청장(구청장은 자치구의 구청장을 말하며, 이하 "시장·군수·구청장"이라 한다)에게 등록을 신청을 통해서 임대주택법상 민간임대사업자가 될 수 있다(「민간임대주택법」 제2조 제7호). 동법 동조 제7항12에서 시장·군수·구청장은 임대사업자의 등록신청을 거부할 수 있도록 규정하고 있다. 이러한 임의적인 민간임대사업자등록제는 전세사기의 방지에 적절한 기능을 할 수 없으므

〈'21년 공공임대주택 만족도(%)〉

구분	만족하는 이유	비중
1위	저렴한 임대료	50.2
2위	자주 이사를 하지 않아도 되므로	39.2
3위	시설이나 주변여건이 좋아서	7.8
4위	가구상황(가구원수 증가 또는 감소 등)에 적합한 주택규모 등	2.7
5위	기타	0.1

12 「민간임대에 관한 특별법」 제5조(임대사업자의 등록) ⑦ 시장·군수·구청장이 제1항에 따라 등록신청을 받은 경우 다음 각 호의 어느 하나에 해당하는 때에는 해당 등록신청을 거부할 수 있다. 〈신설 2020.8.18., 2023.3.28.〉
  1. 해당 신청인의 신용도, 신청 임대주택의 부채비율(등록 시 존속 중인 임대차계약이 있는 경우 해당 임대보증금을 포함하여 산정하고, 임대차계약이 없는 경우에는 등록을 신청하려는 자로부터 등록 이후 책정하려는 임대차계약의 임대보증금의 상한을 제출받아 산정한다) 등을 고려하여 제49조에 따른 임대보증금 보증 가입이 현저히 곤란하다고 판단되는 경우.
  2. 해당 주택이 「도시 및 주거환경정비법」 제2조제2호에 따른 정비사업 또는 「빈집 및 소규모주택 정비에 관한 특례법」 제2조제1항제3호에 따른 소규모주택정비사업으로 인하여 제43조의 임대의무기간 내 멸실 우려가 있다고 판단되는 경우.
  3. 해당 신청인의 국세 또는 지방세 체납 기간, 금액 등을 고려할 때 임차인에 대한 보증금 반환채무의 이행이 현저히 곤란한 경우로서 대통령령으로 정하는 경우.

로 민간임대사업자는 반드시 등록을 하도록 강제함으로써 임대인의 신용도, 임대주택의 부채비율 등으로 인해「민간임대주택법」제49조에 따른 임대보증금 보증가입이 현저히 곤란한 경우나 국세 또는 지방세 체납 기간, 금액 등으로 인해 보증금반환채무의 이행이 현저히 곤란한 경우에는 임대차시장으로의 진입 자체를 봉쇄하는 것도 하나의 방안이 될 수 있을 것이다.

표 1 2021년 임대주택 재고현황[13]

구분	총 계	공공임대주택				민간임대주택		
		소계	LH	지자체 및 지방공사	민간[14]*	소계	개인	법인
호	3,290,295	1,775,276	1,333,346	335,225	106,705	1,515,019	1,015,546	499,473

2021년 자가가구의 연소득 대비 주택가격 배수Price Income Ratio는 전국 기준 6.7배(중위수)로, '20년(5.5배) 대비 상승하였다.[15] 지역별로는 수도권이 10.1배, 광역시 등은 7.1배, 도지역은 4.2배로, 모든 지역에서 PIR이 전년 대비 상승한 것으로 나타났다. 2021년 임차가구의 월소득 대비 월임대료 비율Rent Income Ratio은 전국 기준

---

13 국토교통부「임대주택통계」참조.
(https://kosis.kr/statHtml/statHtml.do?orgId=116&tblId=DT_MLTM_6825&conn_path=I3)

14 민간부분에 의한 민간임대주택에서의 우선분양전환제도는 규제완화 차원에서 민간임대「주택특별법」(법률 제13499호, 2015. 8. 28., 전부개정)을 통해 폐지되었으나, 동법 부칙 제2조 제1항에 따라 이전에 사업승인을 받아 건축된 민간건설임대주택에 대하여는 우선분양전환이 가능하다, 이병준, "공공임대주택에서 우선분양전환권과 임차인의 의미", 재산법연구 제35권 제4호, 한국재산법학회, 2019.2., 86면.

15 가구주가 된 이후 생애최초 주택을 마련하는 데 소요된 연수는 '21년 7.7년으로 '20년 (7.7년)과 동일한 것으로 나타났다.

〈 생애최초 주택마련 소요연수(년) 〉

구분	2016	2017	2018	2019	2020	2021
소요연수	6.7	6.8	7.1	6.9	7.7	7.7

15.7%(중위수 기준)로 '20년(16.6%)에 대비 감소하였다. 지역별로는 수도권은 17.8%, 광역시 등은 14.4%, 도지역은 12.6%로, 모든 지역에서 RIR이 전년 대비 감소한 것으로 나타났다.

표 2 연도별 PIR과 RIR 변화[16]

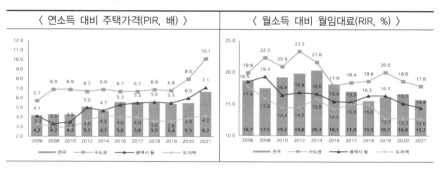

다른 측면에서 빌라형 주택[17]은 아파트와는 다른 특성을 보인다. 경제학에서 어떤 재화에 대해서 교환가치(交換價值)와 사용가치(使用價值)가 있을 때 통상적으로 사용가치보다 교환가치가 높으나, 빌라형 주택 같은 경우 일단 구입하면 1주택자(1주택소유자)가 돼서 청약 순위에서 후순위로 밀려나게 된다. 사용가치, 즉 임대가치에 대한 가치는 높으나 보유측면에서 아파트를 더 보유하고 싶으나 잘못했다가 청약에서 후순위로 밀려 아파트를 못 사게 될까봐 빌라는 소유를 하고 싶지 않은 심리적 측면이 있다. 그래서 많은 빌라형 주택을 소유하는 사람들은 이걸 임대를 주고 나중

---

16 국토교통부 2022. 12. 20. 보도자료, 「2021년도주거실태조사 결과」 발표, 3면.
17 통상적으로 다세대주택과 연립주택을 '빌라' 라 부른다.

에 노후에 임대료 조금 올려가면서 노후자금으로 보장받으려는 사람과 내집 마련을 하고 싶지만 아파트를 사지 못하는 경우 외에는 빌라형 주택을 사는 사람은 없다.

2) 임대차시장의 특징

임대차시장은 일반 재화가 거래되는 시장[18]과 달리 특별한 성질을 가진다. 그러한 특성으로는 부동성, 부증성, 영속성, 개별성, 고가성 등을 들 수 있는데, 일반재화와 임대차의 목적인 부동산이 가지고 있는 여러 가지 특성들에서 기인한다. 임대차시장은 여러 특성으로 인하여 불완전 경쟁시장이 된다.

(1) 시장의 지역성

임대차시장은 부동산의 지리적 위치의 고정성으로 인해 일정한 지역에 국한되는 지역적 시장 또는 국지적 시장이다. 부분 시장별로 초과수요나 초과공급 상태가 지속되기도 한다. 초과수요 시에는 임대인 중심의 시장이 되며, 초과공급 시에는 임차인 중심의 시장이 된다. 특정 지역에는 소수의 구매자와 소수의 판매자가 존재하여 동질적인 아파트일지라도 지역이나 주변환경에 따라 서로 다른 가격이 형성되는 것이 일반적이다. 최근에는 온라인 중개앱 등이 활성화되고 있지만, 임대차시장의 부동성으로 인해 정보가 불완전하여 지역 사정에 정통한 공인중개사들의 역할이 필요하다.

....

18 시장은 매수인과 매도인에 의해 재화의 교환이 자발적으로 이루어지는 공간을 의미한다. 즉 어떠한 재화나 서비스에 대한 수요와 공급이 지속적으로 이루어짐으로써 가격이 결정되는 메커니즘이 이루어지는 것을 의미한다.

(2) 수급조절의 곤란성

임대 부동산의 공급에는 상당한 시간이 소요되는 것이 일반적이므로 수요가 급증하더라도 공급이 적시에 이루어지기 어렵다. 이러한 수급조절의 곤란성으로 임대차시장의 상황이 변하여도 수요와 공급을 적절한 균형을 맞추는 것은 상당히 어렵고, 오랜 기간이 소요되는 경우가 많다.

(3) 임대부동산의 비표준화성

임대 부동산은 개별성을 가지므로 상품의 규격화나 표준화가 매우 어려운 탓에 일반 재화에 비해 대체 가능성이 낮고, 일물일가의 법칙이 통용될 수 없다.

(4) 법적 제한의 과다

임대 부동산은 사회성이나 공공성이 강조되는 재화이므로 일반적 재화에 비해 법적 제한이 많다. 이로 인해 단기적으로는 임대차 가격의 왜곡현상이 초래되거나, 시장의 자율조정기능을 저하시켜 시장을 불완전하게 만들기도 한다.

3) 논점

주택보급률이 이미 100%를 넘어선 지도 상당한 기간이 흘렀으나, 임대차시장이 가지는 특수성으로 인해 임대차시장에서 수요와 공급의 적절한 균형을 이루기보다는 서울, 광역시 기타 인구밀집지역에서 임대차시장은 임대인 중심의 시장으로 기울어진 것으로 평가할 수 있다. 그에 더해 임대인과 임차인 사이에서 존재하는 사회구조적인 힘의 불균형은 인간다운 생활을 위한 필수적 요건인 임차인의 주거권 보장을 더욱 어렵게 만드는 요인으로 작용하고 있다. 따라서 공공임대주택의 공급을 확대함으로써 주거취약자들을 보호할 수 있을 것이지만, 공적 자금의 한정성이나 민간임대업의 위축 우려 등을 고려하면 무한정 확대를 주장하기도 어려운 면이 있다. 다만 전세사기 사건이 주로 민간임대주택에서 발생하고 있는 점을 고려하면, 임대사업자등록을 강제함으로써 「민간임대주택법」 제5조 제7항의 임대사업자 등록거절 사유에 해당하는 부실한 임대인들을 임대차시장에서 추방함으로써 임차인의 보증금반환청구권의 실효성을 높일 수 있을 것이다. 또한 일정한 규모 이상의 임대사업을 영위하는 경우에는 임차인의 보증금반환청구권 보호를 위해 일정비율의 자본금, 보증금반환을 위한 지급준비금 등의 추가적인 요건을 구비하도록 보완할 필요가 있다.

3. 임대차시장의 상생방안

1) 채권적 전세제도에 대한 비판적 검토

(1) 전세권(傳貰權) 제도

「민법」 제303조 제1항에서 규정하고 있는 전세권은 전세금을 지급하고 타인의 부동산을 그 용도에 좇아 점유·사용·수익하며,

그 부동산 전부에 대하여 전세금의 우선변제를 받을 수 있는 권리
이다. 우리 「민법」상 재산법 부분의 법제도는 서구에서 형성 및
발달된 것을 계수하여 규정된 것임에 반해, 전세권제도는 그 기원
이 동양사회 특유의 관행에 있다는 점이 특징적이다. 이는 조선
후기로부터 일제 강점기에 걸쳐서 주로 도시에서 건물에 관하여
이용되어 온 관습법상 제도로서 전세를 「민법」제정과 함께 물권
의 일종으로 편입하여 성문화한 것으로서,[19] 부동산의 임대차와
금전소비대차의 기능을 동시에 충족시키는 양면적 기능을 하고
있다.[20] 관습의 전세제도는 부동산소유자가 세입자로부터 일시
에 상당액의 전세금을 지급받는 대신 대여기간 중에는 따로 차임
을 지급받지 않으며, 기간경과 후에 전세금을 반환하고 목적물을
반환받는다. 이를 통해서 부동산소유자는 일시에 지급받은 전세
금을 이자지급 없이 사용할 수 있는 금융의 편의를 얻는 것이며,
다른 한편 세입자는 월세 등의 형태로 차임을 지급하는 번거로움
없이 부동산을 점유·사용할 수 있는 이익을 얻는 것이다. 「민법」
은 이러한 구관습법상의 전세를 그대로 수용하여 물권으로 구성
함으로써 전세권자의 용익권자로서의 지위를 강화함과 동시에
전세금에 대한 우선변제권을 명문화하여 전세권의 담보적 기능
을 뒷받침하고 있다.

---

19 우리나라의 전세관습에 관한 조사기록으로는 일제가 식민지지배의 기초자료를 마련할
    목적으로 실시한 구관습제도조사사업에 의한 '관습조사보고서'가 가장 오래된 문헌이
    다. 곽윤직(편)/박병대(집), 『민법주채 제6권 물권 (3)』, 박영사, 2007, 155면. 구체적인
    전세제도의 기원에 대하여는 이홍민, "채권적 전세의 법적 규율", 『고려법학 제66호』, 고
    려대학교 법학연구원, 2012. 9., 90면 이하 참조.
20 곽윤직(편)/박병대(집), 『민법주채 제6권 물권 (3)』, 박영사, 2007, 151면.

(2) 전세권과 채권적 전세

가. 전세권과 채권적 전세의 이용 현황

이미 살펴본 바와 같이 관행에 의한 전세제도는 제정민법에서 전세권이라는 물권으로 편입되었지만, 채권적 전세에 대한 내용은 찾을 수 없다. 그런데 실제 사회에서는 이용자의 권리가 강한 전세권제도는 거의 이용되지 않고, 채권적 전세가 널리 활용되고 있다. 이는 부동산의 소유자가 자기의 부동산을 이용하는 자보다도 강력한 지위를 보유하려 하므로 이용자가 대항력과 처분권까지 가지게 되는 강한 물권의 설정을 회피하려 하고, 전세등기를 하게 되면 은행 등 다른 금융기관으로부터 대출을 받을 때 대출한도액이나 대출조건에 있어 불리할 수가 있고, 등기사항에 전세권이 표시되므로 稅源이 있는 그대로 드러나게 되며, 인감증명의 교부 등 등기절차 자체를 번거롭게 느끼는 일반의 타성과 등기세의 부담 및 말소등기 과정에서 세입자가 충분히 협조해 줄 것인지에 대한 우려 등 복합적인 요인이 작용한 결과이다.[21]

법원 등기정보광장[22]의 자료에 따르면, 최근 3년(2020~2022년)간 총 등기신청은 49,558,284건에 달하고 있지만, 전세권 관련 등기는 452,165건으로 0.9%에 불과하다. 더욱이 실제에 있어서 전세권 등기가 담보목적으로 활용되고 있는 점을 고려하면 용익물권으로서 기능은 사실상 미미한 것으로 평가된다. 그에 반하여 채권적 전세는 2006년 22.4%에서 2019년 15.1%로 줄어들기는 하였으

---

21 곽윤직(편)/박병대(집), 『민법주해 제6권 물권 (3)』, 박영사, 2007, 153면.
22 법원 등기정보광장 사이트 https://data.iros.go.kr/ 참조.

나 실제에서 상당히 활용되고 있는 것으로 평가될 수 있다.[23] 주거를 위해 타인 소유의 건물을 이용하는 법적 수단으로서 전세와 보증금 있는 월세가 대부분을 차지하고 있으며, 전세금 내지 보증금의 반환과 관련하여 많은 사회적 문제를 야기하고 있다.

나. 전세권과 채권적 전세의 효력상 차이점

「민법」상 전세권은 구관습상 전세에 기초하여 성문화된 것이고, 그리고 관습상 전세도 전세권과 마찬가지로 전세금의 수수를 통한 자금유통의 부수적 기능을 수행하고 있다. 양자는 타인의 물건을 사용하는 법적 수단으로서 역할을 하는 점에서는 동일하다. 그러나 전자는 물권임에 반하여 후자는 특수한 형태의 임대차, 즉 채권으로서 본질적인 차이점이 있다.[24] 전세권에서는 등기를 통해서 공시되고, 부동산 전부에 대하여 전세금을 우선 변제를 받을 수 있는 권리가 인정되고 있어 이와 관련하여 전세권자의 보호가 크게 문제되지 않는다. 그에 반하여 채권적 전세에서는 세입자가 지급한 전세금은 채권적 권리에 머물고 있기 때문에 저당권, 전세권 등의 다른 물권자보다 후순위에 위치하여 다액의 전세금을 반환받지 못할 위험에 처하게 된다. 이러한 이유에서 「주택임대차보호법」은 대항력,[25] 우선변제권,[26] 최우선변제권,[27] 임차권등기

---

23 국토교통부의 주거실태조사에 따르면, 주거의 점유형태별 분포는 다음 표와 같다.

구분	2006년						2019년					
	자가	전세	보증금 있는 월세	보증금 없는 월세	사글세	무상	자가	전세	보증금 있는 월세	보증금 없는 월세	사글세	무상
비율	55.6	22.4	15.1	2.1	1.8	3.1	58.0	15.1	19.7	3.3	0.0	3.9

24 설사 주택임차인이 그 지위를 강화하고자 별도로 전세권설정등기를 하더라도 「주택임대차보호법」상 주택임차인으로서의 우선변제를 받을 수 있는 권리와 전세권자로서 우선변제를 받을 수 있는 권리는 근거 규정 및 성립요건을 달리하는 별개의 권리이다.

명령28 등의 보호규정들을 마련하고 있다.

우리나라 대법원도 이러한 전세권과 채권적 전세의 본질적 차이점에 대하여 명시적으로 확인한 바 있다.29 주택임차인이 그 지위를 강화하고자 별도로 전세권설정등기를 하더라도 「주택임대차보호법」상 주택임차인으로서의 우선변제를 받을 수 있는 권리와 전세권자로서 우선변제를 받을 수 있는 권리는 근거 규정 및 성립요건을 달리하는 별개의 권리이고, 그에 따라 주택임차인이 그 지위를 강화하고자 별도로 전세권설정등기를 마쳤더라도 주택임차인이 「주택임대차보호법」 제3조 제1항의 대항요건을 상실하면 이미 취득한 「주택임대차보호법」상의 대항력 및 우선변제권을 상실한다.30 이러한 대법원의 판단을 비판하면서 주택임차인

25 「주택임대차보호법」 제3조(대항력 등) ① 임대차는 그 등기(登記)가 없는 경우에도 임차인(賃借人)이 주택의 인도(引渡)와 주민등록을 마친 때에는 그 다음 날부터 제삼자에 대하여 효력이 생긴다. 이 경우 전입신고를 한 때에 주민등록이 된 것으로 본다.

26 「주택임대차보호법」 제3조의2(보증금의 회수) ② 제3조제1항·제2항 또는 제3항의 대항요건(對抗要件)과 임대차계약증서(제3조제2항 및 제3항의 경우에는 법인과 임대인 사이의 임대차계약증서를 말한다)상의 확정일자(確定日字)를 갖춘 임차인은 「민사집행법」에 따른 경매 또는 「국세징수법」에 따른 공매(公賣)를 할 때에 임차주택(대지를 포함한다)의 환가대금(換價代金)에서 후순위권리자(後順位權利者)나 그 밖의 채권자보다 우선하여 보증금을 변제(辨濟)받을 권리가 있다.

27 「주택임대차보호법」 제8조(보증금 중 일정액의 보호) ① 임차인은 보증금 중 일정액을 다른 담보물권자(擔保物權者)보다 우선하여 변제받을 권리가 있다. 이 경우 임차인은 주택에 대한 경매신청의 등기 전에 제3조제1항의 요건을 갖추어야 한다.
② 제1항의 경우에는 제3조의2제4항부터 제6항까지의 규정을 준용한다.
③ 제1항에 따라 우선변제를 받을 임차인 및 보증금 중 일정액의 범위와 기준은 제8조의2에 따른 주택임대차위원회의 심의를 거쳐 대통령령으로 정한다. 다만, 보증금 중 일정액의 범위와 기준은 주택가액(대지의 가액을 포함한다)의 2분의 1을 넘지 못한다.

28 「주택임대차보호법」 제3조의3(임차권등기명령) ① 임대차가 끝난 후 보증금이 반환되지 아니한 경우 임차인은 임차주택의 소재지를 관할하는 지방법원·지방법원지원 또는 시·군 법원에 임차권등기명령을 신청할 수 있다.

29 대법원 2007.6.28., 선고, 2004다69741, 판결.

30 대법원(대법원 2007.6.28., 선고, 2004다69741, 판결)은 이러한 판단의 근거로서 주택임차인이 그 지위를 강화하고자 별도로 전세권설정등기를 마치더라도 주택임대차보호법상 주택임차인으로서의 우선변제를 받을 수 있는 권리와 전세권자로서 우선변제를 받을 수 있는 권리는 근거 규정 및 성립요건을 달리하는 별개의 것이라는 점, 「주택임대차보

이 「주택임대차보호법」상의 대항력을 상실하더라도 전세권자의 대항력 및 우선변제권을 전세등기일을 기준으로 하여 인정하는 것이 타당하다는 주장도 있다.[31] 또한 최근 대법원은 임대차계약에 따른 임대차보증금반환채권을 담보할 목적으로 임대인과 임차인 사이의 합의에 따라 임차인 명의로 전세권설정등기를 마친 경우, 그 전세금의 지급은 이미 지급한 임대차보증금으로 대신한 것이고, 장차 전세권자가 목적물을 사용·수익하는 것을 완전히 배제하는 것도 아니므로, 그 전세권설정등기는 유효하다고 판시한 바 있다.[32] 다만 그러한 전세권설정계약은 위와 같이 임대차계약과 양립할 수 없는 범위에서 통정허위표시에 해당하여 무효라고 봄이 타당하다. 따라서 그러한 전세권설정계약에 의하여 형성된 법률관계에 기초하여 새로이 법률상 이해관계를 가지게 된 제3자에 대하여는 그 제3자가 그와 같은 사정을 알고 있었던 경우

호법」 제3조의3 제1항에서 규정한 임차권등기명령에 의한 임차권등기와 동법 제3조의4 제2항에서 규정한 주택임대차등기는 공통적으로 「주택임대차보호법」상의 대항요건인 '주민등록일자', '점유개시일자' 및 '확정일자'를 등기사항으로 기재하여 이를 공시하지만 전세권설정등기에는 이러한 대항요건을 공시하는 기능이 없는 점, 「주택임대차보호법」 제3조의4 제1항에서 임차권등기명령에 의한 임차권등기의 효력에 관한 동법 제3조의3 제5항의 규정은 「민법」 제621조에 의한 주택임대차등기의 효력에 관하여 이를 준용한다고 규정하고 있을 뿐 「주택임대차보호법」 제3조의3 제5항의 규정을 전세권설정등기의 효력에 관하여 준용할 법적 근거가 없는 점 등을 들고 있다.

31 자세한 내용은 오시영, "전세권과 주택임차권의 대항력과 우선변제권 비교(대법원 2007.6.28. 선고 2004다69741 판결)", 『민사법학』 제44호, 한국민사법학회, 2009. 3., 162면 이하. 그에 대한 근거로 「주택임대차보호법」 제3조의3(임차권등기명령) 제1항 및 동법 제3조의4(「민법」에 따른 주택임대차등기의 효력 등) 제1항에 의한 임대차등기가 이루어지면 동법 제3조의3 제5항에 의해 임차인은 주택임대차의 대항력 및 우선변제권을 취득하며, 임차인이 임차권등기 이전에 이미 대항력이나 우선변제권을 취득한 경우에는 그 대항력이나 우선변제권은 그대로 유지되며, 임차권 등기 이후에 제3조 제1항 또는 제2항의 대항요건을 상실하더라도 이미 취득한 대항력이나 우선변제권이 상실되지 않는다는 점을 들고 있다.

32 대법원 2021.12.30., 선고, 2018다268538, 판결. 이러한 대법원의 판단에 대한 비판적 견해로 최수정, "임대차보증금반환채권을 담보하기 위한 전세권의 효력과 효과 - 대법원 2021.12.30. 선고 2018다268538 판결에 대한 비판적 검토를 통하여", 민사법학 제99호, 한국민사법학회, 2022.6., 383면 이하.

에만 그 무효를 주장할 수 있다.[33]

(3) 논점

구관습에서 기원한 전세제도가 「민법」규정을 통해서 전세권으로 편입되었으나, 법현실에서는 임대인에게 유리한 채권적 전세가 압도적으로 많이 이용되고 있다. 전세권은 용익물권이면서도 전세기간만료 후의 전세금반환을 보장하기 위하여 우선변제권을 인정하여 담보물권적 성격도 가미된 것으로 평가되고 있다. 그에 반하여 채권적 전세는 차임지급방식에 있어서 특수성을 가지는 임차권에 해당한다는 점에서 지급된 전세금의 반환에 대한 위험이 내재되어 있다. 따라서 「주택임대차보호법」에서 대항력, 우선변제권, 최우선변제권, 임차권등기명령 등을 두고 있으나, 이는 임차인의 보호를 명분으로 저당권자나 다른 채권자들의 손해를 감수하도록 하는 제도이다. 또한 이러한 채권적 전세의 영향으로 차임채권과 건물손상에 대한 손해배상채권을 담보하기 위한 목적으로 수수되는 보증금 역시 필요한 범위를 넘어 과도한 다액으로 수수되고 있다. 「독일민법」제551조[34] 제1항에서는 임

---

33 대법원(대법원 2021.12.30., 선고, 2018다268538, 판결)은 임대차계약에 따른 임대차보증금반환채권을 담보할 목적으로 유효한 전세권설정등기가 마쳐진 경우에는 전세권저당권자가 저당권 설정 당시 그 전세권설정등기가 임대차보증금반환채권을 담보할 목적으로 마쳐진 것임을 알고 있었다면, 제3채무자인 전세권설정자는 전세권저당권자에게 그 전세권설정계약이 임대차계약과 양립할 수 없는 범위에서 무효임을 주장할 수 있으므로, 그 임대차계약에 따른 연체차임 등의 공제 주장으로 대항할 수 있다고 판시하였다.

34 「독일민법」제551조 임대차보증금의 제한 및 예탁(Begrenzung und Anlage von Mietsicherheiten)
① 임차인이 자신의 의무이행에 관하여 임대인에게 담보를 제공하여야 하는 경우에, 그 담보는, 제3항 제4문의 경우를 제외하고는 일괄정액으로 또는 선급으로 지급되는 관리비를 공제한 1개월분 차임액의 3배를 넘지 못한다.
② 담보로서 일정금액이 제공되어야 하는 경우에는 임차인은 3차에 나누어 매달 균등한 액으로 지급할 수 있다. 제1회의 분할지급은 임대차관계의 시작으로 이행기가 도래한

대차보증금Kaution은 관리비를 제외한 1개월분 차임액Kaltmiete의 3배를 넘지 못하도록 명시적으로 제한하고 있다는 점은 참고할 만하다. 결론적으로 볼 때, 최근의 전세사기 사건 등을 통해서 사회적으로 큰 문제로 부각되기 이전부터 채권적 전세는 전세금반환이 불확실하다는 점으로 인해 수차례 개정된 「주택임대차보호법」은 물론, 임대차보증보험제도 등 계속해서 추가적인 보완책들이 필요한 실정이다. 채권적 전세의 주거징검다리 역할이나 주거비용을 감소 등을 이유로 우호적인 견해도 있는 것이 사실이지만, 전세제도가 다른 나라에서 전혀 활용되지 않고 있는지를 생각해 볼 필요가 있다. 궁극적으로 전세금의 수수가 반드시 필요하다면, 채권적 전세는 사실상 거의 활용되지 않는 물권인 전세권을 활용하도록 하는 것이 타당하다. 아울러 과도한 임대차보증금이 수수를 적정한 수준으로 제한한다면 보증금반환에 대한 첨예한 법적 분쟁도 자연스럽게 사라질 것이다.

한편, 임대인 측면에서 보면, 긴급 보증금을 반환해야 될 임대인의 경우, 한 3개월 정도 시한을 두고, DSR(Debt-Service Ratio; 채무변제율)을 한시적으로 폐지해서, 이 주택을 담보로 해서 임대인한테 대출을 받게 하고, 받은 대출로 임차인에게 보증금을 내놓고, 그런 후에 새로 임차인을 구해서 보증금을 반환하게 하는 대

....

다. 기타의 분할지급은 바로 다음에 지급되어야 하는 차임과 동시에 이행기가 도래한다.
③ 임대인은 그에게 담보로서 인도된 금액을, 해지기간을 3개월로 한 저축예금에 통상적인 이율로 예치하여야 한다. 계약당사자들은 다른 예탁방식을 약정할 수 있다. 이 두 경우 모두에 있어서 예탁은 임대인의 재산과 분리하여야 하며, 그 수익은 임차인에게 귀속된다. 수익은 담보에 가산된다. 학생기숙사 또는 청소년기숙사에 있는 주거공간의 임대인은 담보에 이자를 지급할 의무가 없다.
④ 위와 다른 약정으로 임차인에게 불리한 것은 효력이 없다.

책도 필요하다.[35]

2) 부동산임차권등기의 의무화

(1) 「민법」상 부동산임차권의 등기

개인주의 사상을 바탕으로 한 근대민법전은 임대인과 임차인 사이의 이해관계 대립을 자유의사에 의한 계약에 맡기는 태도를 취하다가 부동산의 사회적 이용관계의 합리적 유지를 더 중요시하는 방향으로 발전해 왔다. 그에 따라 임대인의 보호는 차임 징수의 확보에 한정시키면서 임차인의 보호는 임차권에 물권이 가진 특성을 부여하여 임차권이 물권에 접근해 가는 현상이 나타났다. 이러한 물권화의 대표적인 예가 바로 대항력이다. 이를 받아들여 구 「민법」은 부동산 임대차를 등기한 경우 대항력을 가지는 것으로 하였으나, 임차권의 등기에는 임대인의 협력을 필요로 하였기 때문에 유명무실하였다. 이에 현행 「민법」 제621조 제1항에서 반대의 특약이 없는 한 임대인에게 등기할 협력의무를 부과하였다.[36]

「민법」 제621조에 따른 임차권의 등기를 위해서는 ① 부동산임대차에 관한 것일 것, ② 부동산임차인이 임대인에 대하여 임대차등

----

35 임대인 측 토론자 의견임.
36 「스위스채무법」 제261조b 제1항에서 임차권의 등기를 당사자 사이에 합의할 수 있도록 하고, 제2항에서 등기는 신 소유자가 임차인에게 임대차계약에 따른 부동산의 사용을 허용할 효과가 발생한다고 규정한다. 우리 「민법」이 이를 계수한 것이라는 견해도 있다(김형배, 『채권각론(계약법)』, 신정판, 박영사, 2001, 428면.) 「독일민법」은 부동산임차권을 등기할 수 있는 권리로 인정하고 있지는 않지만, 임대차계약에 따라 점유하고 있는 임차인에 대해 임차부동산의 양수인이 임대인 지위를 법정승계하도록 함으로써 대항력이 인정되도록 하고 있다(「독일민법」 제566조 매매는 임대차를 깨뜨리지 아니한다(Kauf bricht nicht Miete 제1항).

기절차에 협력을 청구할 것, ③ 반대의 특약이 없을 것의 요건이 충족되어야 한다.[37]

부동산임대차를 등기한 때에는 그 때부터 제3자에 대하여 효력이 생긴다(「민법」 621조 2항). 즉 등기함으로써 임차권에 이른바 대항력이 생기며, 매매가 더 이상 임대차를 깨뜨리지 못하므로, 임차인은 임차부동산의 제3취득자에 대하여 자기의 임차권을 주장할 수 있다. 다만, 제3취득자의 소유권취득에 의하여 임차권등기가 말소되어 버리는 경우는 임차권을 주장할 수 없다.[38] 또한 「주택임대차보호법」 제3조의4 및 부칙 제3항에서는 「민법」 제621조의 규정에 의한 임차권등기에 대하여 대항력 및 우선변제권을 인정하고 기존 권리자의 보호를 위하여 이 법 시행 전에 이미 경료된 임차권등기에 대하여는 이를 적용하지 않고 있다. 이는 제3조의3에 의하여 신설되는 임차권등기명령제도에 의하여 임대인의 조력없이 단독으로 행한 임차권등기에는 대항력과 우선변제권이 인정되는데 비하여 임대인의 조력에 기한 「민법」 제621조의 임차권등기의 경우에는 그 효력이 제3자에 대한 대항력으로 그친다는 점을 감안한 것이다.

(2) 임차권등기명령

임대차가 종료되더라도 보증금을 반환받지 못하면 임차인은 대

37 김용덕(편)/박진수(집), 『주석민법 채권각칙』 제621조, 한국사법행정학회, 2021.10., 97면 이하.

38 예컨대, 임차권등기에 앞서는 선순위 저당권이 설정되어 있거나 선순위의 가압류등기가 되어 있는 부동산에 대하여 경매절차(강제경매이든 담보권실행을 위한 경매이든 불문한다)가 개시되어 경락된 경우에는 저당권이나 가압류의 등기는 물론 그 보다 순위가 뒤진 임차권등기도 말소되기 때문에 임차인은 경락인에 대하여 자기의 임차권을 주장할 수 없다.

항력과 우선변제권을 잃을 염려 때문에 이사를 해야 할 사정이 있어도 하지 못하게 된다.[39] 「주택임대차보호법」 제3조의3[40]에서 이러한 임차인을 보호하기 위하여 임차권등기명령제도를 규정하고 있다.[41]

임대차가 끝난 후 보증금이 반환되지 않고 있는 경우에 임차인은 신청서에 일정한 사항을 기재하여 임차주택의 소재지를 관할하는 법원에 임차권등기명령을 신청할 수 있다. 그리고 임차권등기명령이 집행되어 임차권등기가 있게 되면, 임차인은 대항력 및 우선변제권을 취득한 경우에는 그 대항력이나 우선변제권이 그대로 유지되며, 임차권등기 이후에는 대항요건을 상실하더라도 이미 취득한 대항력이나 우선변제권을 상실하지 않는다. 한편 이와 같이 임차권등기가된 주택은 그 이후에 임차한 임차인은 소액보증금의 우선변제권을 가질 수 없다. 「주택임대차보호법」 제3조

39　송덕수, 채권법각론 제6판, 박영사, 2023, 324면.

40　「주택임대차보호법」 제3조(대항력 등) ① 임대차는 그 등기(登記)가 없는 경우에도 임차인(賃借人)이 주택의 인도(引渡)와 주민등록을 마친 때에는 그 다음 날부터 제삼자에 대하여 효력이 생긴다. 이 경우 전입신고를 한 때에 주민등록이 된 것으로 본다.
　② 주택도시기금을 재원으로 하여 저소득층 무주택자에게 주거생활 안정을 목적으로 전세임대주택을 지원하는 법인이 주택을 임차한 후 지방자치단체의 장 또는 그 법인이 선정한 입주자가 그 주택을 인도받고 주민등록을 마쳤을 때에는 제1항을 준용한다. 이 경우 대항력이 인정되는 법인은 대통령령으로 정한다.
　③「중소기업기본법」 제2조에 따른 중소기업에 해당하는 법인이 소속 직원의 주거용으로 주택을 임차한 후 그 법인이 선정한 직원이 해당 주택을 인도받고 주민등록을 마쳤을 때에는 제1항을 준용한다. 임대차가 끝나기 전에 그 직원이 변경된 경우에는 그 법인이 선정한 새로운 직원이 주택을 인도받고 주민등록을 마친 다음 날부터 제삼자에 대하여 효력이 생긴다.
　④ 임차주택의 양수인(讓受人)(그 밖에 임대할 권리를 승계한 자를 포함한다)은 임대인(賃貸人)의 지위를 승계한 것으로 본다.
　⑤ 이 법에 따라 임대차의 목적이 된 주택이 매매나 경매의 목적물이 된 경우에는 「민법」 제575조제1항·제3항 및 같은 법 제578조를 준용한다.
　⑥ 제5항의 경우에는 동시이행의 항변권(抗辯權)에 관한 「민법」 제536조를 준용한다.

41　이러한 임차권등기명령제도는 1999년 1월 21일 법 개정을 통해서 신설되었다.

의2 제7항에서 규정한 일정한 금융기관 등은 임차인을 대위하여 임차권등기명령을 신청할 수 있다. 임차권등기명령에 의한 등기의 효력은 「민법」 제621조에 의한 임차권등기가 있는 때에도 그대로 인정된다. 따라서 임차인은 임차권등기명령에 의하지 않고 임대인의 협력을 얻어 제621조에 의한 등기도 할 수 있다.

대법원은 임차보증금의 반환의무와 임차권명령등기에 의한 임차권등기의 소멸의무의 관계에 대하여 다음과 같이 판시하였다.[42] 「주택임대차보호법」 제3조의3 규정에 의한 임차권등기는 이미 임대차계약이 종료하였음에도 임대인이 그 보증금을 반환하지 않는 상태에서 경료되게 되므로, 이미 사실상 이행지체에 빠진 임대인의 임대차보증금의 반환의무와 그에 대응하는 임차인의 권리를 보전하기 위하여 새로이 경료하는 임차권등기에 대한 임차인의 말소의무를 동시이행관계에 있는 것으로 해석할 것은 아니고, 특히 위 임차권등기는 임차인으로 하여금 기왕의 대항력이나 우선변제권을 유지하도록 해 주는 담보적 기능만을 주목적으로 하는 점 등에 비추어 볼 때, 임대인의 임대차보증금의 반환의무가 임차인의 임차권등기 말소의무보다 먼저 이행되어야 할 의무이다. 또한 대법원은 임차권등기명령에 따른 임차권등기에는 소멸시효 중단사유인 압류 또는 가압류, 가처분에 준하는 효력은 인정되지 않는다고 본다.[43]

---

42 대법원 2005. 6. 9., 선고, 2005다4529, 판결.
43 대법원 2019. 5. 16., 선고, 2017다226629, 판결.

(3) 논점

살펴본 바와 같이 「민법」은 반대의 특약이 없는 한 부동산임대차에서 임차권의 등기가 가능하도록 하여 임차인을 보호하고 있다. 또한 「주택임대차보호법」에서도 임차권등기명령을 통해서 대항력과 우선변제권을 유지하면서 자유롭게 거주를 이전할 수 있도록 하였다. 이러한 임차권등기를 통해서 임차인에게 대항력과 우선변제권의 효과를 부여 또는 유지될 수 있도록 법제화한 것으로 평가할 수 있다.

그런데 「주택임대차보호법」은 임차권의 등기가 없는 경우에도 임차인이 주택의 인도와 주민등록을 마친 때에는 그 다음날로부터 제3자에 대하여 효력이 발생하는데, 이 경우 전입신고를 한 때 주민등록이 된 것으로 본다(동조 제1항 2문). 우선변제권은 주택임차인이 대항력을 위한 요건을 갖추고 임대차계약증서에 확정일자를 받은 경우에는, 「민사집행법」에 따른 경매 또는 「국세징수법」에 따른 공매를 할 때에 임차주택의 환가대금에서 후순위권리자나 그 밖의 채권자보다 우선하여 변제받을 권리를 가진다(「주택임대차보호법」 제3조의2 제2항). 그 결과 대항요건과 확정일자를 동일한 날짜에 갖추더라도 대항력이나 우선변제권은 그 다음날부터 발생하게 되며, 이러한 허점을 이용하여 임대차계약을 체결하여 전세금이나 보증금 등을 완납을 받고 주택을 인도한 당일에 임차주택이 매매가 이루어진 경우에는 임차인은 보호받기가 어려운 상황에 처하게 된다. 따라서 「민법」이 특약이 없는 한 부동산임대차에서 임차인은 임차권등기를 청구할 수 있도록 하고 있다는 점에 비추어 볼 때, 주택임대차의 등기를 의무화함으로써 공시효과와 함께 대항력을 즉시 취득할 수 있도록 하는 것이 바람직하다고 본다. 이를 통해서 현재 주택의 경우에 대출 등을 위해 담보권을 설정하는 경우에는 주민등록부를 열람하여 전입신고 여부를 일일이 확인해야 하는 번거로움도 해소될 수 있을 것이다.

그러나 부동산 임차권 등기를 하려면 절차가 기존 제도에 비해 복잡하고 번거롭고, 임대인에게 일부 불리한 측면도 있어서 이 방법은 시간을 두고 도입하는 것이 필요하다. 다른 방안으로 부실 임대인의 시장 진입을 방지하는, 즉 일정 규모 이상 임대사업자에게 보증금 반환, 지급보증금 요건을 갖추는 등의 방안도 현실적으로 도입 가능한 방안으로 보인다. 또한 보증금 규모의 상한을 두어서 보증금 반환 위험이 감소한다면, 임차인은 전세제도의 장점인 주거사다리 활용과 주거비용을 감소할 수 있고, 임대인은 이자 지급이 없는 전세금 활용으로 상호간 상생 관계를 유지하는 방안으로 보인다.[44]

4. 임대차 상생대안 의견

현재 임의적인 민간임대사업자등록제도를 강제하여 등록신청의 거부사유(민간임대주택법 제7조 제7항)에 해당하는 부실임대인을 임대차시장 진입을 막고, 일정 규모 이상의 임대사업자에게

---

[44] 임대인 측 토론자 의견임.

는 추가로 자산 요건, 보증금반환의 지급준비금 등을 구비하도록 함으로써 임차인의 보증금반환청구권이 실질적으로 확보될 수 있도록 보완할 필요가 있다. 채권적 전세제도는 주거징검다리로 서의 역할이나 주거비용의 감소와 같은 긍정적인 요소가 있기는 하나, 기본적으로 거액의 금액을 임대차 기간 중에는 자유롭게 처분할 수 있는 권한을 부여함에 반하여 그 회수를 위한 법적 보호 수단은 불충분하다는 치명적인 단점이 있는 제도이다. 이를 보완하기 위해 「주택임대차보호법」상 대항력, 우선변제권, 최우선변제권, 임차권등기명령 등의 규정이 있지만, 이러한 규정들로도 보호되지 못하는 허점들이 발생하여 지속적으로 덧대기식의 법 개정과 정부정책들이 새롭게 등장하고 있다. 구관습상의 전세제도는 「민법」 제303조 이하에서 전세권으로 편입되어 우선변제권이 부여되어 전세권자는 물권자로서 강력한 보호를 받지만, 실제에서는 거의 활용되지 못하고 있다. 사회적 문제로 대두되는 채권적 전세는 임차인의 보호측면에서 허용하지 않는 것이 타당하며, 아울러 임대보증금도 임대인의 차임채권과 건물손상에 따른 손해배상채권을 담보라는 목적보다 훨씬 다액이 수수되고 있는 관행을 바로잡을 필요가 있다. 「독일민법」 제551조 제1항에서는 1개월분의 차임액의 3배를 넘지 않도록 제한을 두고 있다. 현실적으로 실제에서 빈번하게 활용되는 채권적 전세를 금지할 수 없다면, 일정액 이상의 전세금 또는 보증금이 지급되는 임차권은 등기하도록 의무화시킴으로서 대항력의 즉시취득과 임차권의 공시성이라는 일석이조의 효과를 가질 수 있을 것이다.

반면, 2023년 3월 「민간임대주택 특별법(민간임대주택에 관한 특별법)」 개정안에 대한 시행령이 5월 1일부터 시행하고 있다. 이는 임대인을 통제하는 수단이기 때문에 유예기간을 두고 임차인과 임대인의 입장을 세세히 고려하여 반영해야 한다. 또한 주택임대사업 등록사업자 자격을 주면서 일단 2020년도부터 주택도시보증공사(이하 HUG)의 보증보험을 의무적으로 가입하게 했다. 임대사업등록을 하면 임차인이 바뀌더라도 2년에 5% 이상은 보증금을 인상할 수가 없다. 이는 10년 후 공시가 보다 보증금을 적게 올리는 결과로 임대인 측에서는 손실이 발생할 수 있다. 또한 보험금을 HUG가 물어주는 걸 대위변제[45]라고 한다. 이것이 2023년 3월에 3천 건이 발생였다. 건당 2억으로 친다면 모두 6천억에 이른다. 이러한 사안이 앞으로 점점 더 많을 것으로 보이며, 과연 이 기하급수(幾何級數)로 증가하는 변제 건수를 HUG가 감당하기 어렵게 된다면 보험금을 지불하지 못할 지급 불능 상태에까지 이를 것으로 예측된다.[46]

다른 측면에서, 전세사기가 발생될 때 문제가 되는 건들은 결국은 중개사와 관련이 돼 있다. 중개사의 의무는 임대인과 임차인 사이에서 조율을 하는 것으로 그 조율 과정에서 보통은 매매할 때는

---

45 代位辨濟: 채권자가 가지고 있던 채권에 관한 권리가 변제자에 이전되는 일, 참조: 네이버 지식백과.

46 임대인측 토론자 의견임. HUG 홈페이지. 2020년도, 2022년도 손실액이 1천억이었고. 2023년 예상은 거의 8천억으로 계상된다. 예를 들어, 빌라를 한 서너 채 갖고 있는 경우 한 채가 만약에 대위변제(代位辨濟)가 되면 나머지 그것과 관계에 있는 다른 주택들도 다 묶이게 되고, 임대인도 만약에 보증금을 갚아야 될 금액이 3억 원이면 3억 원을 이제 돌려주지 않는 이상 계약도 못하기 때문에 순차적으로 파산에 이르게 된다. 나중에 한 채씩 다 경매에 넘어가게 되는데 그러면 경매에서 자기가 갚아야 될 돈이 2억인데, 경매에서 낙찰받은 금액이 1억 5천이라면, 5천만 원은 또 부채로 남아서 그 부채가 자기가 살고 있는 아파트, 월급 차압 등으로 어려움을 겪게 됨.

매수자와 매도자 모두의 편에 서지만, 임대할 때는 독특하게도 임대인 쪽에 서는 경우가 많다. 따라서 사기성 임대차 거래를 방지하려면, 공동중개로 전월세 거래는 해야 한다. 그래서 임대인 쪽에서 중개사가 있고, 임차인 쪽에도 임차인을 대리하는 중개사가 반드시 있어야 된다. 그러면 이 사기와 관련된 거래나 사기에 노출되는 건 자체는 급격하게 줄일 수 있는 방안이 있을 것이다. 추가로 어떤 사람이 계약을 하러 갔을 때 그 거래 건과 관련된 임대인이 최근 1년 사이에 30건 이상의 전월세 거래를 하고 있다라는 어떤 문자메시지, 예를 들면 지진이 나면 문자가 오는 것과 같은 의미로, 보통 30건이 넘어가는 거래 건에 대한 전월세 신고제를 1년 더 유예한 상황이다. 그 부분들이 명확하지는 않을 수 있겠지만, 한 달 정도 혹은 분기 단위, 반기 단위에서 어떤 임대인이 명확하게 임대 사업자로서 활동하면서 거래 건수가 많으면 상관이 없으나, 그런데 사기건 거래 건수로서 그 건수가 과도하게 많다라는 부분을 임차인이 계약할 때 미리 알 수 있다면 그 거래 건에 대한 것들은 사전에 임차인이 인지하고 일부 차단할 수 있을 것이다.[47]

사고물건에 대해서 저리 대출을 주고 매입임대를 해서 하겠다라는 말의 사실은 문제점 중에 하나는 경매로 들어간 물건에 대해서만 적용하는 것이다. 그러나 경매를 들어가기 전에 많은 조치를 할 수 있음에도 불구하고 전혀 그런 부분에 대해서 논의가 안 되고 있다. 하우스푸어[48] 사건이나 이런 금융위기가 발생했을 때 많

---

47 토론자 2의 의견임.
48 house poor: 집을 보유하고 있지만 무리한 대출로 인한 이자 부담 때문에 빈곤하게 사는 사람들을 가리키는 말임(참조: 네이버 지식백과).

은 경우에 임대리츠나 이런 걸 활용해서 그런 피해를 본 사람들의 피해를 최소화시켜주기 위한 그런 조치들을 해왔다. 과거 희망 임대리츠 같은 경우도 실제로 그것을 운영해서 성공적으로 잘 해결을 했던 그런 사례들이 있다. 그래서 금융기관이나 보증기관 또 정부 또 당사자인 임대인이나 임차인들도 사실은 조금씩 그런 부분에 대한 좀 책임 있는 부분들을 이런 임대리츠 같은 형식을 통해서 피해를 최소화 하는 방안이 필요하다. 당장 보상의 형태보다는 임차권도 보호하고 장기적으로 운영을 통해 최대한 보증금을 돌려줄 수 있는 방식이다. 이 과정에서 금융기관이나 보증기관도 책임을 느끼고 거기에 대한 출자라든지 하는 부분들을 통해서 최소한으로 사기피해를 줄이는 노력이 필요할 것으로 보인다. 그런데 실제로는 사기 유형이 너무나 다양하기 때문에 거기에 맞는 다양한 방법들에 대해서 심도 있게 검토하고 실질적인 방법을 제안하는 것이 해결책이 될 것으로 생각된다.[49]

다른 방법으로 채권 매입 후 회수 같은 방안도 있으므로 중앙정부 예산으로만 하기 어려우면 리츠라든지 아니면 협동조합이라든지 지자체의 다양한 자원들을 활용해서 다양한 방법으로 전세사태를 대응할 수 있도록 할 필요는 있다.[50] 공공매입 방안도 매입임대주택 예산이 감축되었기 때문에 공공매입을 하여 전세피해자들에게 공급을 하는 방법은 취약계층에게 공급되는 물량이 줄어들 수도 있을 것이다. 그 방법 외에 계약만료 후 보증금 반환이 지

....

49   토론자 3의 의견임.
50   토론자 4의 의견임. 최근 동탄에서 발생한 전세피해에 대해 경기도와 사회주택협회에서 이러한 방안에 대해 같이 고민하고 있는 상황임.

연된다면 임대인에게 지연이자를 임차인에게 주도록 하는 제도 등 획기적인 제도를 통해 보증금은 늦게 반환해도 된다는 문화를 없애야 한다.

임차인이 계약만료 후 보증금을 받지 못했을 때 임차인이 가장 먼저 조치해야 될 사항은 계약해지에 대한 내용증명을 발송한다거나 아니면 임차권 등기명령을 해야 하는 것이 첫 단계이다. 그러나 많은 임차인들이 이것에 대한 방법을 몰라서 어렵게 된 경우가 많다. 사실 전세제도는 내집 마련을 위한 사다리 역할로 저렴하게 주거를 영위할 수 있는 좋은 수단이다. 다만 이런 전세제도에 갭 투자라든가 하는 허점들이 드러나면서 이런 것을 악용해서 많은 사람들이 투자를 하다 보니 문제가 크게 발생하고 있다. 전세 입주자 서민 주거안정을 위해 첫 번째로 피해해결 대책이 시급하고, 두 번째로는 피해예방을 위한 노력이 필요하다.[51]

피해해결을 위한 대책 관련으로 최근 정부에서 많은 정책들이 발표가 되고 있다. 우선, 2022년 9월 1일에 최우선 변제금 상향이랑 전세피해 지원센터 설치 내용을 담은 보도자료가 배포가 됐었다. 23년 1월에는 임대인 사망 시 대위상속등기[52]를 신청해야 되는데 대위상속등기 없이도 임차권 등기 명령이 실행 가능하도록 이제 제도가 개선이 됐고, 또 2023년 3월에는 피해자에 대해서 전세대

---

51 임차인 측 토론자 의견임. 전세사기피해예방센터 전월세 계약상담 및 전세피해 예방교육 담당.

52 소유권이전대위상속등기신청; 등기명의인의 사망으로 동인의 상속인들에게 상속이 개시되었고 상속인들이 상속등기를 하지 아니하고 부동산을 제3자에게 처분할 경우에는 제3자 앞으로 등기를 하기 위해서는 먼저 상속등기가 선행되어야 한다. 그런데 상속인들이 그 상속등기를 신청하지 아니하는 경우에 소유권이전등기청구권을 가진 매수인(제3자)이 매매계약서 등을 첨부하여 대위로 상속등기를 신청할 수 있다(참조: 네이버 지식백과).

출 상환이 이제 바로 이루어지지 않고 연장을 할 수 있는 그런 대책도 발표가 되었다. 2023년 4월 27일에 발표했던 특별법을 보면 임차인이 거주주인 그 주택이 만약에 경매에 넘어갔을 때 우선 매수할 수 있는 권한을 부여하고, 또 경매가 진행된다면 이를 유예하거나 또는 정지를 신청할 수 있는 그런 내용 등이 담겨 있다. 그밖에 저금리 금융지원이라든가 아니면 임대주택 입주자격을 우선 부여한다든가 이런 방안들이 마련되고 있는 상황이다. 다만, 이제 이 구체적인 법안에 대해서는 아직 국회에서 검토 중이고. 2023년 5월 16일 기준 아직 결론이 나지 못하게 되면서 다소 지연이 되고 있다.

사기피해자들을 구제할 수 있는 법안이 마련은 됐는데. 사실 이 법안을 적용받기 위한 기준이 굉장히 까다롭다는 얘기가 많이 있다. 그래서 그 기준의 확대와 또 기존에 받은 전세대출 이자 부담에 대해서 경감을 시켜달라 그리고 또 피해자의 보증금에 대해서선 구제를 해달라라는 것이 주요내용이긴 하다. 그런데 상담한 피해사례에서도 기존에 받았던 전세대출에 대한 이자는 금리가 많이 상승하면 부담이 커진다. 그래서 이 부담에 대해서 대환 대출을 받는 문의가 상당히 많았으나, 다행히도 이에 대해 최근 시행이 돼가지고 2023년 4월 24일부터 시작을 했다. 또한 대환대출을 시행하는 은행의 범위가 확대되고 있다.

두 번째로 피해예방 방법은 정보의 불평등을 해소해야 한다. 그래서 임차인 스스로 피해를 예방하는 자정작용(自淨作用)이 필요하다. 전세계약 시 하자가 있는 물건을 계약하거나 또 제대로 알아보지 않고 계약하는 부분이 임차인의 잘못이다라는 의견도 있으나, 임차인이 이런 내용들을 왜 알 수가 없고, 계약을 할 수밖에 없었는지 하는 이유는 정보가 많이 오픈이 안 되고 제도가 마련되지 않았기 때문이다.

전세 피해자들 대부분이 부동산계약을 경험이 적은 2030세대가 많다. 2030 세대가 피해를 예방할 수 있는 교육을 충분히 받도록 해야 하는데, 학교 교과과정에 부동산 계약방식 등 이런 부분에 대한 교육은 별도로 없는 게 현실이다. 따라서 사회적으로 이런 교육의 장(場)을 앞으로 더 확대해야 할 필요성이 크다. 그리고 임차인 스스로 피해를 예방할 수 있도록 등기부등본을 보는 방법, 계약을 하는 데 필요한 스킬skill이라든가 이런 부분들이 인터넷상에서 공개가 많이 되어 알 수 있는 이런 환경이 조성되어야 한다.

피해사례 중 신탁등기 관련이 있는데,[53] 이러한 생소한 부분들에 대해서 인터넷 검색 등으로 알아보기 힘들며, 법원이나 국토부에 질의를 남겨도 받아보기가 힘든 것이 현실이다.

마지막으로 제도 개선이 필요하다고 보는 부분은, 임대차 등기를 좀 의무화한다면, 현실적인 제한은 있겠지만, 임차인 입장에서는 공시효과(公示效果)와 함께 대항력을 즉시 취득할 수 있게 되기 때문에 더 안전할 수 있을 것으로 보인다.

----

[53] 피해사례를 보면, 전세계약 시 등기부등본 상에 많은 내용들이 있는데, 그중에서 생소한 신탁등기라는 게 있는 경우가 있다. 중개인은 '신탁등기 별거 아니다.', '문제없다.' 하면서 넘어갔기 때문에 임차인은 중개사만 믿고 계약을 체결하였다. 그러나 신탁등기라는 것은 위험한 경우가 많다. 왜냐하면 사용수익권에서부터 처분권까지 사실상 신탁사가 다 가져가는 경우가 많은 경우가 있기 때문이다. 이런 부분들은 피해야 되는 게 일반적이긴 한데, 그걸 모르고 이제 계약을 했기 때문에 피해를 보는 경우가 있다.

다음으로 전세권등기가 마련되어 있다. 다만, 전세권등기를 할 때에는 임대인이 부담을 느껴가지고 기피하는 경우도 있고, 비용 문제도 발생을 한다. 임차인 입장에서 이런 비용을 내는 것도 부담으로 작용하기 때문에 현실적으로 많이 이루어지지는 않고 있다. 따라서 이러한 비용 부담을 낮추고 개선이 이루어진다면 임차인들이 더 활용할 수 있는 기회가 넓어질 것으로 본다.

다른 차원으로 월세형민간임대주택 필요성이다. 최근 전세사기 사태는 전세자금 대출도 굉장히 큰 중요한 이슈였다고 볼 수 있다. 전세자금 대출이 계속 전세가격을 떠받쳤고, 결국 그것이 집 값이 하락하는 국면에서 역전세 문제로 벌어지게 되고 개인 간의 계약에서는 결과적으로 일부 사기가 된 경우도 있다고 보인다.[54]

전월세 문제에 대해서 임차인 보호의 관점에서 얘기를 주로 하고 있지만, 우리나라 주택시장은 매매와 전세가 구조적으로 연결돼 있는 시장이다. 이 연결고리를 풀지 않으면 문제는 해결되지 않는 것으로 보인다. 일시적으로 해결되어도 가격이 일정 정도 오르고 떨어지는 시점이 되면 의도하지 않는 역전세 문제들이 또 반복해서 생길 것이다.

이 문제는 우리 시장에 안정적으로 거주할 수 있는 월세형 임대주택이 없는 것이 가장 큰 이유라고 보여진다. 월세형 임대주택은 공급하기 어려운 측면들이 있을 수 있다. 인프라가 전혀 구비돼 있지 않았기 때문이다. 주택을 임대하는 입장에서는 월세를 내면

──────────

54 토론자 6의 의견임.

월세 수익이 많이 나올 것 같지만 월세 체납, 관리 등의 리스크가 크다 보니까 전세로 거래하는 측면도 있다. 그래서 이 시장이 형성되지 않으면 매매, 전세 구조는 구조적으로 계속 만들어질 것이다.

우리나라의 모기지 사태, 2002년에 가계부채가 심각하다라고 했을 때 주요 이슈는, 만기 일시 상환, 즉 단기 변동금리 대출 때문에 은행이 만기 연장을 안 해주면 집이 경매로 처분되어야 된다. 그래서 그것을 해결하기 위해서 나왔던 방법이 주택금융공사를 설립해서 장기 대출로 전환을 했다. 제도적으로 그렇게 함으로 인해서 모기지 시장은 상당부분 안정화가 되었다. 대출을 할 때 상환 능력이 있는지 심사를 하지만 임대료나 월세를 받는다고 하면 세입자가 월세를 잘 낼지에 대해서 심사할 방법이 없다.

이러한 제도적 인프라가 과거처럼 전세시장에서도 형성이 되고, 전세가 일부 남아 있는 상황에서 월세시장이 일정 정도 형성이 되어야 매매, 전세가 반복적으로 만들어내는 구조적인 문제를 충격을 완화하고 풀어낼 수 있다고 보인다. 5년 후에 10년 후에 전세, 역전세 얘기를 또 하지 않으려면 민간, 순수민간 월세형 임대주택이 자리 잡도록 제도가 더 개선되어야 한다.

부록: 2023년 분야별 부동산 주요정책[55]

구분	발표일	담당부처	정책발표	주요내용
1	2022.7.25.	경찰청	전세사기 특별단속	2022.7.25.~2023.1.24. 6개월간 전세사기 전담수사본부 설치·운영, 전세사기 전국 특별단속
2	2022.9.1.	국토부	전세사기 피해방지 방안	① 전세사기 피해 예방 *전세사기 방지 앱 출시 *선순위 권리관계 확인 권한 부여 *임차인의 권리 강화 　－「주택임대차보호법」상 임차인 최우선변제금액 상향 　－'주택임대차 표준계약서' 개선 ② 전세사기 피해 지원 *금융서비스, 임시거처 제공, 법률상담 안내 등 원스톱 제공 　－ HUG 　－ 1%대 저금리 대출(가구당 1억 6천, 최대 10년) 　－ 주택도시보증공사(HUG) 　－ 청년, 신혼부부 대상 보증료 지원 　－ HUG 강제관리 중인 주택 등을 시세의 30% 이하로 임시거처로 제공 ③ 전세사기 단속 및 처벌 강화 *전세사기 연루 시 임대사업자는 사업자등록 불허 또는 등록 말소하고, 공인중개사, 감정평가사의 경우 자격취소
3	2022.9.28.	기재부	전세금 보호 강화대책	① 국세분야 전세금의 최우선변제 *부동산등기부 을구상에 전세금이 당해세보다 큰 경우에 경락대금에서 우선변제를 받는 것 ② 임차인의 열람권 강화 *임대차계약 체결 이후 임차개시일까지 집주인의 동의가 없더라도 국세 체납액을 확인할 수 있도록 세입자의 알 권리를 강화
4	2022.11.21.	국토부	전세사기 피해방지 후속대책	① 2022.9.28. 후속대책으로 HUG 주택도시보증보험 전세피해지원센터를 설립하여 법무사(법무사협회), 변호사(법률구조공단)와 피해상담과 긴급주거지원 프로그램 운영 시작 ② 「주택임대차보호법」 일부개정법률안 및 동법 시행령 일부개정령안을 입법예고(기간: 2022.11.21.부터 2023.1.2.까지)하고, 주택임대차표준계약서를 개정 *관리비 항목을 명시하고 계약체결 후 입주 전 임대인 담보권 설정금지 특약을 신설

구분	발표일	담당부처	정책발표	주요내용
5	2023. 2.2.	관계부처 합동	전세사기 예방 및 피해 지원방안 발표	관계부처합동(기획재정부, 법무부, 경찰청, 국토부) [전세사기 예방] ① 무자본 갭투기 근절을 위한 반환보증 개선: 전세가율 100% → 90% ② 계약단계별 정보제공: 안심전세앱 출시, 매매계약 임차인 고지 등 ③ 공인중개사 책임 강화: 임대인 신용정보, 전세사기 위험 확인 [전세사기 피해 지원] ① 대출요건 완화, 대환 신설: 가구당 최대 2.4억(보증금 3억 限) 지원 ② 긴급거처 지원 확대: 수도권 500호 이상 확보 ③ 낙찰 시 무주택 유지: 공시가격 3억(지방 1.5억), 면적 85㎡ 이하 ④ 원스톱 법률서비스 지원: 보증금 반환절차 단축, 지원센터 보강 [전세사기 단속 및 처벌 강화] ① 기획조사: 단기간 다량 · 집중 매집, 동시진행 · 확정일자 당일 매도 등 ② 불법광고 · 중개 퇴출: 집중 신고기간 운('23.1~6), 수사의뢰 ③ 공인중개사 · 감정평가사 처벌 강화: 가담 의심자 전수조사 ('23.2~) ④ 교란행위 신고센터 역할 확대: 전세사기 의심행위 관리 ⑤ 특별단속 6개월 연장: 검찰 · 경찰 · 국토부 협력 강화
6	2023. 1.3	기획 재정부	서울지역 투지지역 대폭 해제	● 주택금융, 세제, 전매제한 기간, 청약, 정비사업 기타 등 완화
7	2023. 1.11	금융 위원회	특례보금 자리론 출시	● 주택가격, 소득, 용도, 주택수 요건에 따라 LTV · DTI 한도 내 대출
8	2023. 1.25	국토 교통부	표준주택 가격 공시	2023년 표준지가 · 표준주택가격 결정 · 공시 2023년 적용 현실화율을 2020년 수준으로 하향 조정 등
9	2023. 1.26	기획 재정부	부동산 세제 보완	종부세 · 양도세 등 부동산 세제 보완 추진 ● 공익성 법인에 대한 종부세 완화 및 일시적 1주택 + 1입주권· 분양권 양도세 비과세 처분기한 3년 연장
10	2023. 3.2	금융 위원회	은행업 감독규정 등 5개 규정 개정안 의결	● 다주택자 규제지역 내 주담대 및 임차보증금 반환목적 주담대 허용 등
11	2023. 3.6	금융 위원회	부동산 PF 리스크	부동산 PF 리스크 점검회의 ● 부동산 PF 사업장 단위 점검 및 상황과 특성에 맞춰 정책 대응 등
12	2023. 3.22	기획 재정부	종합부동 산세법 개정안	종합부동산세법 개정안 국회 기재위 의결 ● 공공주택사업자 등 법인에 대한 주택분 종합부동산세율 인하 등

구분	발표일	담당부처	정책발표	주요내용
13	2023. 3.29	국토 교통부	피해자 임차인 지원	전세사기 피해자 및 임차인 지원 등 주거부담 경감 • 경·공매 절차 종료 전 긴급 저리 전세자금 대출 지원 및 취약계층 대상 보증부월세 대출조건 완화 추진 등
14	2023. 3.29	기획 재정부	내수활성화 대책	(주거용 오피스텔 완화) • 일반주택 대비 불리한 오피스텔 담보대출의 DSR 산정방식 개선 등
15	2023. 3.30	국토 교통부	주임법 개정안	전세사기 피해방지를 위한 주임법 일부 개정법률안 국회 본회의 통과 • 임대차계약 체결시 임대인 정보 제시 의무, 임차권 등기 신속화 등
16	2023. 4.19.	전세사기 피해지원 범부처 TF	전세사기 관련 경·공매 유예 방안 구체화	기재부, 국토부, 금융위 등이 폭넓게 참여하는 전세사기 피해지원 범부처 TF를 가동, 2023.4.19. 첫 회의를 개최 ① 미추홀구의 전세사기 피해자로 확인된 2,479세대 중 은행권 및 상호금융권 등에서 보유중인 대출분에 대해서는 즉시 경매를 유예하도록 협조를 구할 예정(4.19일 금융위 협조공문·금감원 비조치의견서 발송) ② 민간 채권관리회사(NPL) 등에 매각된 건에 대해서는 최대한 경매절차 진행을 유예토록 협조를 구하고 지속 모니터링하기로 결정 ③ 정부는 인천 미추홀구 전세사기 피해 대책으로 금융권에 일정기간 경매연기 요청을 요구. 그러나 일부 영세 금융기관의 경우 경영상 어려움을 이유로 채권 확보를 위해 경매절차를 진행하고 있어 정부대책이 실효성이 없다는 지적이 있음.
17	2023. 4.23.	당정 (국민의힘 /정부)	전세사기 피해자 지원 특별법 제정안	① 임차주택 낙찰시 우선매수권 부여 ② 임차주택 낙찰 관련세금 감면 ③ 낙찰 여력 부족 시 장기 저리 융자 지원 ④ 임대로 계속 거주를 원할시 한국토지주택공사(LH) 등 공공에서 대신 우선매수권을 행사해 해당 주택 매입 후 공공임대주택으로 제공
18	2023. 4월	국토부	미추홀구 전세사기 피해자 현황조사	① 미추홀구 전세사기 피해자 현황조사 결과(2023.4.) 피해 대부분 피해지원 적용대상 포함 판단 *미추홀구 전세피해 예상 세대수는 2,484세대로 이 중 선순위 근저당권 등이 설정된 세대가 1,885세대임(75.9%)
19	2023. 5.1.	국토부	전세사기 지원 특별법 적용대상 범위확대	국토부는 2023.5.1. 국회 국토교통위원회에서 전세사기 피해자 지원 관련 특별법 논의 과정에서 전세사기 피해자를 폭넓게 지원하기 위해 특별법상의 적용 대상 범위를 확대하는 수정안을 제시

구분	발표일	담당부처	정책발표	주요내용
20	2023. 5.16.	국토부	전세제도 개편방안	2023.5.16.국토부장관은 "수명을 다한 전세 제도 자체를 바꾸는 근본적 변화가 필요하다"며 보증금 에스크로 예치 도입, 임대차 3법 등 전반적인 제도 개편을 검토하겠다고 밝혔음. *전세보증금을 2년 이상 계약기간 동안 은행이 에스크로 계좌로 보관하자는 에스크로 제도 도입과 관련해, 예치 보관기간이 길어짐에 따라 종전보다 예치보관수수료가 더 비싸질 우려가 있으며, 보관 수수료를 누가 부담할 것인지, 그리고 에스크로가 가능한 전세 매물이 품귀현상으로 인해 가격상승이 예상되고 있다. 또한 은행의 입장에서는 예치금이 예금이 아니므로 자금운용을 어떻게 할 것인지 예금자보호의 대상이 되는 것인지 등 애매한 문제가 발생
21	2023. 5.22.	여야	전세사기 특별법 여야 합의안	2023년 5월 22일 제406회 국회(임시회) 제5차 국토교통위원회 법안심사소위원회에서 "전세사기피해자 지원 및 주거안정에 관한 특별법안"에 관하여 여·야 합의안을 도출해 통과시킴. ① 전세피해보증금 회수방안과 관련해서 정부가 피해자들에게 현시점의 최우선변제금을 최장 10년간 무이자로 대출 ② 특별법 적용 보증금 기준도 4억 5천만 원에서 5억 원으로 확대하고, 주택도시보증공사(HUG)가 전세사기 피해자들의 경·공매를 대행해주는 '경·공매 원스톱 대행 서비스'도 포함(이때 정부가 경·공매 비용의 70%를 부담) ③ 2023.6.1. 시행 이후 9,109명을 피해자로 결정해 3,799건을 지원하였음.
22	2023. 12.22.	더불어민 주당	전세사기 특별법 개정안 처리를 위한 안건조정 위 구성 추진	더불어민주당이 '전세사기피해자 지원 및 주거안정에 관한 특별법'(전세사기 특별법) 개정안 처리를 위해 안건조정위원회(안건조정위) 구성을 추진 *여당 의원이 위원장을 맡은 국회 국토교통위원회(국토위) 국토법안심사소위원회를 우회해 강행 처리하기 위한 수순으로, 여당이 반대하고 있는 '선(先)구제·후(後)회수'방안 도입을 관철하기 위함으로 풀이됨.

:: 참고문헌

한국주거복지포럼(2023), 「제73회 토론회 자료집」.

강석구 외(2023), 「전세사기 예방 및 피해회복 방안」, 한국형사법무정책연구원.

문윤상(2023), 「전세보증금 반환보증제도 개선방안」, KDI.

임상빈 · 이승범(2023), 부동산 시장 동향 제2023-03호, 한국지방세연구원.

저자 소개

박근석 | 국민과 전문가가 보는 주거복지의 미래, 주거복지센터 갈 길을 묻다

한국주거복지연구원 원장 grandpks@daum.net

손경환 | 국민과 전문가가 보는 주거복지의 미래

전) LH연구원 원장, 한양대학교 특임교수 khson0929@naver.com

정소이 | 저출산·고령사회에 대응하는 주거정책 방향

LH연구원 연구위원 soyi@lh.or.kr

박신영 | 장기공공임대주택과 주거복지의 미래

한국사회정책연구원 선임연구위원 syparkmomo@hanmail.net

박미선 | 청년주거 취약의 다면성과 정책 과제

국토연구원 주거정책연구센터장 mspark@krihs.re.kr

김덕례 | 청년주거안정을 위한 주택금융의 중요성과 과제

주택산업연구원 주택연구실장 98chldb@hanmail.net

이영호 | 고령화 시대의 주택금융지원 방안

우리은행 부동산연구실장 monash@wooribank.com

주거와 삶의 질을 높이기 위한 제언들

초 판 인 쇄 2024년 2월 20일
초 판 발 행 2024년 2월 28일

저　　　자 박근석, 손경환, 정소이, 박신영, 박미선, 김덕례, 이영호
펴 낸 이 김성배
펴 낸 곳 도서출판 씨아이알

디 자 인 엄혜림, 엄해정
제 작 책 임 김문갑

등 록 번 호 제2-3285호
등 록 일 2001년 3월 19일
주　　　소 (04626) 서울특별시 중구 필동로8길 43(예장동 1-151)
전 화 번 호 02-2275-8603(대표)
팩 스 번 호 02-2265-9394
홈 페 이 지 www.circom.co.kr

I S B N 979-11-6856-218-9 (93330)
정　　　가 22,000원